KB088139

중증장애인

직업재활발달사

중증장애인 직업재활발달사

초판인쇄 2018년 6월 11일
초판발행 2018년 6월 11일

지은이 사회복지법인 에덴복지재단
펴낸이 채종준
기　획 양동훈
편　집 김다미
디자인 홍은표
마케팅 송대호

펴낸곳 한국학술정보(주)
주　소 경기도 파주시 회동길 230(문발동)
전　화 031-908-3181(대표)
팩　스 031-908-3189
홈페이지 http://ebook.kstudy.com
E-mail 출판사업부 publish@kstudy.com
등　록 제일산-115호(2000. 6. 19)

ISBN 978-89-268-8447-8 93330

EDEN WELFARE FOUNDATION

중증장애인

직업재활발달사

사회복지법인 에덴복지재단 엮음

이담Books

목차

EDEN
WELFARE FOUNDATION

2부

정덕환의 삶을 통해 본 중증장애인 고용 _ 정종화

3부

한국 장애인 직업재활의 변동과 에덴복지재단의 발전 역사_노기남

발간사

에덴복지재단의 역사는 곧 한국의 중증장애인복지가 불모지 시기였던 때에 출발하여 무관심과 냉대를 딛고 넘어선 승리의 발자취이다. 장애인 특히, 중증장애인들을 혐오하고 멸시했던 척박한 환경에서 대여섯 명에 불과했던 조그만 장애인 공동체가 200여 명의 커다란 공동체로 성장한 성공사례이기도 하다.

모든 공동체의 잉태와 출산 그리고 성장 과정에는 이를 시작하고 추진하는 사람이 있듯이 에덴복지재단의 중심에는 하늘이 선택한 정덕환 이사장이 있었다. 그래서 에덴복지재단의 35년사는 정덕환 이사장의 생애사와 맥을 같이한다. 어쩌면 그의 생애사는 이 발간물의 가장 빛나는 참고자료일 것이다. 그는 직업재활이 전무한 시절부터 다양한 제도가 마련된 현재에 이르기까지 장애인 고용 현장의 길을 걸어온 산증인이기 때문이다.

국가대표 유도선수에서 전신마비 중증장애인이 된 그는 1983년 '다섯 명의 장애인 공동체' 에덴복지원을 만들었고 장애인이라고 해서 나약하게 기대는 것이 아니라 당당하게 일하는 모습을 가져야 한다고 생각했다. 그 당시는 우리나라에 직업재활을 위한 정책과 제도가 마련되어 있지 않은 불모의 시기였다.

본인이 국제기구에 근무하던 중 휴가차 귀국했던 1987년, 에덴하우스에는 20여 명의 중증장애인 근로자들이 제품을 만들고 있었다. 한 달 수입이 3백만 원에 지출이 5백만 원인 만년 적자 상태였다. 부족한 돈 200만 원은 정덕환 이사장의 교회 간증, 교회 지인들의 기부금 그리고 철원에 있는 염 권사님의 쌀, 김치 등 현물지원으로 채우고 있었다.

본인은 그 당시 정덕환 이사장에게 두 가지 충고를 건넸다. 하나는 국가가 중증장애인을 보살펴주어야 하므로 정부기관에 떳떳하게 지원을 요청하라는 것, 그리고 다른 하나는 그러려면 그 지원을 받아들이기 위한 그릇, 즉 복지재단을 만들어야 한다는 것이었다.

1990년대와 2000년대 초반에 들어서면서 에덴복지재단은 빠른 속도로 성장하기 시작하여 오늘에 이르렀다. 이와 같이 빠른 성장이 가능했던 것은 다음 세 가지 요인이 맞아떨어졌기 때문이라고 생각한다.

첫째, 정덕환 이사장의 비전과 리더십이다. 그에게는 중증장애인에게도 일할 기회를 제공하여 최저임금 이상의 소득을 보장함으로써 그들을 세금을 내는 시민으로 만들겠다는 투철한 철학이 있었다. 즉 '시혜적복지(Welfare)'에서 '일하는복지(Workfare)'로 패러다임을 바꾸겠다는 의지와 결심, 하늘에서 받은 소명이라는 사명

감이 크게 작용하였다. 이제는 머리에는 흰서리가 내리고 누워 있는 거목이 된 그는 일흔이 넘어서도 꿈과 비전을 제시하고 있다.

둘째, 때마침 서울올림픽을 계기로 민주화 시대로 접어들면서 정부의 복지정책에 커다란 변화가 있어 장애인복지정책도 크게 강화되면서 에덴의 성장에 도움을 주는 환경이 조성되었다. 현장의 목소리가 입법화 과정이나, 정부정책에 반영되기도 하였다.

셋째, 에덴복지재단을 도와주는 많은 은인이 적재적소에서 에덴의 성장에 기여하였다. 교회계통의 한경직 목사, 김치운 장로와 정부 및 정계의 송재성 차관, 조남호 청장, 윤영대 예산처장, 정화원 국회의원, 서영훈 총재, 김학수 총장 그리고 내부의 홍성규 원장 등이 에덴복지재단을 도왔다.

이처럼 35주년 동안 이룩한 에덴의 성장은 다음과 같은 세 가지 의미와 과제를 주고 있다. 첫째, 에덴에서 일하고 있는 중증 및 발달장애인 당사자들 삶의 큰 변화이다. 이들은 인간의 기본권리인 의식주를 스스로 해결할 수 있게 되었을 뿐 아니라 건강보험, 국민연금 등 4대보험의 혜택을 누리게 되었다. 그리고 장애인 혹은 비장애인 직원들과의 사회적 연대 등을 통해 보람 있는 생활을 하고 있다.

둘째, 중증장애인 가족들이 무거운 마음을 덜고 감사함을 느끼게 되었다. 가정에서 애물단지였던 장애인들이 공동생활을 하며 사회적 유대관계를 갖고 본인들의 생활비를 해결하는 모습에서 가족들은 대견함을 느끼고 안심할 것이다.

셋째, 이와 같은 모델을 과연 다른 곳에서도 구현할 수 있을까? 중증 및 발달장애인 등의 공동체 직업재활시설의 성공사례로 발자취를 남긴 에덴복지재단이 지금 정덕환 이사장이 꿈꾸고 있는 것과 같은 '행복공장' 만들기의 메카가 될 수 있을까?

이 책이 그 실마리를 찾는 단서가 되기를 바란다.

2018년 6월

이사장 김학수

축사

한국 장애인 복지의 역사, 에덴복지재단 35년의 의미를 되새기면서 『중증장애인 직업재활발달사』 발간을 진심으로 축하드립니다. 더욱이 우리나라 중증장애인 직업재활의 산 증인인 정덕환 회장의 고난과 역경, 삶과 여정, 성과와 열매를 음미해 보게 되어 큰 의의가 있다 하겠습니다. 특히 이 같은 내용을 『중증장애인 직업재활발달사』라는 한 권의 책으로 묶어 장애인 직업재활과 복지의 교과서나 지침서로 개발해 주신 것에 대해 재활학을 가르치는 학자로서, 또한 함께 현장에서 희로애락을 나눈 실천가로서 깊이 감사드립니다.

뒤돌아보면 에덴이 출범하였던 35년 전 이 땅은 장애인에 대한 편견과 차별이 심하여 장애인으로서 생명을 부지하기조차 어려웠습니다. 그러나 장애인이 살아가기에 너무도 황폐하고 불모지였던 대한민국은 이제 장애인 재활복지의 옥토가 되었습니다. 이것은 스스로 중증장애인이었던 정덕환 회장이 35년을 하루같이 '일이 없으면 삶이 없다'는 일념으로 아무리 절망과 고난이 그의 삶을 흔들어도 꿈과 희망을 잃지 않고 도전해서 얻은 쾌거이고 열매인 것입니다. 특히 정덕환 회장은 교회 장로로서 하나님에 대한 믿음과 신앙으로 중증장애인이 된 자신에게도 소명적 직업이 주어져 있다는 것을 발견하였습니다. 나아가 시혜적 복지(Welfare)가 아니라 일을 통한 복지(Workfare), 즉 지속적인 고용복지라는 소명적 직업을 찾아내는 일에 더욱 힘써 왔습니다.

정덕환 회장은 항상 기도하면서 하나님의 지혜를 구하며 이러한 일터를 일구어 냈고 에덴복지재단의 뒤에서 내조하며 기도해 주신 에덴선교교회 이순덕 목사님의 기도와 헌신과 노력이 하늘에 상달되어 하나님께서 도우심과 동행하심이 함께 하였기에 가능한 일이었다고 생각합니다. 현재 에덴복지재단에 고용된 200여 명의 중증장애인만을 위한 에덴이 아니라 250만 한국장애인을 위한 직업재활의 빛으로 앞으로 더 좋은 프로그램을 개발 · 확산하여 나갈 것이라는 소망을 가져 봅니다.

아울러 정덕환 회장이 에덴 30주년부터 야심 차게 추진하고 있는 중증장애인 평생일터 '행복공장만들기 운동'이 한국 중증장애인 직업재활과 고용의 새로운 전형으로 자리매김하기를 기대합니다. 감사합니다.

2018년 6월

나사렛대학교 재활복지대학원장 김종인

머리말

2018년은 사회복지법인 에덴복지재단이 설립된 지 35주년이 되는 해이다. 에덴복지재단은 창립 35주년을 맞이하여 지금까지의 일반적인 기록물과는 다르게 새로운 형식으로 35년의 역사를 기록해 보기로 하였다.

새로운 형식이란 크게 3부로 나누어 제1부에서는 시설의 역사를 중심으로, 제2부에서는 정덕환의 생애사를 중심으로, 제3부에서는 직업재활의 역사를 에덴복지재단 역사의 흐름과 함께 비교 분석해 보는 것이다. 따라서 본서는 장애인복지나 직업재활의 부교재로 사용해도 좋을 것으로 생각된다.

본서의 구체적인 내용을 살펴보면, 제1부는 에덴복지재단 시설의 역사를 중심으로 하여 서울시 구로시대(1983~1997)와 경기도 파주시대(1998~2018)로 나누어 분석하였다. 제1부는 평택대 사회복지학과에서 오랫동안 근무하고 현재는 2016년부터 한국사회복지역사학회 회장으로 활동하며, 사회복지역사를 연구하는 김범수 교수가 집필하였다. 김범수 교수는 몽골 국립생명과학대 초빙교수로 활동 중이다.

제2부는 정덕환의 삶을 통해 본 중증장애인 고용을 중심으로 하여 살펴보았다. 정덕환의 생애사는 로젠탈의 분석방법을 활용하여 분석하였다. 제2부는 삼육대 사회복지학과 교수로 근무하는 정종화 교수가 집필을 담당했다. 정종화 교수는 현재 한

국케어매니지먼트학회 회장과 RI(Rehabilitation International) KOREA 사회위원장으로 활동하고 있다.

제3부는 한국 장애인 직업재활의 변동과 장애인직업재활시설의 운영현황과 문제점, 에덴복지재단의 직업재활의 현황과 실천적인 사례를 중심으로 살펴보았다. 제3부는 노기남 교수가 집필하였다. 노기남 교수는 상지대학교 특성화기초학부 교수를 역임하였으며 현재 삼육대학교 사회복지학부 겸임교수와 한국지식재단 선임 연구위원으로 근무하고 있다.

에덴복지재단 35주년을 맞이하여 발간되는 『중증장애인직업재활 발달사』가 장애인의 직업재활을 연구하는 이들에게 많은 활용이 되기를 바란다. 마지막으로 이러한 교재를 출간하여 준 한국학술정보(주)의 채종준 대표와 본 저서가 발간되기까지 많은 수고를 한 전은수 본부장, 박대성 팀장, 선윤심 팀장에게도 감사의 인사를 드린다.

2018년 6월

공동집필자 김범수 정종화 노기남

EDEN WELFARE FOUNDATION

1부

에덴복지재단 시설의 역사

김범수(金範洙)

일본 도시샤대학(同志社大学) 사회복지학 박사

전) 평택대학교 사회복지학과 교수

현) 몽골국립생명과학대학교 초빙교수

현) 한국사회복지역사학회 회장

현) 사단법인 고앤두 인터내셔널 회장

『지역사회복지론』(공저), 공동체, 2016.

『자원봉사론』, 학지사, 2016.

『다문화사회 십계명』, 리북, 2010.

『다문화사회복지론』, 양서원, 2008.

『알기쉬운 다문화교육』, 양서원, 2010.

Ⅰ. 머리말

2018년은 사회복지법인 에덴복지재단이 35주년을 맞이하는 해이다. 에덴복지재단은 35주년을 맞이하여 기념 연구논문집을 발간하기로 하였다. 본 글은 1972년 유도 국가대표선수로 연습 도중 불의의 사고를 당해 전신마비 척추장애인이 된 정덕환 에덴복지재단 설립자(이하 정덕환)가 1983년 에덴복지원을 설립한 이후부터 현재까지 시설의 35년사를 분석한 것이다. 본고에서는 에덴복지재단 35년간의 발전과정을 서울특별시 구로구시대(1983~1997년)와 경기도 파주시대(1998~2018년)로 나누어 연구하였다. 본 연구의 목적은 에덴복지재단의 35년의 역사를 시대별로 '사회적 배경', '시설의 발전과정과 사업', '시설 운영에 기여한 주요인력', '시설의 운영재원 및 종사자', '연혁' 다섯 개 분야로 나누어 분석하고 미래의 비전을 제시하는 데 있다.

1972년 8월 2일 불의의 사고를 당한 27세의 정덕환. 당시 그는 결혼 후 슬하에 장남 재권이를 두고 있었다. 절망과 사경을 헤매던 정덕환은 구사일생 끝에 8년여의

재활과정을 통해 휠체어를 탈 수 있게 되었다. 그러나 그는 아내와 아들을 먹여 살려야 하는 35세의 가장이었다. 그는 아내 이순덕과 의논하여 당시 구로구 이화아파트 앞에 가건물을 얻어 1981년 1월 이화식품 가게를 시작했다. 아내는 판매를 맡고 본인은 물건 구매를 담당했다. 그러나 휠체어를 타고 물건을 구입하러 다니기에는 시간이 많이 들고 답답했다. 그래서 정덕환은 오토바이를 이용해 물건을 구입하기 시작했다. 정덕환은 양쪽 다리를 쓸 수 없었기 때문에 만에 하나 사고라도 나면 큰 사고로 이어질 수 있었다. 주변의 많은 사람이 반대했으나 그의 의지를 꺾진 못했다. 오토바이를 타고 다니면서 몇 번의 사고를 겪기도 했다. 그는 약 3년의 시간동안 이화식품을 운영했고 그러던 어느날 생의 전환점을 가져온 계기를 만났다. 바로 구로구 지역에서 버림받고 일자리가 없어 타인에게 구걸을 하고 있는 중증장애인을 만나게 된 것이었다. 많은 장애인은 거지들처럼 동냥했지만 그 안에서도 더 심한 차별을 받고 있었다. 그 모습을 볼 때마다 정덕환은 화가 치밀었다. 정덕환이 이화식품의 사업을 하면서 갖게 된 꿈은 바로 버림받은 중증장애인을 위한 일자리를 만들고 자립하여 살아갈 수 있는 직업시설을 만드는 것이었다.

아래는 본 연구의 내용과 집필일정 등을 정리한 표이다.

〈표 1〉 에덴복지재단 35년사 연구내용

시대구분	연구내용
서울특별시 구로시대 (1983~1997년)	사회적 배경
	시설의 발전과정과 사업
	시설 운영에 기여한 주요인력
	시설의 운영 재원 및 종사자
	연혁으로 본 에덴복지재단의 구로시대

경기도 파주시대 (1998~2018년)	사회적 배경
	시설의 발전과정과 사업
	「중증장애인생산품 우선구매 특별법」 제정
	행복공장만들기 운동본부
	시설 운영에 기여한 주요인력
	시설의 운영 재원 및 종사자
	연혁으로 본 에덴복지재단의 파주시대
결론	요약 및 비전 제시

〈표 2〉 연구 및 집필일정

일자	연구내용	연구 참여자
4월 15~16일	4월 16일, 35년사 집필 1차 자료수집 및 상견례	에덴복지재단 김학수 이사장, 정덕환 회장, 전은수 본부장과 연구진 김범수, 정종화, 노기남
6월 1~2일	2차 자료수집	정덕환 회장, 홍성규 원장, 황태성 원장
6월 27~28일	3차 자료수집	김학수 이사장, 황정희 부장, 박대성 팀장
8월 16일	1차 발표(여의도)	에덴복지재단 스텝 및 연구진
10월 22~24일	4차 자료수집	정덕환 회장, 전은수 본부장, 박대성 팀장
11월 8일	2차 점검발표(삼육대)	에덴복지재단 스텝 및 연구진
12월 12~14일	5차 자료수집	정덕환 회장, 홍성규 원장
12월 30일	최종보고서 제출	

필자는 에덴복지재단 35년사를 작성하기 위하여 다섯 차례에 걸쳐 파주시 에덴복지재단에 숙박하면서 정덕환 회장, 홍성규 원장, 황태성 원장, 전은수 본부장, 황정희 부장, 박대성 팀장과 수시로 만나 인터뷰를 하고 자료를 발굴하였다. 이 밖에도 현장에서 숙박과 식사를 함께 하면서 에덴하우스와 형원에서 일하고 있는 중증장애인들과 함께 대화를 나눈 것도 자료작성에 많은 도움이 되었다.

Ⅱ. 서울특별시 구로시대(1983~1997년)

1. 사회적 배경

정덕환이 1981년 3월 이화식품과 1983년 10월 에덴복지원을 개설할 무렵의 사회적 배경을 살펴보면 다음과 같다. 1980년 5.18 광주민주화운동 이후 신군부의 등장, 1987년 6.29 민주화선언, 1988년 서울올림픽 등이 발생했다. 1980년대 초 중동 붐을 중심으로 한국의 경제는 급속한 경제성장을 이루었다.

당시 우리나라의 사회복지제도를 중심으로 살펴보면 1980년 「사회복지사업기금법」, 1981년 「노인복지법」·「심신장애자복지법」 제정, 1961년 제정된 「아동복리법」이 1981년에 「아동복지법」으로 개정되었다.

1983년 「사회복지사업법」 개정과 함께 사회복지사 자격제도가 신설되었고 1985년부터 사회복지사 1급, 2급, 3급 자격증이 발급되기 시작하였다. 이에 따라 1980년대 후반에 들어오면서 4년제 및 2년제 대학에 사회복지학과가 급속하게 증가하였다. 1986년에 「최저임금법」 제정, 1987년 부랑인선도시설 운영규정 제정, 사회복지전문요원제도 도입, 1989년 영구임대아파트 단지 내 사회복지관 설립운영규정 제정, 1997년 「사회복지공동모금회법」 시행, 1999년 국립사회복지연수원 제도 폐지, 「국민기초생활보장법」 제정 등의 변화가 있었다.

2. 시설의 발전과정과 사업

1) 에덴복지재단 시설 발전의 흐름도[1)]

〈표 3〉 에덴복지재단 시설 발전의 흐름도

연도	내용	구분
1981	'이화식품' 운영	태동기
1983	'에덴복지원' 설립(10. 15.): 독산3동(5명으로 시작, 이후 30명 고용)	격동기
1985	건물주 부도로 길거리로 강제퇴거: 구로5동(500만 원/월 30만 원)	
1987	'에덴하우스'로 시설명 변경: 개봉동 건물매입(잔금을 치르지 못해 강제 경매에 내몰림)	
1990	사회복지법인명칭 에덴하우스로 설립인가(12. 4.), 초대이사장 정덕환	도약 · 성장기
1994	에덴하우스 신축준공(건평232/400평)	
1996	에덴하우스에서 '에덴복지재단'으로 변경	
1998	파주 신축건물 준공, 법인 및 에덴하우스 파주로 이전	절정기
2011	중증장애인 다수고용사업장 '형원' 개원	
2015	'행복공장만들기 운동본부' 출범	

1) 제2부 정종화 교수 연구에서는 정덕환의 개인사 시대 구분을 유년기(1946~1971년)-시련기(1972~1978년)-태동기(1979~1989년)-격동기(1990~2014년)-도약 · 성장기(2015~2017년)로 구분하였다.

2) 사진으로 본 시설의 발전과정

1		3	4
2		5	

1 1980년 구로3동 이화식품 시절

2 1985년 구로5동 에덴복지원

3 1985년 구로5동 에덴복지원 출입문

4 1985년 구로5동 낮에는 작업장, 밤에는 숙소

5 1985년 구로5동 작업장(전자부품조립)

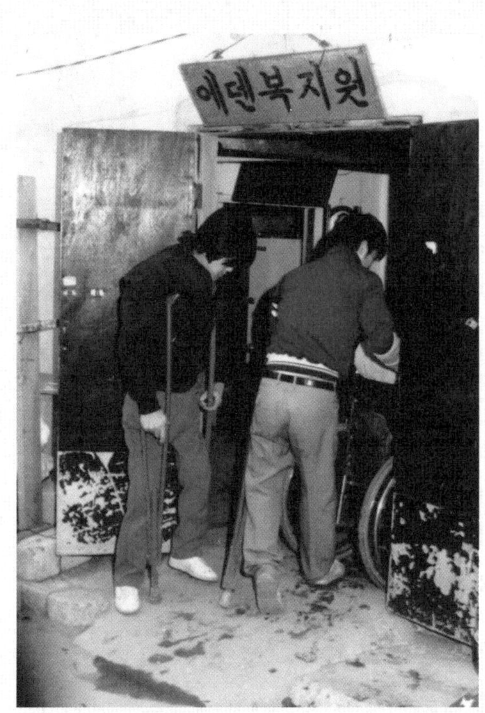
에덴복지원

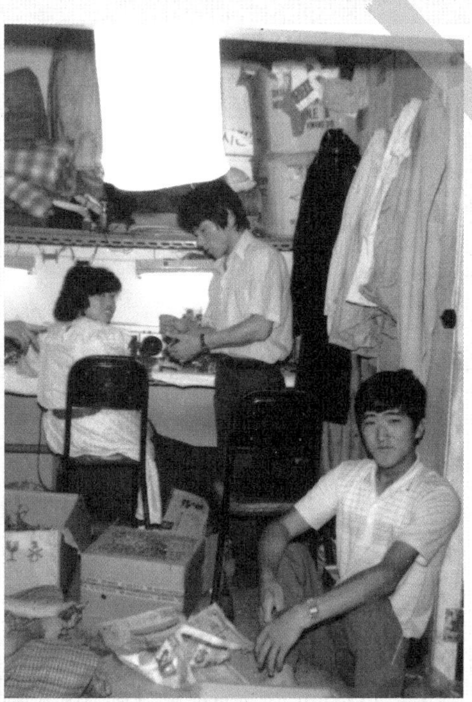

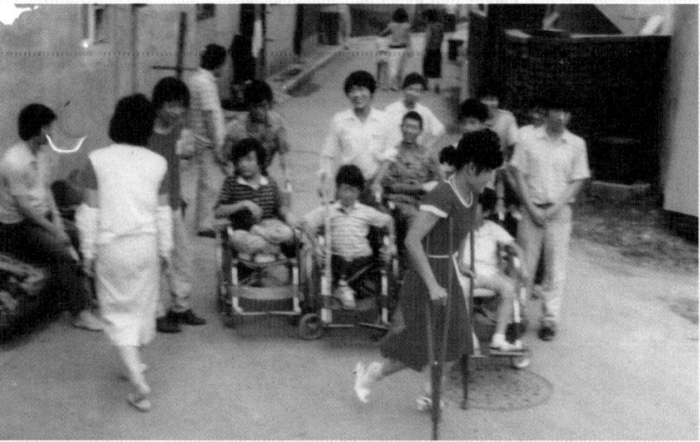

6	7		9
8			10

6 1985년 구로5동 작업장과 사무실(전자부품 조립)

7 1985년 구로5동 앞마당 1(휴식시간)

8 1985년 구로5동 앞마당 2

9 1985년 구로5동 휴식시간 1

10 1985년 구로5동 앞마당 휴식시간 2

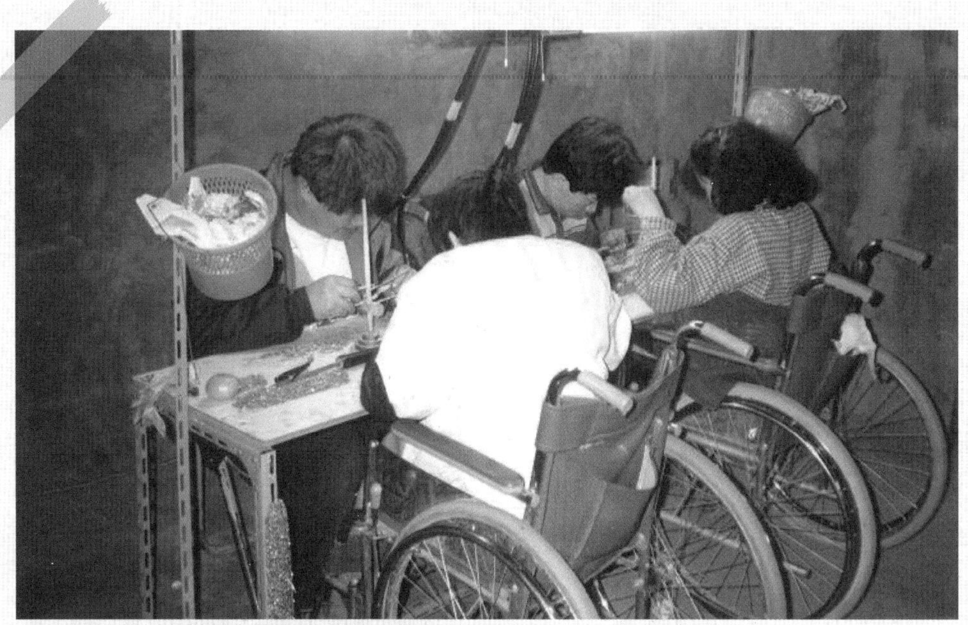

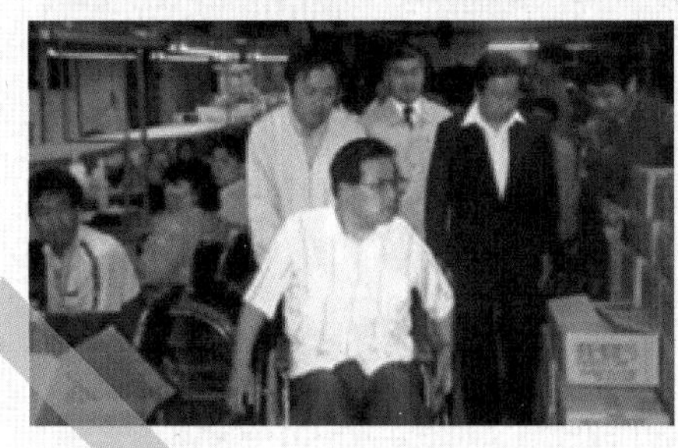

11	13
12	14

11 1985년 구로5동 작업 현장(액세서리 작업)

12 1986년 구로구청장 기관 방문

13 1987년 개봉동 정문

14 1987년 개봉동 생산현장 3(전자부품 서브모터 조립)

장애인 선교및
직업 재활시설
에덴 하우스

15 17
16 18

15 1987년 개봉동 에덴하우스 현장(전자부품 조립)

16 1987년 개봉1동 개보수 예배모습

17 1987년 개봉동 생산현장 예배모습

18 1987년 12월 노태우 대통령 기관방문

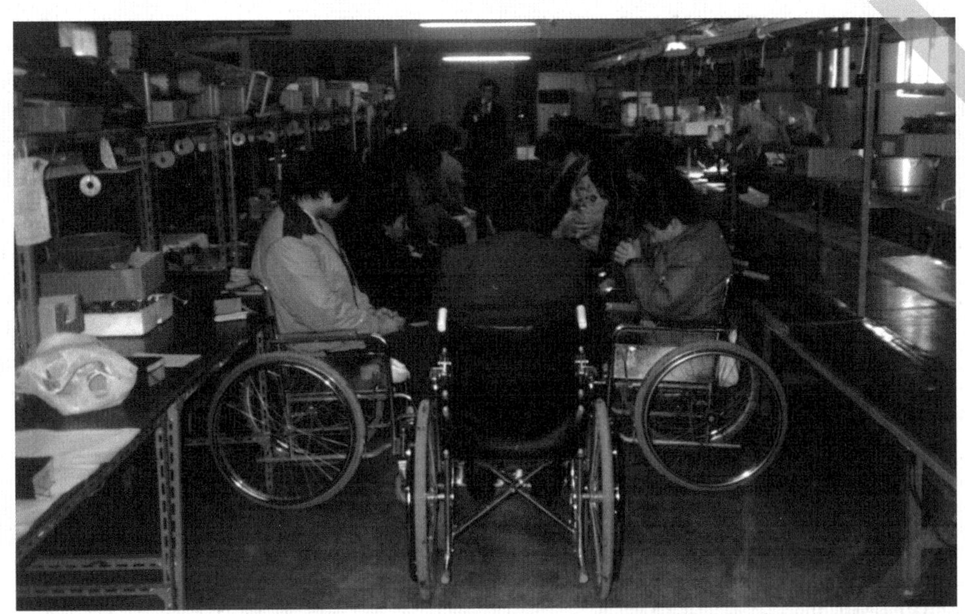

19 21
20 22

19 1987년 개봉동 직원 야유회(남이섬)

20 1988년 개봉동 에덴하우스 현장의 예배모습

21 1989년 천막생활(개봉동 건물 신축공사로 인해 임시거처 중)

22 1989년 개봉동 에덴하우스 작업장(비닐쇼핑백 제조)

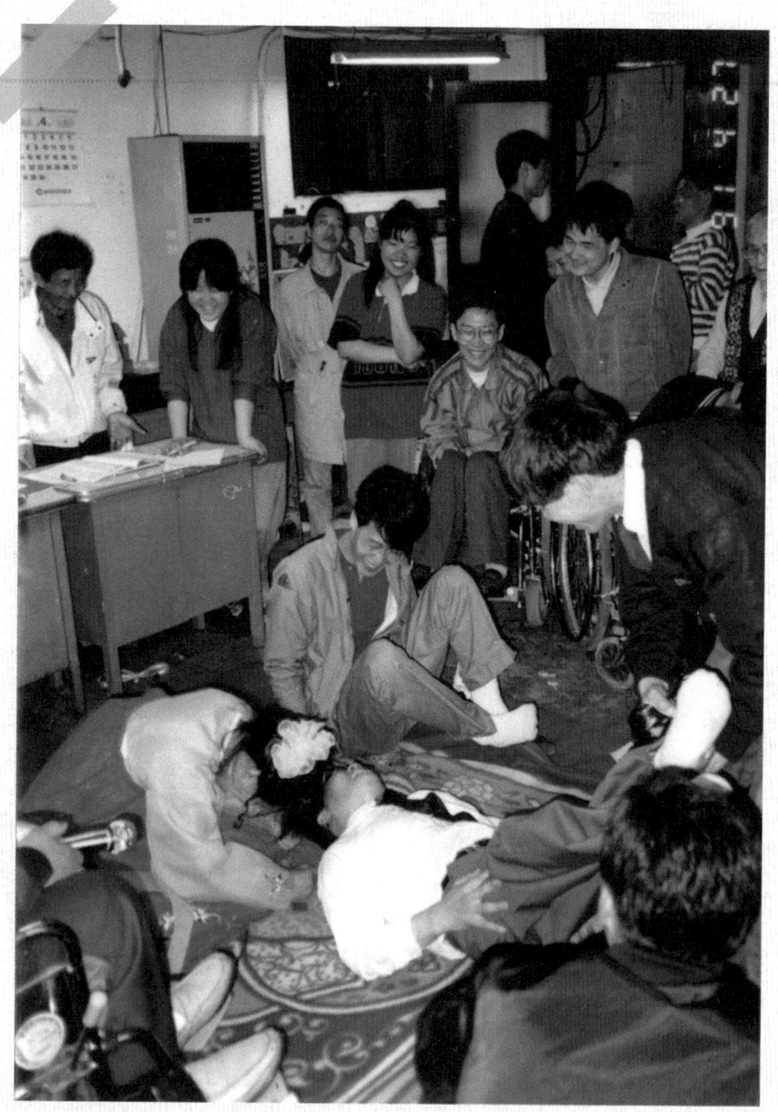

23	24
	25

23 1991년 4월 장애근로자 합동결혼식 후 피로연

24 1992년 개봉동 에덴하우스 작업 현장

25 1993년 개봉동 옥상에서 기도하는 모습

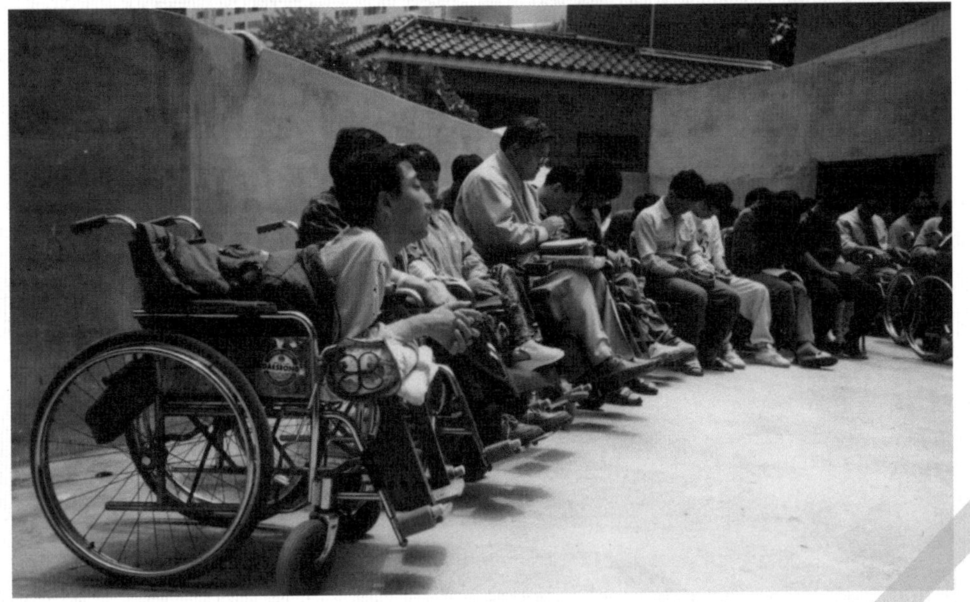

26 27 29
28 30

26 1993년 비닐쇼핑백 검수 모습

27 1993년 개봉동 신축공사 반대하는 주민

28 1994년 에덴하우스 준공예배

29 1994년 개봉동 신축 준공식

30 1994년 전 직원 역사관 탐방

에덴하우스

31
32

31 1994년 개봉동 에덴하우스 전 직원 기념촬영

32 1996년 개봉동 에덴하우스 작업현장(종량제 쓰레기 비닐봉투 생산)

3) 구로시대 에덴복지원의 임가공

1983년부터 1991년도까지 전자부품, 조립, 신발 등 임가공을 중심으로 사업을 전개했다. 1992년부터 1998년까지 비닐봉투와 비닐쇼핑백 제작이 시작되면서 에덴복지재단은 정부의 경제성장과 함께 괄목할 만한 성장을 이루었다. 특별히 1995년 종량제 쓰레기 비닐봉투 사용이 시범사업으로 도입되면서 박차를 가했다.

4) 에덴하우스(개봉동)

1987년 에덴복지원을 시작한 지 4년 정도가 지나 명칭을 에덴하우스로 변경했다. 4년이 지나면서 직원이 83명으로 증가할 정도로 성장했다. 당시의 활동내용을 요약하면 다음과 같다.

소재지: 구로구 개봉1동 50-8

인원: 남 60명, 여 23명, 계 83명

시설현황: 사무실 1동(6평), 작업장 1동(50평), 숙소 1동(45평), 세면장 1동(16평)

사업내용

- 선교사업(선교부)

목적: 신앙생활을 통하여 장애인을 올바른 영혼으로 구원하고자 함

내역: 전도사업, 신앙교육, 장애인 신학도 육성

- 교육사업(교육부)

목적: 신체장애로 인하여 교육의 기회를 잃은 장애인들에게 각종 교육을 실시해 지식 향상과 기술을 연마시키고자 함

내역: 기술교육(전문기술인 양성), 예능교육(개개인 소질과 특기 개발), 일반

교육(지식 향상, 도 시설 운영), 특수교육(특수학교 운영)

• 의료사업(의료부)

목적: 신체적 결함이 있음에도 경제적인 문제로 치료하지 못하는 장애인들에게 각종 의료혜택의 기회를 제공하고자 함

내역: 물리치료실 운영, 장애인 운동시설 설치

• 소득사업(생산부)

목적: 장애인들만의 공동작업장 시설을 통하여 그들도 할 수 있다는 의지를 갖게 하고 생산적인 사람으로 자립시키고자 함

내역: 복지공장 운영(휠체어 작업장 시설), 현재의 일반하청에서 자체생산 제조업으로 전환하고자 함, 원예소득사업

• 후생복지사업(사회사업부)

자활촌 건립: 장애인들이 협력하여 안심하고 생활해 나갈 수 있는 자립터전 마련(장애인들이 결혼생활을 영위해 나갈 수 있는 아파트단지 조성)

자활금고 운영

요양소 운영: 장애인들의 여가선용과 자연건강을 위한 시설 운영

• 사업후원회 결성(사업부)

장애인복지사업에 뜻이 있는 사람들로 장애인들을 위한 사업에 적극적으로 협력해 나갈 수 있도록 함(정덕환, 1986)

일단 취업은 하였으나 83명의 원생이 생활하기에는 정말 많은 것들이 불편할 뿐

이었다. 이때 원생들은 몇 차례의 회의를 거쳐 다음과 같은 건의사항을 작성 · 제출하였다.

※ 에덴하우스 원생들의 건의사항(1987년)

성인 장애자 직업시설로 유일한 에덴하우스는 재정적인 어려움 때문에 매우 불편한 시설과 환경에서 장애자들이 재활의 의지를 키워 나가고 있습니다. 이에 저희 원생 모두는 장애자들의 복지개선을 위한다는 국가적인 차원에서 다음과 같은 사항을 요망합니다.

1) 성인 지체장애자들이 스스로의 자립을 위해 노동 집약적인 일을 하고 있기에 이들의 작업에 불편함이 없는 작업시설을 원함

① 심한 장애로 인하여 「장애자고용촉진법」의 실질적인 혜택을 받지 못하고 있는 장애자들도 일을 할 수 있는 작업장 시설

② 장애자들이 사용하기에 편리한 작업기구 및 계측기 시설을 추가함으로 현재의 단순 노동에서 자체 생산품목을 선정하여 생산성 향상으로 이들의 자립기반을 더욱 굳게 다져 나갈 수 있음

2) 현재의 숙소(약 20평), 식당(약 5평), 화장실(약 1.5평)의 편의시설에 80여 명의 장애자가 생활하는 것은 어려운 상태로 이의 개선이 시급함

3) 물리치료 시설 및 장애자 운동기구를 설치하여 여가시간에 의료재활을 이루어 나갈 수 있는 시설을 원함

4) 장애자들의 육적인 재활은 물론이고 영적인 재활을 위해서는 신앙의 바탕

이 이루어져야 하므로 이를 위한 교회설립이 시급함

(정덕환, 1986)

3. 시설 운영에 기여한 주요인력

에덴복지재단이 직원 2백여 명이 근무하고 11개의 시설로 발전하게 되기까지 그 중심에 선 인물은 정덕환이다. 그러나 지난 35년간 에덴복지재단의 역사를 되돌아볼 때 정덕환과 함께해 온 인물들이 있었다. 본 항에서는 에덴복지재단이 35년간 지나오면서 함께해 온 인물을 세 그룹으로 나누어 살펴보았다. 첫째는 직원 그룹, 둘째는 자원봉사자와 후원자 그룹, 셋째는 시설발전에 도움을 준 정책자문 그룹이다. 에덴복지재단이 발전해 오는 과정에서 정책자문에 도움을 준 분들은 축사와 격려사의 글로 도움을 받았다. 그 외의 에덴복지재단과 함께했던 분들이 정덕환과 만나면서 일어났던 에피소드는 기고문으로 기록 원고를 받아 정리하였다. 에덴복지재단의 발전과정에서 큰 자문과 역할을 해 주었으나 작고하신 한경직 목사, 서영훈 대한적십자사 총재에 관한 내용은 설립자 정덕환과 인터뷰를 통해서 기록하였다. 에덴복지재단이 발전하기까지 시설경영에 기여한 주요인력에 관해서는 제1부 3장에 명단을 기록했다.

1) 초창기 시설운영에 기여한 직원

시설 운영에 기여한 직원 5명

1983년 에덴복지원으로 시설을 개원하고 지금까지 20여 년 이상 에덴복지재단에 근무한 직원 중에서 시설 운영에 기여한 인물로 선정된 사람은 이순덕 관장(1983. 10.), 홍성규 원장(1985. 04.), 황태성 원장(1995. 07.), 박대성 팀장(1985. 07.), 황정희 부장(1990. 01.)이다. 이순덕 관장은 정덕환의 아내로서 처음부터 시설설립과 운영에 참여했다. 홍성규 원장은 시설이 설립된 지 2년 후인 1985년 에덴복지원에 입사해 시설 성장에 많은 기여를 해 온 인물이다.

• 이순덕 원장

설립자의 아내인 이순덕은 정덕환의 분신과도 같은 인물로 그와 생사고락을 함께 해 왔다. 에덴복지재단이 성장하는 과정에서 무보수 직원으로 온갖 일을 함께 했다. 이순덕은 지난 30여 년간 에덴복지재단이 이렇게 성장한 것은 모두가 다 하나님의 은혜라고 했다. 하나님께서 남편을 살린 이유는 장애인들에게 일자리를 마련해 주는 데 앞장서라고 살리신 것이라고 했다. 과거를 돌아볼 때 가장 어려웠던 점은 여러 가지로 수많은 고비를 겪어 오면서 위기에 처할 때마다 듣게 되는 입에 담지 못할 비난의 소리[2)]들이었다고 했다. 그러나 많은 자원봉사자와 후원자, 헌신적인 직원들 덕분에 이렇게 에덴복지재단이 성장했다고 했다. 남편 정덕환도 그가 수백 번 쓰러지고 넘어지면서도 일어선 것은 오직 하나님의 은혜라고 전했다.

• 홍성규 원장

홍성규 원장은 1985년경 공무원 시험 준비를 위해 서울에 올라와 구로구 독산동에서 공부를 하고 있었다. 그때 머리를 식힐 겸 산책을 하던 도중, 우연히 독산3동 건물 앞을 거닐게 되면서 법원 집행관에 의해 에덴복지원이 강제로 철거되는 광경을 목격했다. 그때 이러한 광경을 며칠간 지켜보면서 정덕환 원장을 만나게 되어 에덴복지원과 인연을 맺었다. 홍성규는 지난 30여 년간 총무부장, 에덴하우

2) 입에 담지 못할 비난의 소리들은 우리 사회의 장애인에 대한 차별적 대우에 관한 내용으로 메모를 해 두었으나 에덴시설역사의 연구취지에 맞지 않아 생략했다.

스 사무국장 겸 법인사무국장, 현재는 중증장애인 다수고용사업장 형원의 원장으로 근무하면서 에덴복지재단이 현재의 위치에 오기까지 생사고락을 함께하며 발전에 기여했다.

• 황태성 원장

황태성 원장은 1987년도에 에덴복지원에 입사하여 1989년 에덴복지원을 잠시 퇴사하였다가 1994년 6월에 에덴하우스에 재입사하였다. 재입사한 후 황태성은 자재과장, 영업부장, 영업본부장, 에덴하우스 원장으로 보직을 거치면서 에덴복지재단이 사업영역을 넓히는 데 많은 기여를 하고 소임을 다했다.

• 박대성 팀장

강원도 철원이 고향인 박대성 팀장은 어려서 불의의 사고로 화상을 입어 왼손가락이 전혀 없는 장애인이다. 오른손은 엄지와 검지 두 개뿐이고 연필이나 수저도 겨우 잡을 수 있어 지체장애 2급 판정을 받았다. 1985년 7월 우연히 '극동방송 하나 되게 하소서'란 방송에서 정덕환 원장의 간증을 듣고 그가 장애인들과 함께 공장을 운영하고 있다는 내용을 알게 되면서 취업을 하고 싶다는 간절한 편지를 에덴복지원으로 보냈다. 정덕환은 박대성의 편지를 읽고 당시 철원에 있던 염달경 권사의 도움으로 그를 만나러 철원까지 가서 고용했다. 당시 염달경 권사와 정말순 권사는 박대성의 성실성을 알고 적극적으로 추천하였다. 박대성은 입사 후 시설에서 일어나는 모든 허드렛일부터 후원사업 업무와 정덕환의 생활 보좌를 함께 하면서 커다란 기여를 했다.

• 황정희 부장

황정희 부장은 1990년 1월 지체장애 3급인 동생의 취업을 위해 에덴하우스를 방문하였다. 동생은 왼손이 편마비인지라 안전상 취업이 되지 않았다. 후에 여직원을 뽑는다는 정보가 있어 황정희 본인이 응시하여 1990년 1월 직원으로 입사하였다. 황정희는 초창기 장애직원이 60여 명일 때 입사하여 경리를 담당하였다. 매월 25일만 되면 직원들에게 급여를 주기 위해 사방팔방 뛰어다니는 정덕환 원장의 애쓰는 노력을 보면서 본인도 감동하기 시작하였다. 황정희는 워낙 내성적인 성격이라 단돈 1,000원도 친구들에게 빌리지 못하는 성격이었다. 그러나 에덴직원의 급여를 위해 친지나 친구들의 돈을 차용하기 시작했다. 그러나 돈을 차용한 다음 반드시 약속한 날 갚았다. 이러한 신용이 쌓이면서 그가 차용하는 돈의 액수는 점점 커져만 갔다.

다른 직원들은 인터뷰에서 에덴복지원 설립 이후 35년간은 적자였으며 부채의 기간도 있었지만 직원들에게 급여를 지급하지 않은 달이 한 번도 없었다고 했다.

에덴복지재단 35년사 기록을 위해 시설 운영에 기여한 직원 5명을 압축해서 기록하면서 느낀 점은 바로 정덕환은 인덕이 많은 사람이라는 것이다. 정덕환의 분신과도 같은 5명이 없었다면 오늘의 에덴복지재단은 없었을 것이다. 위의 사람들은 에덴복지재단의 사업에 참여하면서 스스로를 직장에서 급여를 받는 직원이라고 생각하지 않았다. 내가 바로 에덴하우스와 형원의 주인이라고 인식했다. 이러한 주인의식을 가진 소수 직원의 사명감과 희생정신 덕분으로 에덴복지재단은 성장할 수 있었다.

에덴복지재단의 발전과정에서 어려움과 극복방안

이상과 같이 초창기부터 20여 년 이상 에덴복지재단에 근무한 직원 5명을 중심으로 당시의 시대적인 상황을 살펴보았다. 앞의 직원들로부터 에덴복지재단이 발전하면서 어려웠던 장애요인과 극복방안은 무엇이었는지 포커스 그룹 인터뷰의 결과를 요약하면 다음과 같다.

• 원활하지 못한 자금의 운용방법과 해결방안

초창기 에덴복지원에 근무하는 장애인의 숫자가 50여 명이 되었을 때 일감이 계속적으로 제공되지 못했다. 그때마다 직원들에게 급여를 주지 못할 때가 많았다. 자금조달이 어려웠을 때 기독교 라디오 방송을 통해 정덕환이 점차적으로 세상에 알려지기 시작했다. 그러면서 각종 교회에서 신앙간증 요청이 꽤 많이 들어왔다. 그가 신앙간증을 통해 들어온 수입 전액을 에덴복지원의 직원 급여로 기부하여 자금부족을 해결할 수 있었다.

• 에덴복지원이 1990년 12월 사회복지법인 허가를 받으면서 법인과 시설의 분리가 명확하지 않아서 혼돈이 있었다는 점

에덴복지원은 사회복지법인 허가를 받았지만 법인과 에덴하우스의 시설 운영을 체계적으로 전담하는 인력이 매우 부족했다. 따라서 이러한 사무국 업무를 맡은 직원들은 시설 운영에 애로사항을 느꼈다. 그러나 이러한 애로사항은 시설 운영자금을 성실하게 운영해 공공기관으로부터 신뢰를 쌓아 나가며 극복되었다.

• 에덴복지재단의 발전요인

에덴복지재단의 발전요인에 대해서는 다음 세 가지를 꼽을 수 있다. 첫째, 정덕환 이사장은 시대적으로 어려움이 있더라도 긍정적으로 불가능은 없다고 하는 비전을 제시해 주었다. 둘째, 어려움이 있을 때 후원과 자문을 해 주는 분들이 자원봉사와 일감 결정, 사업의 정책을 결정하는 데 많은 도움을 주었고 이를 잘 활용하였다. 셋째, 죽음 직전까지 갔던 체험을 바탕으로 장애인들과 후원자들로부터 많은 신뢰를

쌓았다.

2) 초창기 시설 운영에 기여한 후원 인력

1983년부터 1997년까지 구로시대에 시설 운영에 기여한 자원봉사자와 후원 인력은 다음과 같다.

• 구로교회 나이례 권사

알게 된 동기: 에덴복지원 인근의 교회에 있었으며 어려운 사정을 알고 에덴복지원에 찾아옴

봉사기간: 1985년부터 5년간

봉사내용: 부식, 쌀, 노력봉사, 빨래, 찬양, 예배 인도 등

• 소망교회 김문자 권사 · 나오봉 전도사

알게 된 동기: 홍성규 원장과 직원들이 소망교회에 방문 지원요청

봉사기간: 1985년부터 5년간

봉사내용: 구로구 개봉동 토지를 매입하면서 잔금 5천만 원이 부족했고 당시 토지와 건물이 강제 경매로 넘어가 4~5차례 위기에 처함. 그때 잔금의 약 60%인 약 3천만 원을 지원받음. 그 외에도 기타 노력봉사로 기여함

• 여의도 순복음교회 허춘자 여선교회 회장

알게 된 동기: 직원들이 순복음교회 방문 지원요청

봉사기간: 1986년부터 4년간

봉사내용: 매 주일 성미후원, 일 주에 양곡 80kg을 4년간 직접 배달

• 철원 환희교회 염달경 권사, 철원육단감리교회 정말순 권사

알게 된 동기: 정덕환 원장 '극동방송 하나 되게 하소서' 방송 듣고 박대성 직원 소개. 박대성이 '우리에게 직업을 주세요' 서신을 정덕환에게 보냄. 정덕환은 박대성을 만나러 철원까지 가서 면담, 채용 결정함. 이러한 인연으로 에덴복지원의 후원자가 됨. 나중에 안 사실로 염달경 권사는 정덕환의 유도 후배 장모임

봉사기간: 1986년 3월부터 5년간

봉사내용: 매년 김치, 성미, 밑반찬 제공. 염달경 권사 남편이 영종도 보건소 공중의로 근무할 때 영종도 깻잎, 무말랭이를 장조림 하여 먹거리 밑반찬 제공

• 영락교회 신명자 권사

알게 된 동기: 에덴이 개봉동으로 이사 간 1987년에 정덕환 원장이 영락교회에 간증 가서 알게 됨

봉사기간: 1987년부터 5년간

봉사내용: 에덴하우스 건물 구입으로 파산 직전에 현금 2천만 원 후원. 그 후에도 지속적으로 장애인 식사비로 후원금 지원

• 오류동교회 김영례 권사

알게 된 동기: 인근 지역에서 소문을 듣고 찾아옴

봉사기간: 1987년부터 6년간 봉사

봉사내용: 시설 내 청소. 원생들의 세탁, 김밥 등의 간식제공. 필요시에 재정 후원

4. 시설의 운영 재원 및 종사자

1) 1989~1997년 매출액 추이

1989~1997년 매출액 추이를 살펴보면 1989년에 2억5천만 원, 1991년 5억9천2백만 원, 1993년에 5억7천3백만 원, 1995년에 18억6천3백만 원으로 매출액이 증가한 것을 알 수 있다. 이렇게 매출액이 증가하게 된 이유는 당시 정부에서 쓰레기를 줄이기 위해서 쓰레기봉투를 의무화하면서 비닐 쓰레기봉투의 활용이 점차적으로 증가했기 때문이다. 이 밖에 에덴하우스의 직원들도 중증장애인들이 제작한 비닐 쓰레기봉투의 판매를 위해서 공공기관 등에 판로를 열심히 개척한 요인도 있었다. 그러나 1996년도에 14억2천2백만 원, 1997년에 9억6천1백만 원까지 매출액이 떨어졌다. 이는 1997년 우리나라 경제가 IMF 체제로 들어가면서 전반적인 경기가 하향되었기 때문이다.

〈표 4〉 1989~1997년 매출액 추이

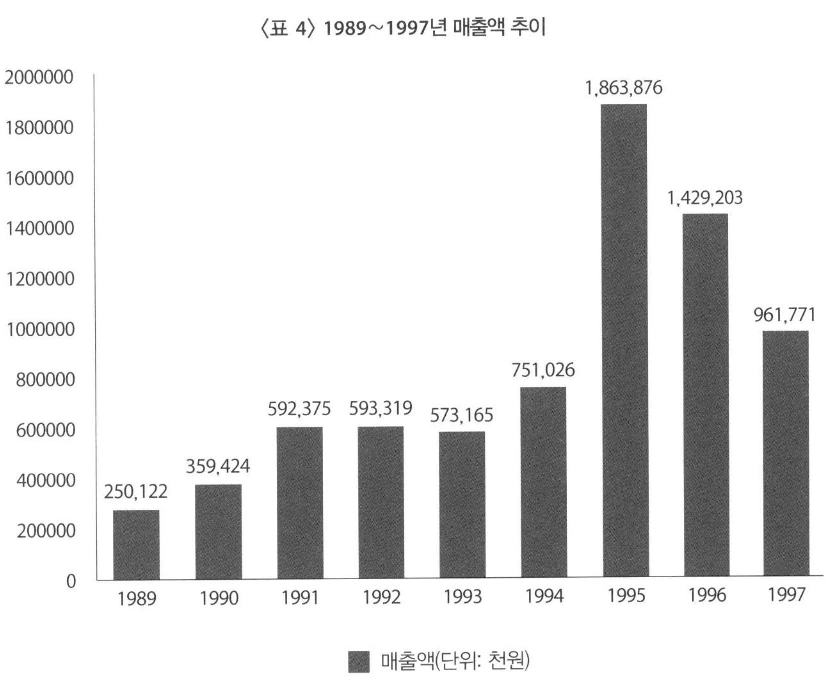

2) 1989~1997년 제조원가(직접비용) 추이

1989~1997년 제조원가(직접비용) 추이를 살펴보면 1989년에 2억1백만 원, 1991년 5억1천3백만 원, 1993년에 3억5천1백만 원, 1995년에 13억5천9백만 원까지 제조원가(직접비용)가 증가한 것을 알 수 있다. 이렇게 제조원가(직접비용)가 증가하게 된 이유는 쓰레기봉투 소비량이 증가하면서 쓰레기봉투의 제작이 점차 증가했기 때문이다. 그러나 1996년도에 9억8천만 원, 1997년에 9억3만 원까지 제조원가(직접비용)가 떨어졌는데 이는 1997년 우리나라 경제가 IMF 체제로 들어가면서 쓰레기봉투 사용량이 전반적으로 줄어들었기 때문이다.

〈표 5〉 1989~1997년 제조원가(직접비용) 추이

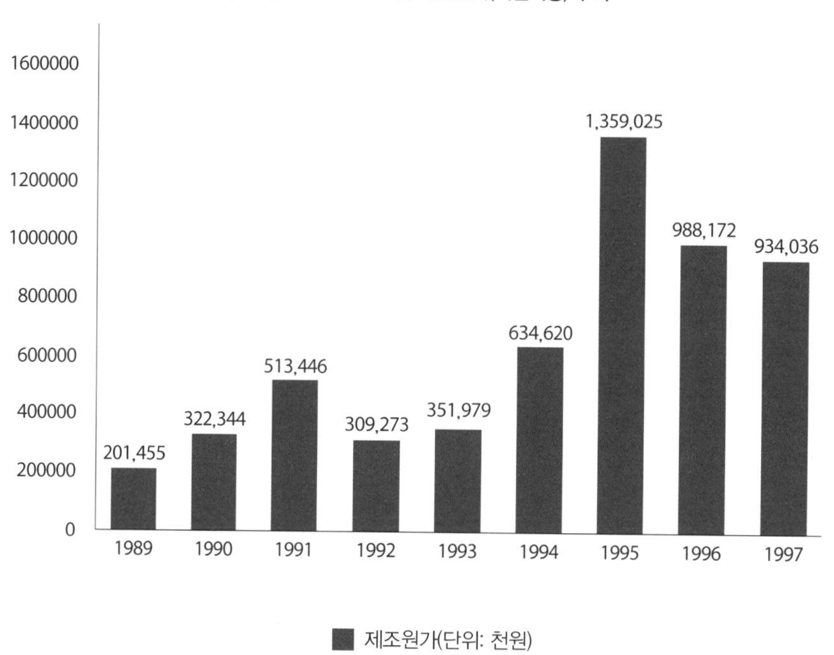

3) 1989~1997년 판관비(간접비용) 추이

1989~1997년 판관비(간접비용) 추이를 살펴보면 1989년에 3천5백만 원, 1991

년 3천9백만 원, 1993년에 4천만 원, 1995년에 1억3천3백만 원까지 판관비(간접비용)가 증가한 것을 알 수 있다. 이렇게 판관비(간접비용)가 증가하게 된 이유는 쓰레기봉투 소비량이 증가하면서 쓰레기봉투의 제작이 점차 증가했기 때문이다. 그러나 1996년도에 1억7백만 원, 1997년에 6천7백만 원까지 판관비(간접비용)가 떨어졌는데 이는 1997년 우리나라 경제가 IMF 체제로 들어가면서 쓰레기봉투 사용량이 전반적으로 줄어들었기 때문이다.

〈표 6〉 1989~1997년 판관비(간접비용) 추이

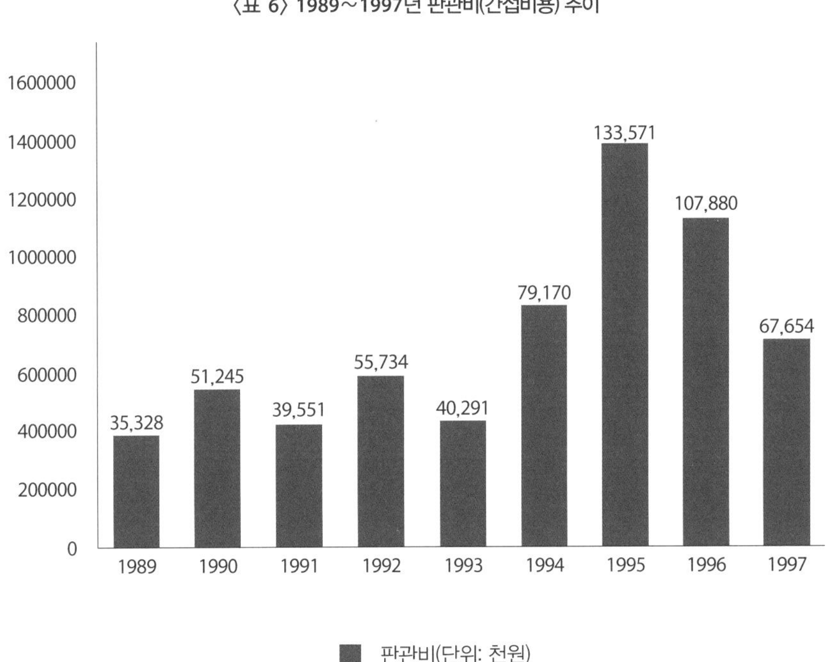

4) 1989~1997년 장애인 임금 추이

1989~1997년 장애인 임금 추이를 살펴보면 1989년에 5천3백만 원, 1991년 8천8백만 원, 1993년에 7천9백만 원, 1995년에 1억4천8백만 원까지 전체 장애인 임금 합계가 증가한 것을 알 수 있다. 이렇게 전체 장애인 임금이 증가하게 된 이유는 쓰

레기봉투 소비량이 증가하면서 쓰레기봉투의 제작이 점차 증가하면서 장애인 고용이 그만큼 증대하였기 때문이다. 1996년도에 1억4천6백만 원으로 잠시 주춤하였으나 1997년에 2억2백만 원까지 전체 장애인 임금이 증가한 것을 알 수 있다.

〈표 7〉 1989~1997년 장애인 임금 추이

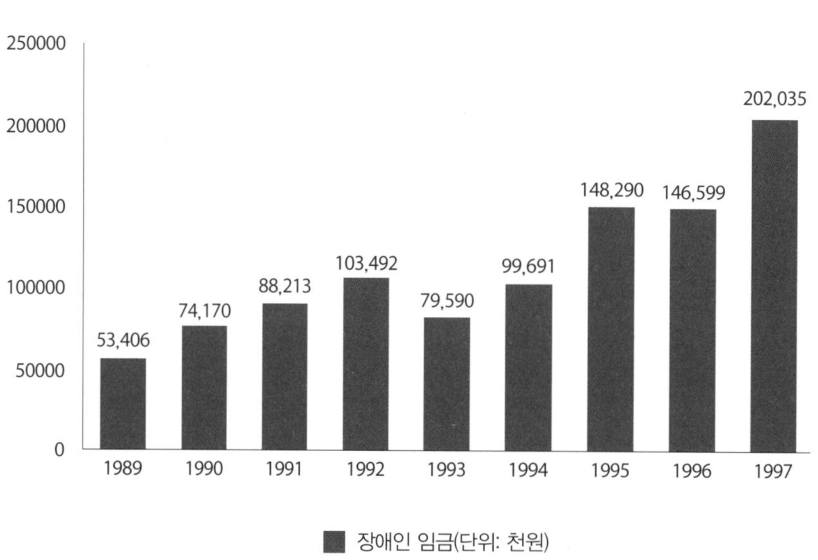

5) 1989~1997년 장애인 근로인원 추이

1989~1997년 장애인 근로인원 추이를 살펴보면 1989년에 59명, 1991년에 81명으로 증가하다가, 1993년에 54명으로 다소 하향, 1995년에 다시 88명까지 장애인 근로인원이 꾸준히 증가한 것을 알 수 있다. 또한 1996년도에 83명으로 다소 감소하였으나 1997년 87명으로 꾸준하게 장애인 근로인원이 유지된 것을 알 수 있다.

〈표 8〉 1989~1997년 장애인 근로인원 추이

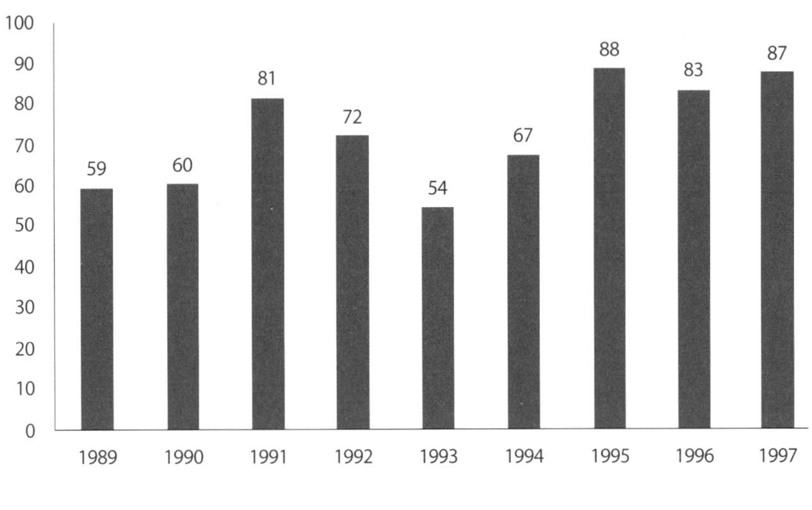

5. 연혁으로 본 에덴복지재단의 구로시대

사회복지역사연구에 있어서 가장 먼저 작업해야 할 부분은 바로 연혁(연표)을 만드는 것이다. 필자는 2013년 사회복지역사연구소를 설립 · 운영하기 전에 일본에서 역사를 전공하는 교수들을 만나 이야기를 나눈 적이 있다. 역사연구전문가들을 만나면서 배운 점 하나가 바로 역사에 관한 사료(史料)수집과 연혁(연표)을 만드는 작업이었다. 에덴복지재단에서도 홍보자료를 위해 만들어 놓은 아주 요약된 연혁(연표)이 있었다. 다음 에덴복지재단의 연혁은 아주 요약된 연혁을 기초자료로 하여 보완한 것이다. 이 연혁을 정리하는 데는 박대성 팀장이 소장하고 있는 수첩과 메모 등이 많은 도움이 되었다.

연도	월	주요사업 및 참여인력
1972	8	법인설립자 정덕환 유도 연습 도중 전신마비, 척추장애 캐나다 선교사 구애련 씨의 도움으로 재활훈련
1981	1	구로구 구로3동 이화아파트 가건물에서 생계를 위한 식품가게(이화식품) 운영
1981	9	설립자 정덕환 보건사회부 장관 표창(장애인 생활수기 공모 당선)
1983	9	서울 구로구 독산동 954번지 대창빌딩 4층 임차 중증장애인 직업재활시설 에덴복지원 설립(10. 15.), 장애인 5명과 함께 임가공 사업으로 출발
	11	전자부품 및 스피커 조립 납품(대우전자, 중원전자, 태광하이테크)
1984	1	중증장애인 직업재활시설 에덴복지원 확장(전자부품 임가공/근로장애인 30명으로 증가)
1985	4	설립자 정덕환 KBS “11시에 만납시다” 출연
		세 든 건물 건물주의 부도에 의해 강제퇴거됨 30여 명의 장애인 길거리 노숙생활
		새 건물주의 도움으로 같은 건물 지하실에 임시 거처를 마련하고 운영재개(구로3공단 내 태광하이텍 허건용 부장의 협조로 전자부품 임가공)
		신용보증기금의 보증협조로 상업은행 독산동 지점으로부터 1천만 원 융자
		구로구 구로5동 553-2번지 건물을 임차(보증금 500만 원/월 30만 원)하여 작업장 및 기숙사 설치 후 시설 이전(5. 23.)
	9	에덴선교교회설립(9. 20. 초대목사 신문성)
		염달경 권사의 협력으로 철원지역 교회 및 여선교회 연합회와 교류
		KBS 뉴스파노라마 취재 방송(취재담당 조달훈 기자)
1986	3	제1회 에덴 장애인가족 체육대회 개최(3. 10.)
	4	장애인 찬양선교단 발족(4. 20.)
	11	설립자 정덕환 간증집 『절망이 나를 흔들어도』 발간(11. 30. 도서출판 아가페발행)
	12	에덴 장애인찬양 선교단 철원 전방지역 군부대 위문(12. 20.)
1987	4	서울 구로구 개봉1동 50-8 소재 대지 232평 및 건물 매입(4. 30.) 매입부지 잔금 미지급으로 3차례 강제경매(후원인 도움으로 해결)
	9	시설명을 에덴복지원에서 에덴하우스로 변경(9. 1.)
		에덴장애인 전 가족 야외나들이 행사개최(가평 남이섬)
	11	서울 구로구 개봉1동 50-8로 확장 이전(11. 23.)
		에덴선교교회 이순덕 목사 취임
	12	노태우 대통령 당선자 방문(12. 24.)
1988	2	중소기업 진흥공단 유망중소기업 선정(1988. 2. 9.)
	12	에덴 장애인 가족들로 구성된 곰두리합창단 창단예배(12. 16. 고 한경직 목사 축하설교)
		잠롱 스리무앙 태국 방콕시장 에덴하우스 방문

1989	4	설립자 정덕환 간증집 제2권 『절망을 넘어서』 발간(4. 20. 도서출판 아가페발행)
		김학수 사무총장(UN ESCAP) 자문 참여 시작
	8	장애인생산품 적합품목으로 비닐쇼핑백 제조사업 시작
		비닐원단 생산을 위한 압출공장 설치(경기도 시흥시 신천리)
		송재성 · 문경태 자문(보건복지부)
1990	12	에덴하우스 사회복지법인 설립인가(12. 4. 보건사회부) 설립자 정덕환 초대 법인 이사장으로 취임
1991	4	정덕환 법인이사장 국민포장 수훈(4. 20.)
		에덴하우스 장애인가족 5쌍 합동결혼(4. 24.)
	8	장애인직업재활(근로)시설 설치 허가(8. 19. 구로구청. 초대시설장 정덕환)
1992	2	환경보호 차원의 분해성(광분해 및 생분해기능) 비닐봉투 생산
		쓰레기 분리수거용 비닐봉투 생산, 서울시 각 구청 납품
1993	4	에덴하우스 건물 신축을 위해 임시 거처 사용 개봉2동 307–9
		오류동 복개천에 약 300평의 가건물을 설치하고 시설 임시이전(4. 15.)
		에덴하우스 건물 신축 착공(4. 19. 구로구 개봉1동 50–8)
	6	설립자 정덕환 이사장 신한국인 선정(6. 25. 대통령)
		김종인 교수(나사렛대학교) 자문 참여 시작
1994	1	쓰레기 수수료 종량제 시행을 위한 시범사업 참여(서울 구로, 송파, 성북)
	4	에덴하우스 건물 신축 준공(4. 9. 구로구 개봉1동 50–8 대지/건평: 232/400평)
	10	설립자 정덕환, 서울시 정도 600년 600인의 한 사람으로 선정
	11	설립자 정덕환, 자랑스러운 서울시민상 수상(서울특별시)
1995	1	쓰레기 수수료 종량제 전국시행에 따라 각 지자체에 쓰레기봉투 납품시작
	2	KBS2 체험 삶의 현장 촬영(이무송, 노사연 부부 에덴하우스 체험 촬영)
	12	대한민국 국민상
		장애인 근로사업장 에덴하우스 이전을 위한 부지매입(경기도 파주시 교하읍 신촌리 345번지 외 2필지 1,964평)
1996	1	통일 기반 조성상 수상(통일기반조성위원회)
	4	법인 명칭 에덴하우스에서 에덴복지재단으로 변경
	5	장애인 가족 한마음 체육대회 개최(구로구 고척 근린공원)
		장애인 근로사업장 에덴하우스 이전신축 착공(경기도 파주시 교하읍 신촌리 345번지 외 2필지 1,964평)
1997	1	장애인 근로사업장 에덴하우스 쓰레기 비닐봉투 제3자단가계약체결(조달청)
	2	에덴하우스 파주로 이주 시작

Ⅲ. 경기도 파주시대(1998~2018년)

1. 사회적 배경

2002년 한일월드컵 개최, 2003년 개성공단 1단계 단지 개발 착수, 2005년 분양시작, 2007~2008년 세계금융위기, 2010년 저출산 고령화 사회의 제기와 경제 장기불황, 2016년 개성공단폐쇄 등이 발생하였다. 특히 2010년대에 들어오면서 저출산 고령화 사회와 장기불황 국면에 접어들었다는 점이 주목할 만하다.

사회복지제도를 중심으로 당시의 발전과정을 살펴보면, 2005년「자원봉사활동기본법」제정, 2007~2010년 지역사회복지협의체(현 지역사회보장협의체)와 지역사회복지계획(현 지역사회보장계획)의 시작, 2007년「노인장기요양보험법」제정, 2007년 사회복지사의 날 제정, 2008년「다문화가족지원법」제정, 2011년 한국보건복지정보개발원 변화 등이 이루어졌다.

2. 시설의 발전과정과 사업

1) 사진으로 본 시설의 발전과정: 에덴하우스, 형원, 행복공장만들기 운동본부

33

34

33 파주시설 전경

34 1998년 에덴하우스 생산현장 작업지도

35 37
36 38

35 1998년 에덴하우스 가공실(종량제 쓰레기봉투 생산)

36 에덴하우스 제2가공실

37 에덴하우스 제1가공실(종량제 쓰레기봉투 생산 1)

38 에덴하우스 제1가공실(종량제 쓰레기봉투 생산 2)

믿음·교육·재활

39 41
40 42

39 에덴하우스 인쇄실(종량제봉투 인쇄)

40 에덴하우스 압출실(종량제봉투 생산)

41 에덴하우스 제1가공실(종량제 쓰레기봉투 생산 3)

42 2011년 중증장애인 다수고용사업장 형원 개원식 1

장애인 다수고용사업장
『형원』 개원식
10 30

43 45
44 46

43 2011년 중증장애인 다수고용사업장 형원 개원식 2

44 형원 친환경세제 교반설비현장

45 형원 친환경세제 생산현장

46 형원 선물세트 포장작업현장

스트레칭하는 습관
근골예방 안전일터
NATIONAL ENG CO., LTD.
TEL. 02-3159-6681

PHMB
PHMB

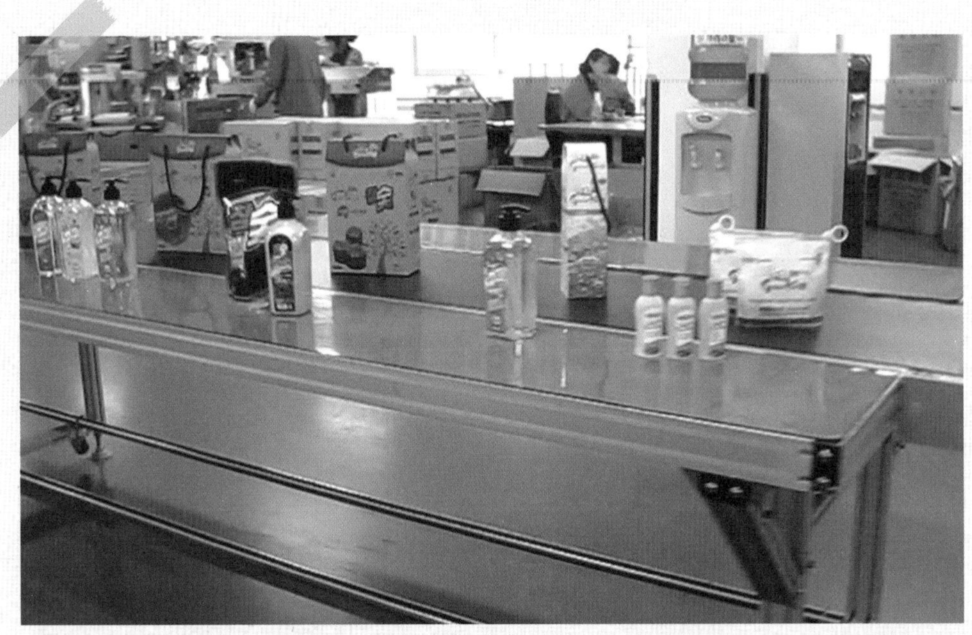

에덴복지재단
장애인 직업재활시설
에덴하우스
EDENHOUSE

47	49
48	50

47 형원 세제 작업현장

48 2013년 박근혜 대통령 기관방문

49 인쇄판촉물 1

50 인쇄판촉물 2

51	52	54	
53		55	56

51 인쇄사업부 후가공시스템(트윈링제본/중철제본) 1

52 인쇄사업부 후가공시스템(트윈링제본/중철제본) 2

53 2015년 행복공장만들기 운동본부 출범식 1

54 2015년 행복공장만들기 운동본부 출범식 2

55 2015년 행복공장모델화사업 국회세미나

56 2016년 행복공장 로드맵 발표

2) 행복공장

지난 30여 년간 정덕환은 장애인들의 일자리를 제공하는 에덴하우스와 중증장애인 다수고용사업장 형원을 설립 · 운영해 왔다. 에덴하우스와 형원이라고 하는 두 사업장만 가지고도 그의 업적은 매우 높이 살 만하다. 하지만 그는 나이 일흔이 넘은 현시점에서 또 하나의 사업을 추진하고 있다. 그것은 바로 '중증장애인의 평생일터 행복공장만들기' 사업이다. 이 사업은 중증장애인의 일자리와 최저임금 보장이라는 두 가지 목표를 달성하기 위해 2015년 4월 23일에 출범하였다.

정덕환은 "여기에서 중증장애인이라고 하면 의학적 분류에 따른 중증장애인을 의미하는 것이 아니라 인지능력과 사회성이 부족하여 사실상 의무고용에서도 배제되는 발달장애인(지적장애, 자폐성장애인)을 말한다"고 강조한다. 부모들의 아픔과 절규를 담아 발달장애인 개인과 가족의 소망을 이루고 미래의 국가복지에 이바지하는 귀한 일이라고 여겨진다.

'중증장애인의 평생일터 행복공장만들기 운동본부'는 다음과 같은 사업을 추진하기 위해 설립되었다. 첫째는 수혜적 복지에서 고용복지로 복지패러다임을 변화시키는 작업, 둘째는 30세 미만 전체 장애인의 66%를 차지하는 발달장애인의 집중고용, 셋째는 중증장애인의 직업재활 성공사례 확대, 넷째는 「중증장애인생산품 우선구매특별법」의 적극 활용, 다섯째는 행복공장 전국 네트워크 조성, 여섯째는 근로소득으로 노후가 보장되도록 지원강화, 일곱째는 근로장애인 삶의 질 향상 프로그램의 개발이다.

3) 에덴하우스 작업 공정도

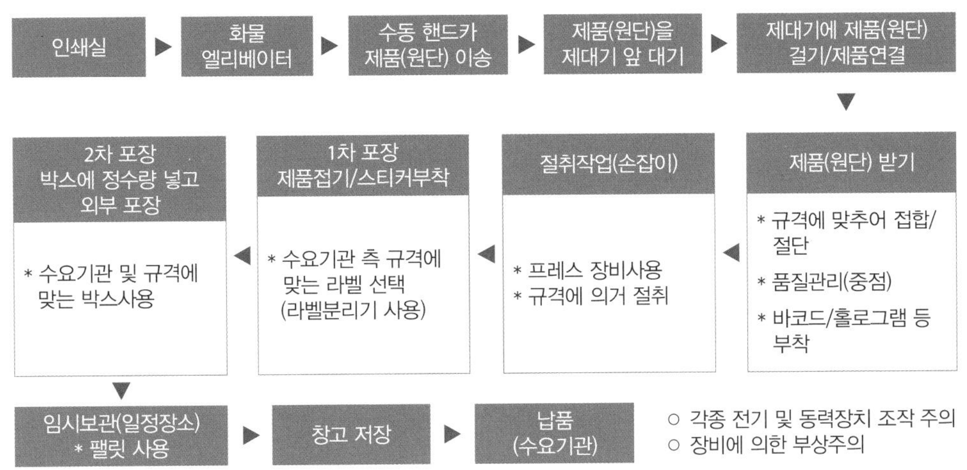

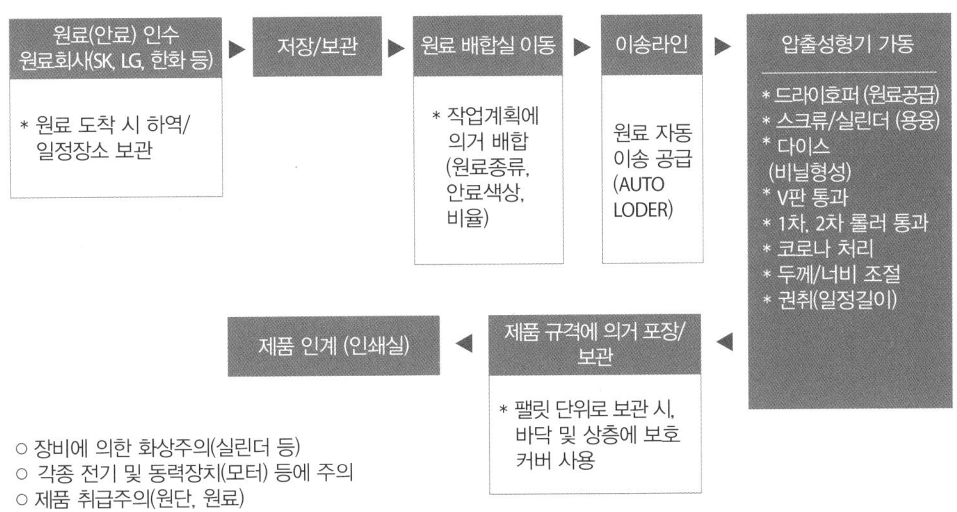

에덴하우스 작업 공정도(압출성형)
종사자 50명 중 6명(12%)/장애인근로자 101명 중 2명 배치(2%)

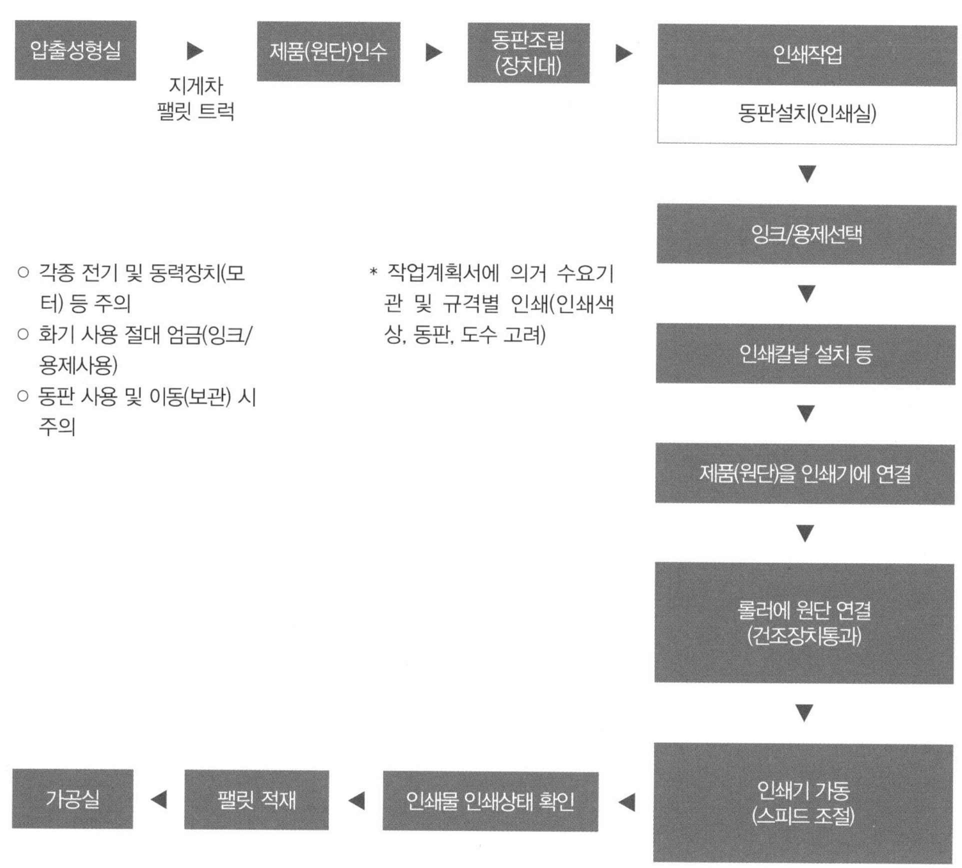

에덴하우스 작업 공정도(재생실)

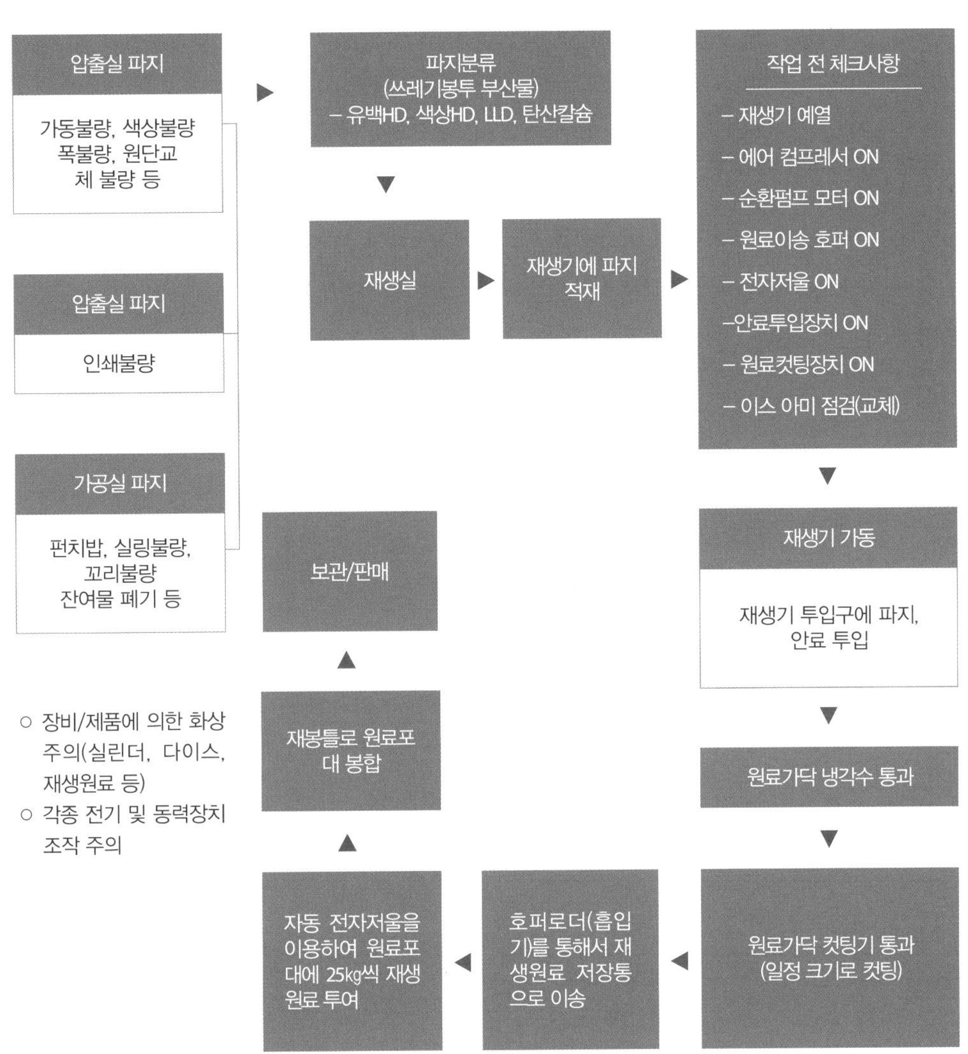

3. 「중증장애인생산품 우선구매 특별법」 제정

2008년도에는 국회에서 "경쟁고용이 어려운 중증장애인들을 고용하는 직업재활 시설 등의 생산품에 대한 우선구매를 지원함으로써 중증장애인의 직업재활을 돕고 국민경제발전에 기여함을 목적"으로 하는 「중증장애인생산품 우선구매 특별법(약칭 중증장애인생산품법)」이 제정되었다.

「중증장애인생산품법」 제정의 필요성을 제안한 사람은 바로 정덕환이다. 마침 2004년도에 시각장애인이었던 정화원이 국회의원 비례대표로 당선되면서 정덕환은 정화원 의원에게 「중증장애인생산품법」 제정의 필요성을 건의한다. 이 법이 제정되기까지 많은 어려움이 있었지만 사회복지 분야와 장애인의 고용문제에 관심이 높았던 정화원 의원실 보좌진의 치밀한 연구와 협조 끝에 법안이 마련되었다. 결국 정화원 의원의 임기 말인 2007년에 「중증장애인생산품법」이 통과되었다. 「중증장애인생산품법」이 우리나라에 제정이 되었다는 것은 중중장애인 시설을 운영하는 경영자나 중증장애인을 고용 · 운영하는 시설종사자들에게는 획기적인 사건이었다고 할 수 있다.

4. 행복공장만들기 운동본부

1) '중증장애인의 평생일터 행복공장만들기 운동본부' 출범 동기

지난 30여 년간 장애인들과 생사고락을 함께하면서 정덕환은 "중증장애인에게 최고의 복지는 일자리이다"라는 결론을 얻게 되었다. 정덕환과 함께하면서 늘 듣는 화두는 "1030, 일이 없으면 삶도 없다"였다. 1983년 구로구 독산3동에서 시작한 에덴복지원은 구로5동, 개봉동을 거쳐 파주에 자리 잡았고 이제는 2백여 명의 중증장애인과 일반 근로자가 출퇴근 또는 숙박하면서 공장에서 일하고 있다.

장애를 가지고 태어나 20여 년간 부모와 사회복지시설 등에서 서비스를 받고 생활하던 장애인들이 회사로 출근해서 급여를 받아 기뻐하는 모습을 볼 때, 정덕환도 가족 이상으로 기뻐했다. 1983년 장애인들과 월세를 얻어 시작한 가내공장이 이렇게 크게 성장한 것이다. 이제 인생을 마무리할 시점에 정덕환이 마지막으로 결실을 맺고 싶어 하는 것이 바로 '중증장애인의 평생일터 행복공장만들기(약칭 행복공장만들기)' 프로젝트다.

2) 행복공장만들기 사업 추진배경

우리나라 장애인 인구 272만 명(2014년 장애인실태조사자료) 중 90만 명에 달하는 중증장애인에 대한 국가와 사회의 부담은 날로 증가하고 있다. '행복공장만들기 운동본부(이하 운동본부)'는 중증장애인의 일자리와 최저임금 보장이라는 두 가지 목표를 달성하기 위해 2015년 4월, 파주 에덴복지재단에서 1천여 명이 참석한 가운데 출범식을 가졌다. 당시 보건복지부장관, UN ESCAP 사무총장, 심재철 국회부의장 등 각계 주요 인사들이 참여하여 뜨거운 사회적 관심을 보여 주었다.

운동본부에서는 행복공장모델화 연구 및 행복공장모델화 사업을 시작으로 중증장애인 고용촉진 및 직업재활을 위한 직업적응훈련, 적합직종 및 적합품목 개발, 직업능력 개발, 근로장애인 여가문화 프로그램 개발, 근무시간 단축 및 근무형태 연구, 전문가 양성교육 및 연구 등으로 중증장애인의 맞춤형 고용복지를 통한 삶의 질 향상을 구현하려고 한다. 본 사업은 중증장애인 일자리 33,300개를 목표로 전국적으로 행복공장을 확산시켜 중증장애인에게 근로의 기회를 확대해 나가려는 목표를 가지고 시작되었다.

3) 사업개요와 추진일정

운동본부는 다섯 가지 중점 추진과제를 가지고 출범했다. 첫째는 국민과 함께하는 활동인 '행복공장만들기' 사업이다. 이를 추진하기 위해서 국회세미나, 공익광고, 기획방송, 국민특별 생방송, 각종 위원회를 확대할 계획이다.

둘째는 행복공장만들기 운동본부 설립인가 및 행복공장 네트워크를 구축하는 것이다. 이를 위해 민간 장애인 일자리 지원기관을 설립하고, 333개 행복공장 판로를 지원할 것이다.

셋째는 기업 사회공헌과 연계하여 후원금품을 모금할 것이다. 이러한 사업을 추진하기 위해서 사회공헌으로 확대할 계획이다.

넷째는 행복공장만들기 운동본부 활성화 사업이다. 이를 위해 총재단과 11개 위원회 활성화 및 후원 홍보 네트워크 활성화 사업을 추진할 계획이다.

다섯째는 CSR(Corporate Social Responsibility)제휴 및 다자간 후원 프로모션 개발 사업이다. 이를 추진하기 위해서 대기업, 중소기업, 방송사 사회복지단체 교계 정부부처와 협조를 강화할 것이다.

4) 과제와 전망

'행복공장만들기 운동본부'가 출범한 지 어언 3년이 되어 간다. 지난 3년간 운동본부를 발전시키기 위해 여러 방면으로 홍보를 강화하고 네트워크를 넓혀 나가는 작업을 했다. 그동안의 특징적인 사업에는 「중증장애인 행복공장 모형개발연구」(2015. 7.), 「중증장애인의 평생일터 행복공장 모델화 연구 국회세미나」(2015. 10.), 행복공장운동본부 출범 1주년 기념 「중증장애인 평생일터 로드맵 발표」(2016. 4.)가 있다. 이처럼 그동안에는 행복공장을 어떻게 제도화시킬 것인가에 대한 모델연구가 진행되었다.

그동안 에덴복지재단은 비닐 쓰레기봉투를 제작하는 에덴하우스와 친환경 세제류를 만드는 형원을 설립, 2백여 명의 중증장애인과 일반 근로자를 고용하는 성과를 이루었다. 이제 행복공장만들기 운동본부를 통해 우리나라 장애인의 3분의 1에 해당하는 90만 명의 중증장애인의 일자리와 최저임금 보장을 구축하는 사업을 마련하고자 한다. 이제 시작에 불과한 운동본부의 사업이 더욱 체계화되도록 정덕환은 오늘도 이 사람 저 사람, 이곳저곳을 방문하고 있었다.

5. 시설경영에 기여한 주요인력

에덴복지재단 35년사를 발간하면서 정덕환 회장과 수차례 면담하였다. 정덕환은 에덴복지재단이 이렇게 발전할 수 있었던 것은 수많은 사람의 협력과 조언이 있었기 때문이라고 했다. 여러 가지로 위기에 처하고 문제에 당면할 때마다 정덕환은 조언자를 찾아 나섰다. 그런데 위기 때마다 적절한 조언자가 나타났으며 그는 그들의 조언을 듣고 종합하여 문제를 해결하는 데 활용하였다.

• 한경직 목사

1983년 에덴복지원을 설립한 이후 정덕환은 많은 시련과 고통을 겪고 있었다. 그러다 1988년 서울올림픽이 끝나고 패럴림픽 준비위원회에서 영락교회 한경직 목사를 만나 교제하게 되었다. 에덴하우스의 운영이 매우 어려웠을 당시 전신마비 장애인 정덕환에게 한경직 목사의 격려와 메시지는 큰 힘이 되었다. 덕분에 정덕환은 어려운 고비를 신앙으로 잘 이겨 나갈 수 있었다.

한경직 목사는 1990년 에덴하우스 준공예배 때 참석하여 개회설교를 주관해 주었다. 정덕환은 에덴복지원을 운영하면서 너무나 힘들었을 때 격려, 위로해 주던 분으로 한경직 목사를 잊지 못하고 있다. 한경직 목사를 통해 정덕환 본인도 기독교인으로서 참된 믿음을 갖는 계기가 되었다고 했다.

• 김학수 사무총장

정덕환은 김학수 전 유엔 사무차장 겸 UN ESCAP 사무총장의 은혜를 잊지 못하고 있다. 김학수는 친누이 정덕명의 남편이면서 연세대 선배이기도 하다. 1972년 정덕환이 유도를 하다 쓰러졌을 때부터 1981년 이화식품, 1983년 에덴복지원을 시작할 때, 대우 미국법인 사장이나 바누아트 솔로몬군도 경제고문, Colombo Plan 사무총장과 UN ESCAP 사무총장을 역임하면서도 틈나는 대로 전화로 격려와 지원을 아끼지 않았다. 김학수 사무총장은 UN ESCAP을 은퇴할 무렵 나도 귀국하면 에덴복지재단을 위해 봉사하겠다고 했다.

2007년 7월 귀국 후부터 매주 월요일마다 에덴복지재단을 위해 정기적으로 봉사했다. 2008년도부터 이사로 활동하다, 2017년부터 이사장직을 맡아 시설 운영에 참여하고 있다. 그동안 국제적으로 익힌 행정경험을 바탕으로 에덴복지재단의 관리행정을 책임지고 있다.

• 서영훈 총재

정덕환은 에덴복지재단이 구로에서 파주로 이사할 무렵 알게 된 서영훈 적십자사 총재의 자문과 지도를 지금도 잊지 못하고 있다. 에덴하우스가 파주로 이전하면서 중증장애인 다수고용사업장을 설립할 때 많은 조언을 해 준 분이다. 서영훈 총재는 정덕환이 중증장애인들의 많은 일자리를 만들어 고용 · 운영하는 것을 보면서 시간 날 때마다 많은 격려와 지지를 해 주었다. 나아가 에덴과 함께하는 모임을 만들어 적극적으로 지원해 주었다.

서영훈은 정덕환에게 아호(雅號) '형원(馨園)'을 작명해 주었다. 2011년 9월 파주에 중증장애인 다수고용사업장을 개원할 때 시설의 명칭을 정덕환의 아호인 '형원'으로 하기로 했다. 중증장애인의 작업장이라는 정원에서 서로 자신의 향기를 내뿜으며 공동체 생활을 잘하라는 의미가 담겨 있다.

• 김종인 교수

에덴하우스가 파주로 이전을 계획하고 있을 1990년대 초 정덕환은 김종인 교수를 만나게 되었다. 당시 에덴하우스는 발전을 거듭하고 있어 학문적으로 체계를 잡아줄 전문가가 필요한 시기였다. 김종인은 에덴복지재단이 성장하는 데 전문적인 조언과 자문을 많이 해 준 분이다. 1993년 6월 정덕환은 김종인 교수를 만난 후 나사렛대학교 학부에서 재활복지학을 전공으로 공부하였고 이후 나사렛대학교 재활복지대학원에 입학, 석사학위 과정을 이수하였다.

김종인은 정덕환보다 나이는 어렸지만, 정덕환에게 김종인은 스승이었다. 시설을 경영하면서 너무나 힘든 상황에 직면했을 때 정덕환은 김종인을 만나서 모든 것을 털어놓으며 눈물을 흘린 적이 한두 번이 아니라고 했다. 에덴복지재단에서 장애인을 고용하면서 겪는 많은 사소한 어려움과 갈등구조 해결을 위한 상담과 정책결정에 김종인이 많은 기여를 해 주었다. 김종인 교수는 2015년 『행복공장모델화 연구』와 2017년 『에덴복지재단 산하시설 15주년기념 연구』 보고서의 책임연구를 맡아 주었다.

• 조일묵 회장

정덕환이 학계에 호형호제하던 관계로 김종인 교수가 있었다면 장애인 실천 분야에서 속내를 마음껏 털어놓을 수 있었던 분으로는 조일묵 회장이 있었다. 정덕환은 이미 작고한 조일묵을 잊지 못하고 있다. 중증장애인을 중심으로 에덴복지재단을 이렇게 성장하기까지 그 과정 속에는 생각지도 못한 다양한 사례들이 발생하곤 했다. 이러한 난관에 부닥쳤을 때, 전화로 또는 직접 만나서 의논 상대가 되어 주던 분이 조일묵 회장이다. 멘토로서 조일묵은 정덕환에게 큰 위로요, 힘이 되어 주신 분이다.

조일묵은 1981년 전국장애인기능경기대회 기술대표를 시작으로 서울장애인올림픽대회 조직위원회 사무총장, 한국장애인복지체육회(현 한국장애인개발원) 상근부회장, 1993년 한국장애인재활협회 14대 회장 등을 지내고 2004년 지병으로 미국으로 가기 전까지 우리나라 장애인복지계를 위해서 헌신하신 분이다. 정덕환은 에덴복지재단이 당면했던 문제들에 대해 가장 가까이서 상담 조언을 구하던 분으로 조일묵을 기억하고 있다.

- 김성순 전 송파구청장, 조남호 전 서초구청장, 김치운 전 구로구청장, 이성 현 구로구청장

우리나라의 산업이 발전하면서 각종 폐기물 쓰레기가 많이 배출되었고, 그 영향으로 1992년 쓰레기 분리수거정책이 시작되면서 에덴하우스도 성장을 거듭했다. 각종 공장이나 가정에서 배출되는 쓰레기는 반드시 쓰레기 분리수거용 비닐봉투에 담아서 버리도록 하는 정책이었다. 정책 이후 에덴하우스는 각종 쓰레기 분리수거용 비닐봉투를 생산, 납품하게 되었다. 분리수거정책은 시설이 발전하고 장애인들의 고용이 많이 증가하는 계기가 되었다.

이 과정에서 김성순 전 송파구청장, 조남호 전 서초구청장, 김치운 전 구로구청장, 이성 현 구로구청장은 에덴하우스에서 중증장애인을 고용하여 쓰레기 분리수거용 비닐봉투를 제작한 것에 의미를 부여하고 적극적으로 협조해 주었다.

- 정화원 국회의원

2000년대 초가 되면서 정덕환은 중증장애인들을 고용해 같은 품질의 쓰레기 분리수거용 비닐이나 세제관련 상품을 만들었다. 하지만 일반인들은 중증장애인이 제작한 상품에 대해 호감을 갖지 않았다. 그 때문에 늘 경쟁에서 뒤처졌고 그 결과 중증장애인들을 고용하는 데 어려움을 겪었다. 이러한 고민을 해결하기 위해 「중증장애인생산품법」의 제정을 준비해 왔다. 그러던 중 2004년 정화원이 한나라당 비례대표 국회의원으로 당선되었다. 시각장애인이었던 정화원 국회의원은 「중증장애인생산품법」 제정에 많은 관심을 가지고 있었다. 정화원 의원은 법이 제정되는 과정에서

에덴하우스를 방문하고 중증장애인들이 최저임금 이상의 급여를 받는 것을 보고 감동받았다. 그는 임기 중 여러 가지 장애물들을 극복하면서 「중증장애인생산품법」 제정에 커다란 영향을 끼쳤다. 2008년 법이 제정되기까지 정화원 의원의 보좌관과 비서진 역시 중간에서 많은 자료의 수집, 분석에 협조해 주었다.

• 그 밖에 감사한 분들

정덕환은 이 밖에 에덴복지재단의 발전과정에 기여한 인물로 나운환, 송재성, 신용식, 조윤주, 최규옥, 한원일, 허건영 선생님을 잊을 수 없다고 했다.

6. 시설의 운영 재원 및 종사자

1) 1998~2016년 매출액 추이

1998~2016년 매출액 추이를 살펴보면 1998년에 19억3천8백만 원, 2000년에 34억8천9백만 원, 2002년에 37억6천5백만 원, 2004년에 85억8천4백만 원, 2006년에 125억5천6백만 원, 2008년에 139억1천8백만 원, 2010년에 194억4천8백만 원까지 매출액이 상승했다. 이렇게 매출이 증가한 이유는 에덴하우스에서 생산하는 비닐제품의 품질이 우수하다는 평가가 확산되면서 판매량이 증가했기 때문이다. 2008년도에 「중증장애인생산품법」이 제정된 것도 매출액이 증가한 이유 중 하나라고 할 수 있다. 에덴하우스 직원들이 합심해서 마케팅 전략에 최선을 다한 것도 매출액 증가에 영향을 끼쳤다.

2012년에는 130억1천7백만 원, 2014년에는 128억3천만 원으로 다소 하향하였는데 이는 무대기계, CCTV 생산품이 중단되었기 때문이다. 그리고 2015년도에 143억8천1백만 원으로 매출액이 소폭 상승한 이유는 서울시에 납품할 비닐제품으로 입찰 선정되었기 때문이다. 2016년에는 128억3천3백만 원으로 2014년과 다소 비슷한 매출을 유지했다.

〈표 9〉 1998~2016년 매출액 추이

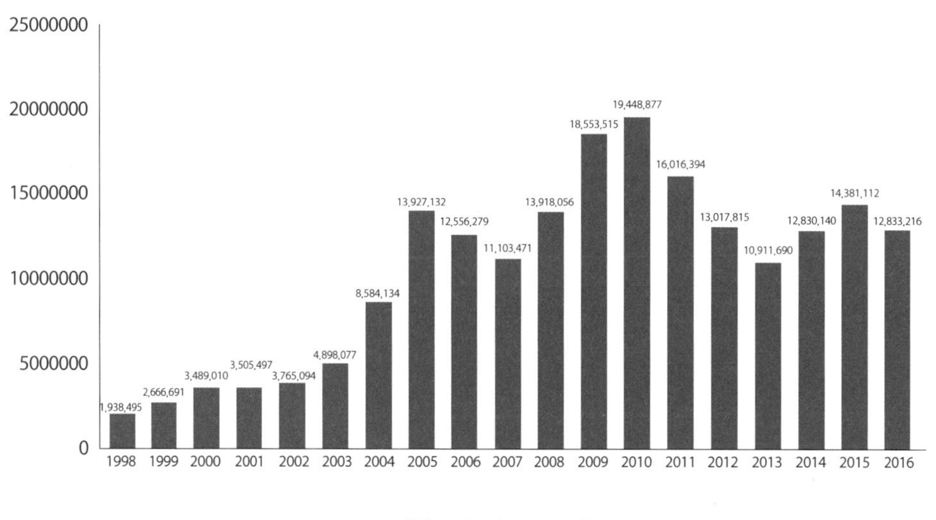

2) 1998~2016년 제조원가(직접비용) 추이

1998~2016년 제조원가(직접비용) 추이를 살펴보면 1998년에 17억3천3백만 원, 2000년에 27억6천8백만 원, 2002년에 30억6천5백만 원, 2004년에 26억8천만 원, 2006년에 98억4천1백만 원, 2008년에 121억1천5백만 원, 2010년에 169억7백만 원까지 제조원가(직접비용)가 상승했다. 이렇게 제조원가가 증가한 이유는 에덴하우스에서 생산하는 비닐제품의 품질이 우수하다는 평가가 퍼지면서 판매량이 증가하면서 제조원가가 많이 들어갔기 때문이다.

그러나 2012년에는 109억8천8백만 원, 2014년에는 95억8백만 원, 2016년에는 92억1천7백만 원으로 2014년과 비슷하게 제조원가가 투입되었다. 2010년 이후에 제조원가가 적게 들어간 이유는 앞의 〈표 9〉에서 밝힌 바와 같이 무대기계, CCTV 생산품이 중단되었기 때문이며 쓰레기 비닐봉투에 대한 제조원가는 2012년 이후 비슷하게 투입되고 있다.

〈표 10〉 1998~2016년 제조원가(직접비용) 추이

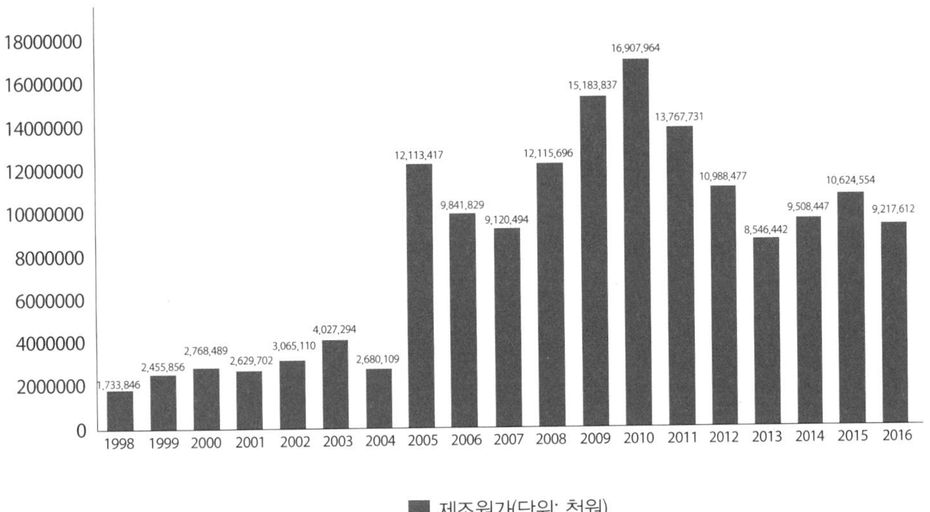

3) 1998~2016년 판관비(간접비용) 추이

1998~2016년 판관비(간접비용) 추이를 살펴보면 1998년에 1억2천3백만 원, 2000년에 1억4천7백만 원, 2002년에 3억9천6백만 원, 2004년에 2억6천5백만 원, 2006년에 3억6천4백만 원, 2008년에 4억4천만 원, 2010년에 7억1천만 원으로 꾸준히 상승했다. 이렇게 판관비(간접비용)가 증가한 이유는 매출액과 판매량이 증가하면서 판관비(간접비용)도 이에 비례해 증가했기 때문이다.

판관비(간접비용)는 2009년에서 2011년까지 3년간 상당히 많았다가 2012년 4억7천7백만 원에서 2015년까지는 4년간 4억9천9백만 원으로 비슷하게 사용되었다. 그 후 2016년에는 8억3천9백만 원으로 상향되었다. 이는 판관비(간접비용)에 해당하는 인건비(퇴직금 등)가 상향되었기 때문이다.

〈표 11〉 1998~2016년 판관비(간접비용) 추이

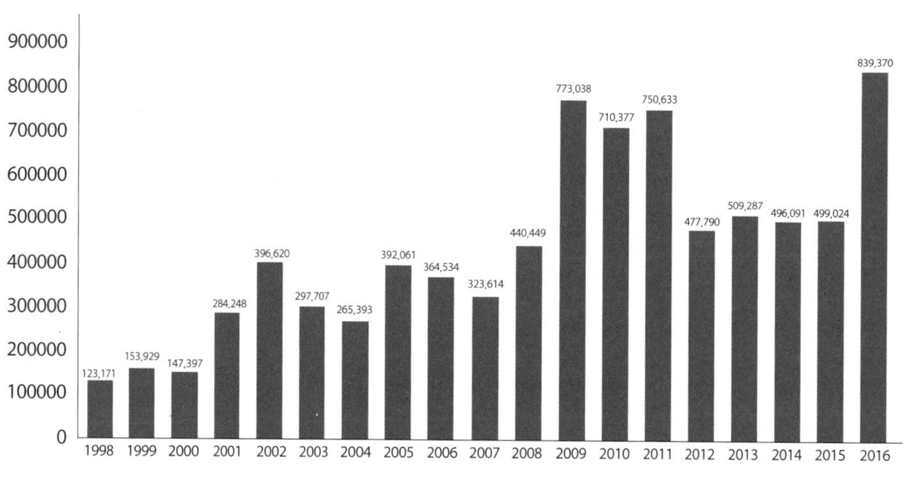

4) 1998~2016년 장애인 임금 추이

1998~2016년 장애인 임금 추이를 살펴보면 1998년에 2억6천9백만 원, 2000년에 30억4백만 원, 2002년에 5억6천8백만 원, 2004년에 6억8천7백만 원, 2006년에 8억, 2008년에 10억3천1백만 원, 2010년에 11억1천8백만 원까지 장애인 임금이 꾸준하게 상승했다. 이렇게 장애인 임금이 증가한 이유는 매출액과 판매량이 증가하면서 장애인 고용에 따른 고용인원도 증가하였기 때문이다.

또한 2012년에는 장애인 임금은 고용인원의 증가와 함께 2012년에 17억4천4백만 원, 2014년에 18억6백만 원, 2016년에 22억6천8백만 원까지 증액되었다. 이는 〈표 8〉과 같이 장애인 근로인원이 꾸준하게 증가하였기 때문이다.

〈표 12〉 1998~2016년 장애인 임금 추이

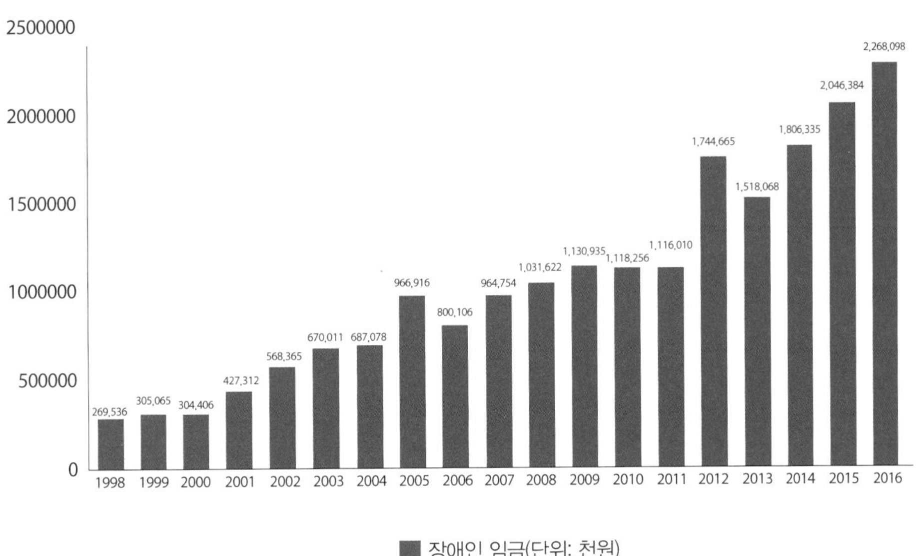

5) 1998~2016년 장애인 근로인원 추이

1998~2016년 장애인 근로인원 추이를 살펴보면 1998년에 72명, 2000년에 80명, 2002년에 104명, 2004년에 104명, 2006년에 101명, 2008년에 109명, 2010년에 106명으로 꾸준하게 장애인 근로인원이 증가한 것을 알 수 있다.

또한 2012년에는 106명, 2014년에는 132명, 2016년에는 142명의 중증장애인이 근로하고 있다. 2016년 12월 말 현재 에덴복지재단에는 중증장애인 142명, 일반직원 52여 명이 함께 근무하고 있어 약 2백여 명에게 일자리를 제공하는 시설로 발전하였다.

〈표 13〉 1998~2016년 장애인 근로인원 추이

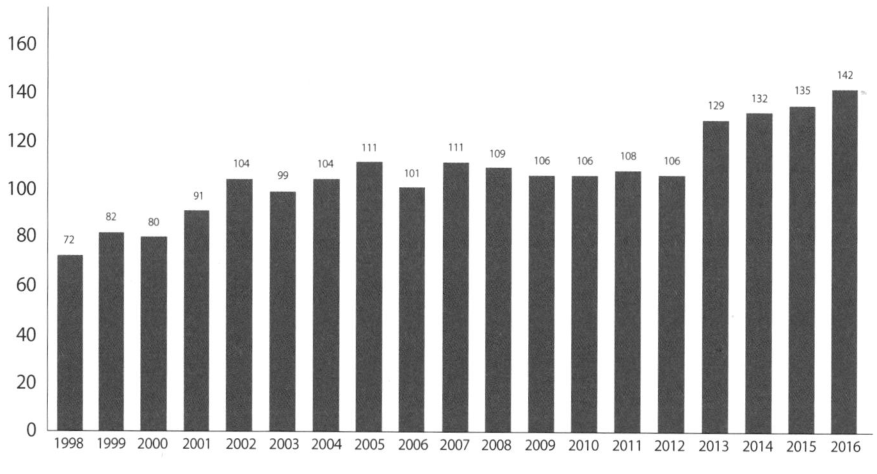

7. 연혁으로 본 에덴복지재단의 파주시대

연도	월	주요사업 및 참여인력
1998	3	현 파주 에덴하우스 신축건물 준공 및 시설이전 준비
	10	에덴하우스(경기도 파주시 교하읍 신촌리 345) 이전 완료
1999	10	에덴장애인종합복지관 개관 준비
		에덴장애인종합복지관 시설 설치신고(구로구)
		제1대 정덕환 관장 취임
	11	에덴하우스 KSSM 1000 합성수지 단체표준 표시 인증 획득(번호 043호)
2000	2	에덴장애아어린이집 개원(장애아전담 보육시설)
		구립개봉본동어린이집 위탁운영(구로구청)
	3	에덴장애인종합복지관 내 무료직업 소개소 설치신고(3. 10.)
	4	설립자 정덕환 이사장 국민훈장 석류장 수훈 종사자 숙소동 준공/에덴하우스 공장동(압출실) 준공
	5	에덴장애인종합복지관 개관
	7	구립산들어린이집 위탁운영(구로구청)

2001	1	구립한양어린이집 위탁운영(은평구)
		재가장애인봉사센터 신규 설치 운영(에덴장애인종합복지관)
	2	에덴장애인종합복지관 제2대 관장 이순덕 취임
	3	UP-Grade 자활근로사업 민간기관 단체 선정
	7	2001년 서울시 시민만족도 조사 장애인복지관 최우수 기관 선정(에덴장애인종합복지관) 에덴장애인종합복지관 2001년 '장애인정보화교육센터 기관 선정'(정보통신, 한국장애인복지관협회)
	8	구립신도림동청소년독서실 위탁운영(구로구) 사회복지공동모금회 · LG복지재단 공동 에덴장애인종합복지관 '사랑의 집고치기' 지원 확정
	11	방송설비(음향, 영상), CCTV, 무대 기기 조명 설비, 전광판에 대한 홍보용 영상물 제작, 자동제어반 등 수익사업 확장
2002	1	은평구립장애인직업재활센터 위탁운영(은평구) 에덴장애인종합복지관 장애인정보화 교육센터 수행기관선정(1. 2.)
	2	에덴수익사업본부 제2공장 설립
	3	구립온수동보호작업장 에덴하우스 수탁운영(구로구) ISO 9001 품질경영시스템 및 ISO 14001 환경경영시스템 인증 에덴장애인종합복지관 강당 증축(3. 21.)
	4	제22회 장애인의 날 행사 국군장병과 함께(파주)
	5	정보통신 공사업 등록 에덴하우스 ISO 9001 품질경영시스템 인증(번호 K-QA-Q 021243) 전기공사업등록 한국무역협회 등록 에덴하우스 ISO 14001 환경경영시스템 인증(번호 K-QA-E 02048)
	9	에덴하우스 장애인가족 한마당 큰잔치 개최(파주사랑봉사단 주최)
	10	아시아 태평양 장애인10년 캠페인 2002 참가(일본 오사카) 에덴하우스 AV사업 개시
	12	장애인 직업재활의 한국적 모형연구 에덴장애인종합복지관 구로구 내 장애인편의시설 최우수 설치기관 선정
2003	4	영상물 제작사업 신고필
		에덴장애인종합복지관 서울시 여성장애인복지증진사업 선정(4. 1.)
		농촌지역 정신지체인을 위한 사회성 향상 프로그램 지원사업 선정(사회복지공동모금회, 아코디언 동아리: 지도 하태성 목사)
	9	에덴하우스 환경표시 인증
		장애인을 위한 보호작업시설에 대한 대만 국제회의 참석(11개국 참가, 에덴복지재단 사례발표)

2004	1	에덴장애인종합복지관 2004년 자활근로사업 민간기관 선정(1. 16.) 설립자 정덕환 이시장 일본 이도카 가즈오상 수상
	4	에덴장애인종합복지관 서울시 여성 장애인복지증진사업 선정 에덴복지재단 사회복지공동모금회 복권사업 선정(장애인 이동차량 9인승 지원)
	5	파주 행복의집 신축준공 및 국제교류 협력단 발족
	7	대만 기쁨보육원 자매결연
2005	1	에덴장애인종합복지관 특수학급지원 전환프로그램(징검다리교실) 신설
	3	에덴장애인종합복지관 서울시 사회복지공동모금회 지원사업 선정
	5	에덴장애인종합복지관 개관 제5주년 기념행사
		에덴과 함께하는 모임 창립(적십자 간호대학, 에덴과 함께하는 모임 창립 회장 · 전 대한적십자사 총재 서영훈)
	10	위조방지용 스티커를 구비한 쓰레기봉투 실용신안등록(제0398437)
	12	에덴복지재단 사회복지공동모금회 지정 현물사업 선정(이랜드그룹 방한복지원사업) 사단법인 대한민국 고엽제 전우회와 에덴복지재단 협정서 체결(공동협력체제 구축을 위한)
2006	1	에덴하우스 인쇄사업개시 에덴장애인종합복지관 자활근로사업 민간기관 선정
	2	에덴21 글로벌 전략과제집 발간 에덴하우스 종이인쇄 작업동 신축 준공 에덴복지재단 사회복지공동모금회 신청사업 선정(노후장비교체, 광전자식 자동컨베이어제대기)
	3	에덴하우스 그라비아 인쇄동 신축 준공
	5	공동선 포럼 개최(백범기념관, 중증장애인의 생산적 복지에 앞서가는 한국의 선진화 방안)
	11	제1회 후원의밤 행사 개최(김포공항 스카이 컨벤션센터) 에덴하우스 홍성규 사무국장, 아산사회복지재단 아산상 수상
	12	신관 준공(교육, 작업)
2007	1	에덴장애인종합복지관 자활근로사업 민간기관 선정(장애인 서포터즈 운영사업)
	2	에덴장애인종합복지관 성인사회재활프로그램(디딤돌교실, 점프교실) 신설
	4	에덴장애인종합복지관 여성 장애인 역량강화사업 선정(新나는 나의 미래 만들기)
	5	WI(Workability International)Asia 연차총회 서울대회 및 WI 이사회 개최(5. 27.~5. 30. 서울 여성프라자)
		정화원 의원, 김용환 보좌관 자문 「중증장애인생산품 우선구매 특별법」 제정안 협조
2008	6	에덴하우스 장애인생산품 인증(보건복지부)
	9	에덴장애인종합복지관 재가장애인 에너지효율개선지원사업 선정(한국에너지재단)
	10	에덴하우스 사회적기업 인증(노동부)
	11	법인창립 25주년 기념행사 개최(백범기념관)

2009	2	에덴장애인종합복지관 장애인활동보조사업 선정
	3	에덴하우스 중증장애인 생산품생산시설 지정(보건복지부)
	4	KBS1 아침마당에 정덕환 이사장 출연
	6	에덴하우스 장애인가족들을 대상으로 한 체육교실개강(파주시 생활체육협의회, 강사 김연정)
	7	에덴장애인종합복지관 취약계층 정보화교육기관 선정(서울특별시) 파라과이 대사 에덴복지재단 방문
	10	중증장애인 다수고용사업장 시범사업자 선정(보건복지부)
		설립자 정덕환 이사장 한국장애인직업재활시설협회 제3대 회장 취임
		장애인 직업재활 전진대회 및 직업재활의 날 선포식(1030비전 10대 과제 발표)
	12	SBS 중소기업 대한민국의 힘 방영(12. 24.)
2010	1	중증장애인 다수고용사업장 '형원' 신축을 위한 착공
	2	에덴장애인종합복지관 장애아동 재활치료사업 기관 선정(언어치료, 인지치료 증설)
	5	에덴장애인종합복지관 개관 10주년 기념행사 및 지역사회 홍보활동
	10	마포구청 장애인고용협약 체결
	11	에덴장애인종합복지관 인덕대학교 산학협력 체결
	12	에덴하우스 우수상 수상(서울시장애인직업재활시설 경영지원센터)
2011	1	에덴장애인종합복지관 장애인복지 일자리 사업 실시
	3	중증장애인 다수고용사업장 형원 건축준공 및 개원준비
	9	중증장애인 다수고용사업장 형원 개원
	10	에덴장애인복지관 장애인 취업박람회 공동 개최
2012	4	형원 초대 시설장 홍성규 취임
	5	중증장애인 다수고용사업장 형원 시설설치신고(5. 25. 구로구청) 에덴장애인종합복지관 서울특별시교육청 협력기관 특성화프로그램 실시(장애청소년 직업탐색프로그램)
	7	KBS 다큐멘터리 3일 방영(7. 1. 우리들의 꿈 이야기, PD 김영묵) 대한예수교장로회 한소망교회 업무협약체결(7. 29.) 롯데마트 형원 주방세제 판매개시
	9	형원 중증장애인 생산품생산시설 지정(9. 5. 친환경 세제류, 보건복지부)
	11	중증장애인 일자리 창출을 위한 업무협약체결(11. 29. 구로구청, (주)애경산업, 에덴복지재단)
2013	1	공공기관 및 기업 간 사회공헌 제휴추진사업
	4	박근혜 전 대통령 파주시설 방문(4. 16.)
		에덴장애인종합복지관 서울남부교육지원청 지원사업 실시(노래교실 외)
	7	서울시교육청과 에덴복지재단 직업체험 업무협약 체결 애경주방세제 OEM 생산판매 개시
	8	정덕환 이사장 유네스코한국위원회 장애인 평화인권 홍보대사 위촉
	10	에덴장애인 전 가족 야외나들이 행사 개최(서울대공원)

2014	2	에덴하우스 오프셋인쇄기 및 전산폼지 장비 보강 디자인실 설치운영
	3	애경 심유유연세 OEM 생산 개시 에덴장애인종합복지관 구로희망복지재단 사회복지우수프로그램 공모사업선정
	6	형원 사회적기업 인증(고용노동부)
	9	한국장애인복지 100인 인물상 수상(한국장애인재활협회)
	10	현대차그룹 지정기탁 지역사회지원사업(장애인기숙사 환경개선사업)
	12	형원 산업통상자원부 중소기업 부문 대상 수상(2014년 대중소 생산성 혁신 파트너십 경진대회 대상)
2015	2	에덴하우스 신규 아이템 판촉물 생산 장비보강
	4	행복공장만들기 운동본부 출범(1,000여 명 참석)
		에덴하우스 자원봉사 우수 수요처 선정(경기 제2015-081)
		에덴장애인종합복지관 한마음사랑축제(구로 고척근린공원)
	7	중증장애인 행복공장 모형개발 연구
	9	법인산하시설장 행복공장만들기 인식개선 교육
	10	장애인근로자 체육대회행사 초록우산어린이재단 선정 중증장애인의 평생일터 행복공장 모델화 연구 국회세미나 개최 산림청 녹색사업단 나눔숲 선정
	11	에덴장애인종합복지관 가족캠프(온 가족과 함께 해피 캠프)
	12	중증장애인의 평생일터 행복공장만들기 운동본부 현판식 에덴복지재단 성탄행사 기숙사 비품(세탁기 외) 후원(중소기업중앙회) 에덴하우스 자원봉사 우수 수요처 선정(경기 제2015-081호)
2016	3	MBC 기획방송 나누면 행복 '웃어요 성혜씨' 장애인 근로자 출연
	4	행복공장만들기 운동본부 출범 1주년 기념행사 "중증장애인의 평생일터 로드맵 발표"
	6	파주시설 내 나눔숲 조성공사 준공(산림청 녹색사업단 지원) 대만사회복지협의회장 및 사회복지기관 대표자 방문
	7	에덴하우스 인쇄판촉물 중증장애인생산품 생산시설 품목추가
	9	"변화와 혁신"을 위한 에덴복지재단 및 산하기관 온라인 직무교육 실시
	11	초록우산어린이재단 '한낮의 페스티벌' 행사 프로그램 선정
	12	킨텍스 2016 Korea Christmas fair 행사 참여 에덴복지재단 재도약을 위한 발전방안 연구 결과물 보고(김일한 연구자) (주)효성 행복공장 만들기 모델화 사업 후원

2017	1	법인 제2대 김학수 이사장 취임 에덴하우스 제2대 시설장 황태성 취임
	4	한소망교회 성도와 함께하는 바자회진행
	5	경기도 기독교총연합회 목회자 100여 명 기관방문
	6	한국사회복지협의회와 업무협약 체결 장애인인식개선교육(지역 내 중 · 고등학생 대상, 6~12월 5회 진행)
	8	행복공장 태우점 현판식 에덴 35년사 관련 연구 제1차 토론회(한국직업재활의 역사와 에덴복지재단의 발전)
	9	한국장애인고용안정협회와 업무협약 체결 에덴하우스 장애인 직업재활시설 근로환경시설 개선 공사
	10	에덴하우스 작업장 시설 기능보강 작업
	11	에덴 35주년사 관련 연구 제2차 토론회
	12	설립자 정덕환 국민추천 국민훈장 모란장 수훈

Ⅳ. 결론: 함의 및 제언

이상과 같이 에덴복지재단 35주년을 맞이하여 '에덴복지재단 35년사'를 기록하였다. 에덴복지재단 35년사는 제1부 한국직업재활의 역사와 에덴복지재단의 발전, 제2부 정덕환 이사장의 삶과 비전, 제3부 에덴복지재단 35년 시설의 역사를 중심으로 작성하였다.

정덕환이 1976년 8월 1일 유도 연습 도중 불의의 사고를 당해 전신마비 장애인이 된 이후, 1983년 에덴복지원을 설립하여 35주년을 맞이하면서 시설의 발전사를 세 가지 측면으로 분석하였다.

제2부 정덕환 이사장의 삶과 비전에서도 분석하였듯이 정덕환, 그의 인생은 너무나 가혹했다. 그러나 정덕환은 가혹했던 인생을 잘 극복하고 큰 성과를 이루었다. 정덕환은 어떠한 요인으로 가혹한 인생을 극복해 냈을까. 이상에서 논의된 사항을 중심으로 에덴복지재단의 주요 업적과 시사점 그리고 에덴복지재단의 향후 비전을 제시해 보고자 한다.

• 중증장애인 직업재활의 패러다임을 전환하는 데 기여한 점

그동안 중증장애인복지시설이라고 하면 정부나 민간에서 지원 해주는 것만 받아서 생활하는 시설로 인식되어 왔었다. 그러나 에덴하우스와 형원에서는 생산적 복지를 지향하여 직업재활의 패러다임을 변화하는 데 기여하고 있다. 최근 들어 일부 시설운영에 따른 정부보조금이 지원되고 있지만 많은 중증장애인이 생산품을 만들고 판매하여 그곳에서 취한 이익금으로 급여를 받는 구조로 운영되고 있다.

• 「중증장애인생산품 우선구매 특별법」 제정에 기여

에덴복지재단에서 중증장애인들을 고용하여 각종 제품을 만들더라도 비장애인들이 근무하는 회사와 경쟁하기에는 무리가 있었다. 따라서 근무하는 중증장애인들에게 급여를 제공하면서 운영하는 데 많은 어려움을 겪었다. 이러한 어려움을 해소하기 위해 마련된 제도가 「장애인복지법」에 규정되어 있는 우선구매에 관한 항목이었다. 그러나 우선구매라고 하는 항목만 가지고는 중증장애인을 고용 · 운영하는 시설이 일반 기업과 경쟁하기에는 한계가 있었다. 이러한 문제점을 일찍이 인식하고 「중증장애인생산품법」 제정의 필요성을 제안한 사람이 바로 정덕환이다.

2004년도에 마침 시각장애인이었던 정화원이 국회의원 비례대표로 당선되면서 정덕환은 「중증장애인생산품법」 제정의 필요성을 정화원 의원에게 건의한다. 이 법이 제정되는 데 부정적인 입장을 보이는 의원들이 있어 많은 어려움이 있었지만 중증장애인의 고용문제에 관심이 높았던 보좌진의 치밀한 연구와 협조 끝에 법안이 마련되어 정화원 의원의 임기 말인 2007년에 「중증장애인생산품법」이 통과되었다. 우리나라에 「중증장애인생산품법」이 제정되었다는 것은 중증장애인 시설을 운영하는 시설장이나 중증장애인을 고용 운영하는 시설종사자들에게는 획기적인 사건이었다. 2008년에 제정된 「중증장애인생산품법」은 "경쟁고용이 어려운 중증장애인들을 고용하는 직업재활시설 등의 생산품에 대한 우선구매를 지원함으로써 중증장애

인의 직업재활을 돕고 국민경제발전에 기여함을 목적"으로 제정되었다.[3]

• "1030, 일이 없으면 삶도 없다"는 슬로건과 함께 10월 30일을 직업재활의 날로 선포한 점

2009년 7월 정덕환은 전국직업재활시설협회 회장으로 선임되었다. 정덕환은 같은 해 10월 30일 취임사에서 "1030, 일이 없으면 삶도 없다"는 슬로건을 제언하면서 장애인들에게 일자리의 필요성을 제기하여 자립을 강조하였다. 그가 취임식을 10월 30일로 택한 이유도 일자리를 강조하기 위함이었다. 이제 중증장애인 직업재활 분야에서 "1030, 일이 없으면 삶도 없다"는 화두는 일반적인 대화가 된 지 오래이다.

• 중증장애인의 직업재활 및 자립생활에 기여한 점

에덴하우스와 형원은 단순히 중증장애인을 고용하여 급여만 제공하는 시설이 아니었다. 에덴하우스와 형원에 취업한 중증장애인들은 일을 하면서 정서적 · 심리적 안정을 찾고 사회성을 키워간다. 이들은 대부분 수십 년간 중증장애인으로 살면서 실의에 빠졌던 사람들이다. 입사 후 에덴복지재단에 근무하면서 동료 중증장애인과 직원들로부터 많은 생활지도를 받고 열심히 일하면서 직업재활뿐 아니라 자기 계발을 하기도 하였다. 이 중에는 에덴복지재단 시설을 퇴소한 후 목회자, 직업학교 교사, 개인자영업 등을 하면서 자립을 한 사람들이 많았다.

• 에덴하우스와 형원을 설립하여 중증장애인 직업재활시설의 메카로 성장시킨 점

자료수집을 위해 네 차례 인터뷰[4]를 하면서 1983년 에덴복지원을 설립, 중증장애

3) www.law.go.kr 법제처자료 참조, 2017.

4) 본 35년사 자료를 작성하기 위해 필자는 2017년도 네 차례에 걸쳐 파주시 에덴복지재단에 숙박하면서 정덕환 회

인을 고용, 직업재활시설을 운영해 오면서 기적과 같이 믿기지 않았던 사실은 바로 임금 체불 없이 35년간 시설을 운영해 왔다는 점이었다. 초창기만 하더라도 당시 에덴복지원에서 하청을 받아 조립하는 생산품으로는 중증장애인들에게 임금을 줄 수 있는 형편이 되지 못했다. 그때 고용된 중증장애인들에게 임금을 줄 수 있었던 것은 정덕환이 세상에 알려지면서 각 교회를 돌아다니면서 신앙간증을 하고 사례비를 받았기 때문이다. 임금 체불 없이 시설을 운영해 왔을 뿐만 아니라 직업생활 시설 하면 에덴하우스와 형원을 떠올리고 에덴하우스와 형원 하면 직업재활시설이라 할 정도로 장애인복지계뿐만 아니라 일반인들에게도 잘 알려진 시설이다.

• '흔들리며 피는 꽃'이 되어 교회 장로로서 찬양으로 신앙을 고백하는 삶을 살아온 점

에덴복지재단의 35년사를 작성하기 위해 다섯 차례 시설을 방문, 숙박하고 중간보고회와 마지막 평가보고회를 가졌다. 시설에서 숙박을 하고 있는 중증장애인들과 식사를 하면서 시설의 생활과 주말 시간을 어떻게 보내는지 대화를 나누어 보았다.

대부분의 중증장애인들은 시설에서 일하는 것에 대한 만족도가 높았다. 급여는 누가 관리하며 어떻게 사용하고 있는가에 대한 답변으로 대개 어머니가 관리해 준다고 했다. 단, 주말에 나가면 월급 받은 것으로 부모님과 형제들을 위한 생일선물 그리고 먹고 싶은 음식을 사 먹는 게 큰 재미라고 했다. 일을 계속하고 싶으냐는 것에 대해서는 그렇다고 답했다. 시설근무를 그만두라고 하면 어떻게 하느냐는 질문에 그럴 리가 없다고 깜짝 놀라면서 손사래를 쳤다.

정덕환의 샘솟는 듯한 열정과 추진력, 아이디어는 도대체 어디에서 나온 것일까. 해답은 바로 찬양을 통한 기도였다. 정덕환은 일이 안 풀리거나 어려운 문제가 발생

장, 홍성규 원장, 황태성 원장, 황정희 부장, 박대성 팀장과 수시로 인터뷰를 하였다. 에덴복지재단 인터뷰 일정: 1차 6/1~2. 2차 6/27~28. 3차 10/22~24. 4차 12/12~14. 이 밖에도 8/16일 중간발표(여의도). 11/8일 최종발표(삼육대)로 진행하였다.

하면 찬양을 하면서 힘을 얻고 있었다. 찬양은 바로 그에게 기도요, 응답이었다. 그는 찬양을 통하여 긴장과 이완을 반복하면서 혈액순환을 시키고 있었다.

날씨가 춥지 않으면 그는 새벽기도에 참석한다. 그런데 그의 새벽기도는 바로 찬양으로 이어진다. 그래서 필자가 찬양기도라 한 것이다. 2017년도 필자가 다섯 번의 숙박을 통한 에덴복지재단의 35년사 자료를 수집 · 기록해 나가면서 귀에 따갑게 들었던 찬양곡은 바로 도종환 시, 이민욱 작곡으로 제작된 '흔들리며 피는 꽃'이었다.

흔들리지 않고 피는 꽃이 어디 있으랴
이 세상 그 어떤 아름다운 꽃들도
다 흔들리면서 피었나니
흔들리면서 줄기를 곧게 세웠나니
흔들리지 않고 가는 사랑이 어디 있으랴

젖지 않고 피는 꽃이 어디 있으랴
이 세상 그 어떤 빛나는 꽃들도
다 젖으며 젖으며 피었나니
바람과 비에 젖으며 꽃잎 따뜻하게 피웠나니
젖지 않고 가는 삶이 어디 있으랴

이 노래의 이민욱 작곡자는 정덕환을 노아 할아버지로 표현했다. 이민욱은 '흔들리지 않고 피는 꽃이 어디 있으랴'라는 희망을 주는 도종환 시인의 시를 20여 년도 넘게 수도 없이 써먹었다고 했다. 교회 학생들에게, 대학 강단에서 그리고 가는 곳마다 마치 보약처럼 달여먹고 우려먹었다고 했다. 몇몇 작곡자들이 이 시를 노래로 만들기도 했지만 이민욱에게는 왠지 그 곡들이 못마땅했다. 그러던 어느 날 피아노 뚜

껑이 열리고 채 5분도 지나지 않아 1절과 2절이 완성되었다. 그리고 몇 달 후 전동 휠체어에 몸을 맡긴 채 검은 망토를 걸친 노신사 정덕환을 만났고 2017년 늦가을 CD를 발매하게 되었다.

• 에덴복지재단 70주년에 대한 미래전략

필자는 에덴복지재단 시설발전의 흐름도를 태동기, 격동기, 도약 · 성장기, 절정기로 구분하였다. 중증장애인과 일반고용인 2백여 명을 고용하고 있는 에덴복지재단은 현재 최고 절정기에 이른 것으로 보인다. 숙박을 통해 에덴복지재단을 살펴보면서 이제는 '에덴복지재단이 현 상태를 유지해 나가는 것만으로도 쉬운 일이 아니겠구나' 하는 생각이 들었다. 최근 4차 산업이 대두하면서 모든 것이 자동화되기 시작했고 일반인들은 물론 중증장애인들의 일자리가 점차 줄어드는 추세이다. 이러한 사회적인 환경을 어떻게 극복하면서 현상유지를 해 나갈 수 있을 것인가.

이러한 시점에 정덕환은 새로운 사업을 구상하였다. 2015년 4월, 1천여 명이 참석한 가운데 출범식을 가진 '중증장애인의 평생일터 행복공장만들기' 사업이 그것이다. 그동안 정덕환이 진력한 사업인 '에덴하우스'와 '형원'은 에덴복지재단의 핵심시설이었다. 그러나 에덴하우스와 형원의 중증장애인 고용사업은 에덴복지재단 내부의 사업이었다.

이제 정덕환은 에덴복지재단에서 얻은 노하우를 바탕으로 우리나라 전체 중증장애인을 대상으로 한 평생일터를 만들어 보려 한다. 행복공장만들기 사업이 출범한 지 3년이 되어 간다. 정덕환은 그의 인생에 마지막 사업이 될지도 모를 중증장애인의 평생일터를 만들기 위한 행복공장만들기 사업에 매진하고 있었다. 그의 일생 마지막 직함이 될지도 모를 '행복공장만들기' 사업을 어느 선까지 업그레이드시켜 놓을 것인지 앞으로 35년 후 작성될 에덴복지재단의 70년사에서는 어떻게 그의 업적이 기록될 것인가를 그려 보면서 글을 마무리한다.

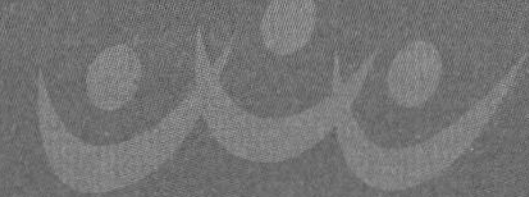

EDEN WELFARE FOUNDATION

2부

정덕환의 삶을 통해 본 중증장애인 고용

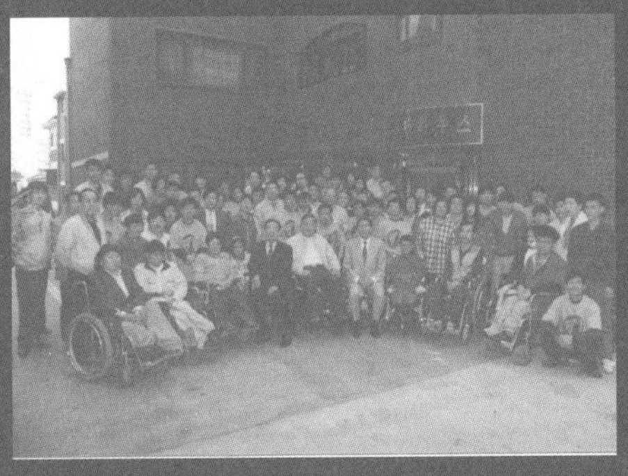

정종화(鄭鍾和)

일본 사회사업대학(日本社會事業大學) 사회복지학 박사
전) 보건복지부 장애인복지관평가위원장
전) 사회복지사1급 국가시험 출제위원(한국산업인력공단)
전) 서울시장애인복지실무정책위원회 위원장
전) 일본사회사업대학 사회사업연구소 객원교수
현) 한국케어매니지먼트학회 회장
현) (사)한국사회복지교육협의회 수석부회장
현) 한국복지경영학회 편집위원장
현) Rehabilitation International KOREA 사회위원장
현) (사)한국자원봉사학회 실천연구위원장
현) 삼육대학교 장애학생지원센터 센터장
현) 삼육대학교 사회복지학과 교수

『특수교육학개론』(공저), 양성원, 2018.
『사회복지법제론』(공저), 동문사, 2017.
『장애인복지와 개발』(공저), 공동체, 2014.
『동료상담의 이론과 실제』(공저), 공동체, 2014.
『동료상담실습』(공저), 공동체, 2014.
『차별 넘어 평등』(공저), 빛과소리, 2012.
『장애인복지서비스 이용자 참여 매뉴얼』(공저), 공동체, 2009.
『자립생활과 활동보조서비스』(공저), 양서원, 2008.

Ⅰ. 생애사 연구배경 및 목적

1. 연구배경 및 목적

1990년 장애인고용촉진 등에 관한 법률이 제정, 시행된 이래 지난 24년간 장애인 고용률은 1991년 0.43%에서 2015년 2.51%로 5배 이상 지속적으로 증가했다. 하지만 정부, 민간부문의 의무고용률이 2.66%로 나타나 민간부문 의무고용률인 2.7%의 기준에도 미치지 못하는 것으로 조사되었다(한국장애인고용공단 고용개발원, 2017).

2014년 장애인실태조사에 따르면, 전체 장애인 중 취업인구는 929,470명으로 경증장애인 704,273명, 중증장애인 225,197명으로 추정된다. 일하고 있는 직장은 일반사업체 45.5%, 자영업 39.3%, 정부 및 관련기관 7.8%의 순으로 나타나고 있고(한국장애인개발원, 2015), 취업직종비율은 단순노무종사자가 23.2%, 장치나 기계조작 및 조립 종사자가 15.6%, 농업 · 어업 숙련종사자가 13.4% 순으로 밝혀져 단순노무종사자의 비율이 가장 높았다. 임금근로자의 월평균 임금은 전체인구 231.4만 원, 장애인구 174.7만 원으로 전체인구의 약 75% 정도의 수준이다(한국장애인개발원, 2016). 또한 장애인 직업재활시설의 장애근로자 15,651명 중 월평균 임금 10만 원 미만이 5,178명, 10만 원에서 30만 원 미만이 4,798명으로 전체의 63.7%의 월평균 임금이 30만 원 미만인 것으로 확인된다(한국장애인개발원, 2015).

기업체에서 고용하고 있는 장애인 근로자의 장애유형을 살펴보면, 신체외부장애 '지체장애'가 65.3%로 가장 높은 비율이며 뒤이어 청각 · 언어장애(8.3%), 시각장애(8.1%), 지적 · 자폐성장애(6.0%) 등의 순으로 나타났다. 특히 발달장애인의 분류인 지적장애인과 자폐성장애인의 경우 취업비율이 6.0%로 가장 낮게 나타나는데, 이와 같은 실태를 통해 발달장애인의 고용이 상대적으로 매우 어렵다는 것을 파악할 수 있다(한국장애인고용공단, 2016). 취업한 발달장애인의 54.4%가 보호고용의 형태이며, 취업직종은 제조업과 음식서비스 제공 분야이고 85%의 월평균 임금이 40만 원 미만으로 나타나 전체 장애인의 월평균 임금의 3분의 1의 수준에도 못 미치고 있는 실정이다(양희택 · 박종엽, 2017).

위의 자료들을 토대로 정리해 보면, 1990년대 이후 장애인 고용은 양적인 성장을 이루었지만 경증장애인 위주의 고용형태였으며, 저임금으로 인해 가구소득은 낮았고, 발달장애인은 취업의 우선순위에서 밀리며, 취업하더라도 단순노무직 위주의 근로에 종사하고 있었다. 이처럼 우리나라 장애인 고용의 실태는 아직까지 열악한 상황이며 중증장애인, 특히 스스로 판단하고 행동할 수 있는 능력이 부족한 발달장애인의 경우 더욱 심각한데, 이것이 중증발달장애인 고용의 현주소이기도 하다.

현대사회에 있어 직업이란 매우 광범위한 의미로 다양하게 쓰이는데 직업을 갖는다는 것은 단순한 생계유지의 수단을 넘어 그 이상의 중요한 의미와 가치를 담고 있다. 기본적인 경제안정과 더불어 대인관계를 형성하고 사회구성원으로서 심리적 안정을 추구하고 나아가 자아를 실현하는 데에 영향을 주는 중요한 의미이다(신빛나 · 이준우, 2014). 이처럼 인간에게 있어 '일'은 단순한 생계의 목적만이 아닌 자아를 확인하는 중요한 수단이며, 이는 장애의 유무에 상관없이 모든 인간에게 적용되는 보편적인 가치라 할 수 있다.

정덕환(에덴복지재단 이사장)

이런 의미에서 우리나라 장애인 고용현장의 산증인이자 손꼽힐 만한 사업실적을 보이는 에덴복지재단(이사장 정덕환)은 대표적인 모범사례로 평가될 수 있다. 정덕환은 장애인 '당사자'로서 중증장애인 근로사업장과 다수고용사업장을 운영하며, 발달장애인의 고용에 남다른 열정을 쏟고 있다. 그는 중증장애인이라 할지라도 복지의 동정이나 수혜의 대상이 아니라, 근로할 수 있는 능력이 잠재되어 있다는 점을 강조하며 '최저임금 이상의 급여' 실현을 통해 당당히 세금을 낼 수 있는 국민으로서 존재할 수 있다는 그만의 색깔을 지닌 '노동성'[5]을 강조하고 있다. 따라서 정덕환의 삶이 개인 및 사회의 역사적 사실과 체계 속에서 어떠한 방식으로 전개되었는지 생애사적인 관점에서 연구하는 것은 중증장애인 고용 측면에서 매우 가치 있는 일이라고 할 수 있다.

5) 노동성은 일본의 후생노동성 '노동기준법 연구회'에서 정한 기준을 말하며 1960년 '노동성(노동자성)'에 관한 연구 12월 19일 연구보고서에서 다음과 같이 '노동성'의 기준을 제시하고 있다. 노동자가 타인의 지도 감독하에 행해지는 모든 노동의 종류를 말하며 사업자는 그에 대한 노동의 대가를 지불하는 것을 기본으로 하고 있다. 노동성은 사업자와 노동자 간에 계약관계에서 이뤄지는 모든 근로시간 급여, 처우, 휴식 등 다양한 노동자로서의 권리와 사업자의 권한을 포함한다. 「노동기준법」에서 정하는 노동성은 다음과 같이 7가지 기준을 제시하고 있다. 1. 계약관계의 성립, 2. 업무의 양 업무내용, 3. 사업자의 업무명령과 내용, 4. 취업규정, 5. 보수의 성격 및 보수액, 6. 사업자가 노동자를 구속하는 구속성, 7. 사업자가 노동자에게 제공해야 하는 편리성, 즉 접근성을 말한다. 단, 사업자는 예외규정을 두고 있는데 중증장애나 장애로 인한 또는 질병으로 인한 경우 그가 재택근무를 요할 경우 사용자는 재택근무에 따른 급여기준이나 근로기준에 대하여는 상호 협상하여 새로운 계약 관계를 형성하되 위

본 연구에서는 예기치 않은 사고로 이후 46년간 장애인으로 살아온 정덕환의 장애인 고용주로서의 삶의 의미와 노동의 가치를 재해석하고자 한다. 이를 위하여 생애사 연구방법으로 최근 주목받고 있는 가브리엘 로젠탈(Gabriele Rosenthal)의 내러티브-생애사 인터뷰 분석방법을 적용하여 분석할 것이다. 그리고 정덕환의 삶에서 나타난 생애사적 이야기와 구체적 생애경험에 대해 귀추적 분석과 재구성을 통하여 중증장애인의 삶 속에 나타나는 노동의 가치를 높이고 한국의 열악한 고용현실 속에서 '노동', 즉 일함의 의미에 대하여 탐색적 연구를 수행하고자 한다.

아내 이순덕 여사와 함께

인물정보

출생: 1946년 2월 5일(서울시 보문동)

소속: 사)에덴복지재단 설립자(이사장)

학력: 2002 연세대학교 명예졸업
2004 연세대학교 경영대학원 최고경영자 과정 수료
2011 나사렛대학교재활복지대학원(직업재활전공) 석사

수상: 1991 장애인복지유공 국민포장
1993 신한국인선정 대통령 표창
2000 대한민국정부 국민훈장 석류장
2003 일본 제7회 KAZUO ITOGA상
2010 MBC 2010 사회봉사대상 본상
2017 국민훈장 모란상

경력: 1965~1972: 국가대표 유도선수 활약
1983. 10.: 중증장애인 직업재활시설 에덴복지원 설립
2009~2015: 사)한국장애인직업 재활시설협회 회장
2011~현재: 한국사회복지협의회 이사

(출처: 에덴복지재단)

에서 정한 7가지 기준을 준수하도록 노력해야 한다. 그것을 무급으로 할지 유급으로 할지 또는 근로 계속성에 관한 것은 사업자와 노동자의 합의에 의해 이뤄진다.

2. 중증장애인 고용과 관련한 문헌검토

그동안 중증장애인을 대상으로 한 생애사 연구 현황을 파악하기 위해 우리나라 대표적 학술검색사이트인 학술연구정보서비스(www.riss.kr) 검색창에서 '생애사' 연구에 대한 논문을 검색한 결과는 학위논문 466건, 국내학술지논문 754건이었다. '장애인 생애사' 연구에 대한 논문검색 결과는 학위논문 21건, 국내학술지논문 31건이 검색되었고, 이 중에서 '지체장애인에 대한 생애사' 연구는 학위논문 9건, 국내학술지논문은 12건이었다. 또한 '발달장애인(지적, 자폐성장애)'을 대상으로 한 생애사 연구는 학위논문 4건, 국내학술지논문 3건이었으며 장애인을 대상으로 한 가브리엘 로젠탈의 내러티브-생애사 인터뷰(narrative-biographisches Interview) 분석방법은 학위논문 1건으로 연구가 활발하지 않았다. 나아가 '중증지체장애인 또는 발달장애인'을 대상으로 한 로젠탈의 접근방법은 전무하였다.

이들을 대상으로 한 연구가 부족한 것은 그들을 이해하고 지원하기 위한 노력이 더욱 필요하다는 점을 말해 주고 있는 것이다. 동시에 이들의 고용과 관련한 생애사적 연구도 더욱 활발히 진행되어야 한다는 점을 시사하고 있다.

1) 중증장애인 · 발달장애인을 대상으로 한 고용 · 직업재활 관련 연구

중증장애인의 고용과 직업재활에 관련한 선행연구의 이해는 정덕환의 생애를 연구함에 있어 필수적인 과정이다. 직업재활이 전무한 시절부터 다양한 제도가 마련된 현재에 이르기까지 장애인 고용현장의 길을 걸어온 산증인이기에 이와 관련된 지식을 함양하고 식견을 넓히는 것은 의미가 있다.

최근에 중증장애인을 대상으로 진행된 고용 · 직업재활 관련 연구를 살펴보면, 직업재활사업은 넓은 의미에서는 복지문제이지만 직업과 노동기본권이라는 권리와 기술문제이므로 직업재활사업에 대한 고유성을 인정하고 더욱 전문화할 수 있는 접근 방법이 필요하다고 하였다(나운환b, 2016). 중증장애인의 지원고용을 확대할 수 있는 방안으로 한국과 미국의 실태를 비교 · 분석하여 세 가지 개선방안을 제시한 연구도 있다(나운환a, 2016). 또한 중증장애인을 위해 지난 10여 년 동안 다양한 사업과 예산 그리고 인력을 투입하였음에도 불구하고 중증장애인은 경증장애인과 비교하여 고용정책에서 소외된다는 동일한 문제가 지속적으로 제기되는 원인을 규명한 연구(유은주, 2014)가 진행되었다. 이 연구를 통해 중증장애인 고용정책의 발전에 기여하는 것을 목적으로 장애인등록제가 폐지되고 건강이라는 축에서 장애인 고용정책이 다시 설계되어야 한다는 점도 함께 제시하였다.

중증장애인으로 분류되는 '발달장애인'을 대상으로 한 연구에서는 발달장애인들이 커피전문점의 직무를 수행하면서 겪은 어려움과 문제 등을 파악하여 보다 당사자 중심적인 실천 프로그램의 필요성과 방향성을 제시하였다(양희택 · 박종엽, 2017). 그리고 연구결과 발달장애인의 취업과 직무유지를 위해 배치 이후 훈련의 필요성과 실제적 직무기술에 대한 지원, 인식개선과 발달장애인 당사자의 향후 인생계획에 있어 개인이나 가족구성원들에게 일임하는 것이 아닌 전환기교육 프로그램을 통해 가족의 역할을 안내하는 사회적인 측면의 접근이 필요함을 제언하였다. 김형주(2017)는 「장애인 표준사업장과 장애인 근로사업장 발달장애인의 괜찮은 일자리 비교연구」에서 중증장애인을 위한 직업재활사업을 수행하고 있는 장애인 표준사업장과 장애인 근로사업장에서 근무하고 있는 발달장애인의 고용환경 및 고용의 질에 대하여 'ILO(국제노동기구)의 괜찮은 일자리' 지표를 활용하여 발달장애인 113명을 대상으로 비교 분석하였는데 장애인 근로사업장이 4개의 지표에서 높게 나타났다. 즉 의사소통, 장기적인 전문기술 습득기간 제공, 상담시스템 구축, 적정근로시간 보장, 안정된 임금지급, 여가 · 문화생활 프로그램이 구성된 직업재활방식을 채택하는 것이 발달장애인의 자립을 실현할 수 있다는 결론을 제시하였다.

이상에서 시사하는 바와 같이 중증장애인 고용 · 직업재활에 관련한 연구를 살펴보면 일은 장애인에게 있어 '노동기본권', 즉 마땅한 권리임에도 아직까지 열악한 실정이었다. 그리고 이들에 대한 보다 당사자 중심적이며 장애의 유형, 개별성을 고려하고 가족구성원들도 포함하는 통합적 시각의 고용정책과 서비스 등 다양한 개선이 필요하다는 점을 알 수 있다.

2) 장애인을 대상으로 한 생애사 연구

그동안 진행되어 온 중증장애인을 대상으로 한 생애사 연구를 살펴보면 다음과 같다. 중도장애인인 L의 사례를 인생진행 과정구조를 통해 슛제(F. Schütze)의 이야기식 인터뷰 방법으로 분석하였는데 연구의 결과 어린 나이에 장애를 입은 사람들은 중도장애라 할지라도 선천적 장애와 다르지 않음을 인식하였으며 그들의 삶에 대한 이해의 폭을 넓히고 복지실천의 현장을 다시 살펴보게 되었다고 하였다. 또한 생애사 연구가 보다 전문적인 실천을 위해 유용한 도구가 될 수 있음도 보여 주었다(이효선, 2007).

시각장애인을 대상으로 한 생애사 연구에서는 그의 생애에서 체험한 차별과 이로 인해 형성된 메커니즘, 발현된 삶의 형태 고찰을 통해 시각장애인의 생애에 대한 이해를 돕고자 하였으며 그에 따른 복지적 함의를 제시하고 실천방안을 제언하였다(황연우, 2012). 중도지체장애인을 대상으로 한 생애사적 연구에서는 중도지체장애인의 삶 자체를 통합적으로 이해하고 그들을 집단화하기보다 개개인의 잠재력을 재발견하는 계기를 갖는 데에 기초를 마련하고자 연구를 진행하였다. 그 결과 중도지체장애인으로서 장애를 수용한 후 사회구성원으로서 역할을 다하는 모습을 통해 다른 장애인들에게 자립을 위한 새로운 통로를 제시하는 것에 의의를 가지며 향후 다른 장애인들의 성공적인 자립에 대한 사례연구를 통해 사회구성원으로 나올 수 있기를 바란다는 제언을 하였다(이은성, 2013).

생애사 연구를 통하여 공통적으로 얻을 수 있는 결론은 연구대상의 삶 자체만을 이해하는 것뿐 아니라, 사회적인 맥락과 더불어 보다 통합적인 이해를 가질 수 있다는 것이며 그와 관련한 복지정책을 이끌어 낼 수 있다는 점이다. 이를 바탕으로 위의 연구를 통해 얻어진 결론을 살펴보면 장애인도 비장애인과 다르지 않으며 다르지 않은 사회적 시각의 노력이 필요하다는 점과 장애인을 집단화하여 이해하기보다는 개개인의 잠재력을 인정해 주어야 이들의 자립이 보다 새로운 통로를 가질 수 있다는 것이었다. 이러한 결과를 바탕으로 그에 따른 복지적 함의와 실천방안들이 제시되었다.

최근 내러티브 분석방법이 문화적 다양성을 가진 이들의 생애를 연구하는 방법론으로 자주 등장하고 있는데, 독일의 사회학자인 가브리엘 로젠탈의 내러티브-생애사 분석연구가 활발히 이루어지고 있다(전명희, 2016). 그동안의 선행연구는 장애인뿐만 아니라 재독 한인여성(양영자, 2013), 한국 화교노인(김영숙 · 이근무 · 윤재영, 2012), 필리핀 결혼이주여성(강영미, 2015), 탈북청년(전명희, 2016), 손자녀를 돌보는 연소노인(신준영, 2017) 등 문화적 다양성을 가진 대상에서 활발하게 진행되어 왔다. 그리고 그에 따른 문제 해결을 위한 복지정책 및 실천방안, 함의 등이 제시되어 가브리엘 로젠탈의 내러티브-생애사 연구는 사회복지영역에서 유용한 실천방법론이라는 것을 알 수가 있다.

그러나 보다 다양한 복지영역에서 연구가 시도되지 못해 안타깝다. 특히 '중증장애인 고용'과 관련하여 주제를 다룬 연구가 시도되지 않았기에 의미가 깊다고 하겠다.

Ⅱ. 연구방법 및 윤리적 고려

1. 내러티브–생애사 분석방법

삶의 주체인 개인을 연구하는 생애사 연구(biographical research)는 질적 연구의 다양한 연구방법 중 하나이다(박성희, 2016). 최근 인문학, 사회과학 분야에서 널리 인정되고 있는데(김영천 · 한광웅, 2012), 로젠탈의 분석방법은 생애사 연구의 본질적인 특징인 주관성(subjectivity), 시간성(temporality), 이야기(narrativity) 중 이야기성에 초점을 맞춘 연구이다(김영숙 · 이근무, 2012; 이희영, 2005; 한경혜, 2004; 유철인; 1990). 또한 현재 관점에서 이야기된 생애사와 과거 관점에서 체험된 생애사가 어떻게 그러한 구조와 주제적 영역들로 생성된 것인지, 발생의 근원을 전 생애를 통해 해독하는 분석방법으로 이야기된 생애사와 체험된 생애사로 구분하여 참여자의 삶을 순차적인 절차에 따라 재구성하고 해석하는 귀추적 접근의 분석 방법이다(양영자, 2013).

정덕환이 살아온 삶의 이야기와 사회적 조건에 관계하여 중증장애인 고용과 관련한 과거의 특별한 경험들이 어떻게 해석되고 현재의 삶에서는 어떤 방식으로 구성되어 진행되는지 그의 전 생애를 분석하고 재구성하는 것이 본 연구의 목적이다. 따라서 가브리엘 로젠탈의 내러티브-생애사 분석방법은 매우 적합한 연구방법이라 할 수 있다.

2. 연구 참여자 및 자료수집

본 연구는 열악한 장애인 고용 현실 중에서도 더욱 소외된 중증장애인 고용에 영향을 미친 인물에 대한 '생애사 연구'를 주제로 하였다. 이러한 점을 감안하여 연구참여자 선정 경로는 눈덩이 표집[6] 방법을 사용하였다. 장애인 고용관련 연구자인 해당 전문가 교수 3인으로부터 추천을 받아 이 중에서 기업규모와 경력, 참여 대상자의 연령, 장애인 고용의 기여도를 종합적으로 고려하였다. 그 결과 본 연구의 참여에 동의한 정덕환을 대상으로 최종 선정하였다.

정덕환 이사장 인터뷰 장면

정덕환은 1급 지체장애인으로서 1983년부터 지금까지 중증장애인들과 함께 근로현장에 몸담고 있다. 그는 다수고용사업장에서 일하는 근로장애인들에게 최저임금 이상의 급여지급을 원칙으로 하고 있다. 그는 일을 통한 삶이 가장 가치 있는 삶이라는 철학을 강조하고 있어 본 연구에 가장 적합한 대상으로 여겨진다. 연구 참여자의 프로필을 요약하면 다음과 같다.

> 1946년 서울태생이다. 운수업을 하는 부유한 가정의 3남 1녀 중 막내아들로 태어나 부모, 형제들의 귀여움과 사랑을 독차지하면서 성장하였다. 1969년 결혼하여 2남의 자녀를 두었으며 최종학력은 사회복지학 석사이다. 유도연습 중

6) 소규모의 응집자 집단으로 시작하여 이들을 통해 비슷한 속성을 가진 사람들을 소개하도록 하고 이들을 대상으로 조사하는 표집방식이다.

에 사고(1972.8.2.)로 인해 전신마비 1급 지체장애인이 되었으며, 1983년부터 현재에 이르기까지 34년간 사회복지법인의 이사장으로서 지적장애인, 자폐성 장애인을 고용하여 근로사업장을 경영하고 있다.

자료 수집은 2017년 4월부터 6월까지 3개월간 사전답사를 포함하여 5차에 걸친 방문인터뷰 조사를 통해 수집하였다. 인터뷰는 정덕환이 속해 있는 사회복지법인 사무실에서 진행하였으며, 1회당 약 3시간 이상, 총 4차에 걸친 심층인터뷰를 수행하였다. 1~3회까지는 정덕환 당사자를 인터뷰하는 것으로 진행하였고, 마지막 4회째는 정덕환의 지인과 가족 등 주변인을 별도로 인터뷰하였다. 심층인터뷰는 교신저자가 직접 진행하였고, 제1저자는 추가질문을 진행하였으며, 공동저자는 녹음 및 기록을 담당하였다.

연구수행 단계에서 개인정보동의서를 수령 받은 후 인터뷰가 진행되었으며, 본인이 말하고 싶지 않거나 사생활 침해와 관련한 사항은 제한을 두고 진행하였다. 녹취록을 정리한 후에 인터뷰 당사자에게 전사된 문장을 확인받았으며, 역사적 사실 등과의 관련성은 관련 연표나 신문의 기사, 관련 자료 등을 확인하면서 2차에 걸친 확인과정을 거쳤다. 자료의 분석은 인터뷰를 마침과 동시에 반복해서 들으며 전사하는 작업으로 진행하였고, 녹취록과 조사된 문헌, 신문기사 등을 수집하여 정덕환의 생애사 전반에 걸친 역사적인 사실과 생애 흐름을 파악하였다.

3. 자료의 분석

본 연구는 가브리엘 로젠탈의 내러티브-생애사 분석방법의 4단계 절차에 의해 자료를 분석하였다.[7] 첫 번째 단계는 연구 참여자의 생애사와 관련한 객관적 데이터를 연대기 순으로 분석하였다. 두 번째 단계는 이야기된 생애사의 주제적 영역 분석 단계를 통해 현재 관점에서 서술된 생애사적 이야기가 어떻게 생성된 것인지 발생기원을 분석하였다. 세 번째 단계는 체험된 생애사의 재구성과 연속적 세밀 분석 단계인데 참여자의 현재 관점에서의 해석과 주관적 의미부여의 구조, 시간적 형태를 분석하고자 하였다. 네 번째 단계는 이야기된 생애사와 체험된 생애사의 비교 분석을 통해 과거와 현재 관점의 차이를 분석하고 통합시키는 단계를 거쳤다. 이야기된 생애사와 직접 체험한 삶의 구분은 재구성에서 중요한 역할을 한다(Rosenthal, 2004)는 점을 바탕으로 4단계 절차를 통해 분석하였다. 마지막 다섯째 단계인 유형 형성의 단계는 본 연구가 단일사례 대상연구이므로 생략되었음을 밝히며, 연구의 결론은 첫 번째 단계부터 네 번째 단계까지의 분석내용을 중심으로 제시하였다.

〈사진 3〉 정덕환의 에덴복지재단 산하 중증장애인 다수고용사업장 형원 전경

7) 첫째는 생애사적 데이터의 연속적 분석, 둘째는 텍스트 분석과 주제적 영역 분석, 셋째는 체험된 생애사의 구성과 연속적 세밀 분석, 넷째는 이야기된 생애사와 체험된 생애사의 비교 분석, 다섯째는 유형 형성의 단계이다(Rosenthal, 1995).

4. 윤리의 엄격성과 윤리적 고려

연구자는 인터뷰에 앞서 본 연구의 실시 이유, 참여 대상, 참여 도중 그만둘 수 있는 권리, 개인정보의 비밀 보장에 관한 내용, 녹취에 대한 동의 사항이 포함된 '연구 참여 동의서'를 설명하고 사전 동의를 구했다.

연구 참여자의 진술내용 기술에 있어 연구 참여자에게 확인하는 피드백의 과정을 1회 거쳤으며 3인의 연구자(사회복지학 교수 1인, 공동연구자 2인)가 자료 분석결과에 대해 여러 차례 점검하는 삼각검증과 동료복명을 활용하여 질적 연구의 타당성과 연구의 엄격성을 위해 노력을 기울였다. 본 논문과 관련한 연구윤리승인은 연구자가 속해 있는 대학교 연구처의 생명윤리심의위원회로부터 사전승인[8]을 받았다.

Ⅲ. 생애사 연구결과

1. 생애사 데이터 연속적 분석

1) 연구 참여자의 연대기적 생애사 요약

정덕환은 1946년 서울시 보문동에서 태어났다. 운수업을 하던 부유한 가정의 3남 1녀 중 막내로 태어난 그는 힘이 세고 장난기가 많은 개구쟁이였다. 보문동 시장에 김이 모락모락 나는 두부를 손으로 누르고 도망가기도 하고, 굴뚝으로 들어가 아궁이로 나올 정도로 힘이 넘치는 장난꾸러기였지만 가족과 이웃들은 정덕환을 나무라

8) 본 연구자는 삼육대학교 생명윤리위원회 사전승인(IRB NO.2-1040781-AB-N-01-2017077 HR)을 받아 연구윤리의 엄격성을 지켜 연구를 수행하였다.

거나 혼내기보다는 사랑으로 감싸 주었다. 우등생이었던 형들, 누나와는 달리 학업에 전혀 관심이 없어 초등학교 때 한글을 잘 깨우치지 못해 열등의식을 경험하기도 했다.

구기 종목은 전부 섭렵했을 정도로 운동을 좋아했고 중학교에서는 야구부에 들어가 체력을 인정받는다. 당시 큰형이 유도선수였는데 그 모습을 흠모하여 유도선수가 되기로 결심하였다. 서울시 소재 유도장을 다니다가 중학교 3학년 때에 전국유도사설도장 대항전에서 체육학과 대학생을 업어치기 한판으로 꺾으며 우승하였다. 이후 특기생으로 유도 최고의 명문 성남고등학교에 입학하여 3학년 때 국가대표가 되었다. 계속될 것만 같았던 유도 유망주로서의 인생은 1972년 8월 2일을 기점으로 막을 내렸다. 동료선수와의 연습경기 도중 사고로 인해 경추 4번과 5번이 골절되어 전신마비 1급의 지체장애인이 되었다.

유도국가대표 선수시절(1965)

그 후 아내와 어머니의 간절한 기도와 구애련 선생님의 헌신적인 재활치료를 통해 스스로 휠체어에 앉을 수 있게 되는 기적 같은 일이 일어났다. 당시 여러 사람이 찾아와서 들려주는 성경, 찬송 등을 통해 신앙을 받아들이게 된다. 1년 만에 퇴원한 정덕환은 아내의 헌신적인 보살핌과 경제활동으로 어렵게 생계를 이어갔다. 그는 방구석에 앉아 먹여 주는 밥을 축내는 것 이외에 본인이 할 수 있는 것이 아무것도 없다는 것을 깨닫고 고통스러운 날들을 보냈다. 그러나 다시 일어나기 위해 용기를 냈다. 그 용기의 일환으로 선택한 것이 유도부 코치였다. 하지만 현실은 냉혹했다. 모교인 연세대학교는 정덕환의 제안을 거절하였다.

그러던 중 뜻밖의 기회가 찾아왔다. 아파트 앞 공공용지에 무허가 '이화식품'을 열게 된 것이다. 이웃 주민들의 지지와 응원 속에 기대 이상의 수입이 들어왔고 이를 통해 아내와 아들에게 좀 더 떳떳한 가장이 될 수 있어 기뻤다. 그사이 둘째 아들이 태어나는 기적을 경험하고, 신앙은 더욱 두터워졌다. 하나님의 은혜에 보답하고자 입원했던 병원뿐 아니라, 자신을 필요로 하는 곳마다 찾아가 간증과 기도를 하고 물품을 후원하는 등의 적극적인 전도활동을 펼치게 된다.

그러던 중 제2의 인생을 계획하는 계기를 갖게 되는데, 5명이 모여 사는 장애인 공동체를 만나게 된다. 정부의 보조 없이 근근이 입에 풀칠만 할 정도로 어렵게 모여 사는 이들과 함께 살아야겠다고 결심한 그는 미국에서 사회복지를 전공하겠다는 꿈도 접고 1983년 '에덴복지원'을 설립하여 전자부품 조립작업을 시작했다. 아내가 어렵게 모은 500만 원으로 지하방 한 칸을 얻어 시작했던 허름한 복지원은 우여곡절을 겪으며 원생이 100명 이상으로 늘어나는 성장을 하게 되었다. 그리고 1990년 사회복지법인으로 설립인가를 받아 국가의 보조를 받기 시작했다. 이후 전자부품을 조립하는 일에서 플라스틱제조업(쓰레기봉투, 쇼핑백)을 하게 되었고 1995년에는 종량제봉투사업에 참여하게 되어 사업이 더욱 확장되었다. 처음에는 지역의 반대가 심했지만, 지역 주민들에게 장애인 혐오시설이 아니라 장애인 근로시설이라는 점을 설득

형원 개원식에서 정덕환 이사장(2011)

하여 새로운 지역으로 법인을 옮기는 작업도 진행하였다. 2016년 12월 말을 기준으로 약 150명의 장애인을 고용하였으며 그중 64%는 발달장애인이고 최저임금 이상의 급여를 보장하고 있다. 2011년 중증장애인 다수고용사업장[9] '형원'을 계기로 발달장애인의 고용에 대한 관심을 높여 이들의 고용이 더욱 확대될 수 있는 구체적 방안으로 2015년 '행복공장만들기 운동본부'를 출범하였다. '고용복지 · 착한소비 · 사회통합 · 생명존중 · 생산적 선교'인 5대 비전을 바탕으로 하여 '행복공장'을 전국적으로 보급할 만한 직업재활모델로 추진하는 데에 최선의 노력을 기울이고 있다.

9) 「장애인복지법」에 명시된 근로작업시설이나 「장애인고용촉진 및 직업재활법」에 명시된 표준사업장 '고용'과 '직업재활 훈련'을 동시에 추구하는 중간단계형 장애인 고용기업으로 규정한다(김종인 · 조주현, 2004).

2) 생애사적 데이터

〈표 1〉 정덕환의 생애사적 데이터와 이주사적 데이터

연도 (연령)	생애사적 데이터	이주사적 데이터 (한국 장애인 고용 관련 주요정책)
1946년~ (1세)	서울 보문동 태생(3남 1녀 중 막내) 운수업 운영하는 부유한 집안의 막내로 출생 만능스포츠맨, 동네 개구쟁이	「군사원호법」 제정(1950. 6.)
1953년~ (8세)	한글도 못 깨우치고 초등학교에 입학 학업에는 전혀 관심이 없음 어머니 주머니의 돈을 훔치고, 보문동 재래시장 밀가루, 두부 등 판매해야 할 물건들을 망가뜨리고 도망가는 등 장난이 심했음 개구쟁이였지만 가족과 이웃들의 사랑과 관심을 독차지	-
1959년~ (14~19세)	청량중학교 입학(야구를 잘하는 학교) 체력장 시간에 정덕환이 찬 공이 담 밖으로 나가고, 턱걸이를 쉼 없이 할 정도로 체력과 운동신경이 남다름 경남고등학교 유도선수였던 큰형의 영향으로 체육관에서 유도를 배우기 시작 중학교 3학년 가을, YMCA 창립기념 유도대회에서 연세대 체육학과 대학생과의 대결에서 업어치기 한판으로 우승 민관식 관장과 김종천 사범의 도움으로 대한유도회 도장에 나가 연습하게 됨 성남고(유도명문고) 특기생 입학(1962) 유도부 주장을 맡음 전국대회 연전연승, 일본에서의 시합에서 완승 발군의 실력으로 고교 3학년 때 국가대표로 선발	「직업안정법」 제정(1961. 12.)
1965년~ (20세)	연세대 특기생 입학 대학 2학년 때에 1967년 일본유도 선수권대회에 출전해 7전 전승으로 우승 연세대학교 2학년 말에 입대 육군본부 소속 유도선수활동 아버지(53세)의 사망(1965)	「직업안정 및 고용촉진에 관한 법률」 개정(1967)
1969년 (24세)	24세 때 결혼	-
1972년 (27세)	영국의 유도코치를 맡아 달라는 제안을 받음(1973. 3. 출국하기로 함) 대한유도회가 주최하는 특별훈련을 하던 중 1년 선배선수와의 대련에서 상대방의 몸이 얼굴 위로 엎어지면서 목이 꺾여 목뼈가 골절되는 사고를 입음(1972. 8. 2.) 병원 응급실로 이송, 3일 이내 호흡곤란으로 사망할 수 있음을 선고 받았으나 다행히 열이 내려 대수술을 받음 극심한 통증을 동반한 전신마비환자가 됨 캐나다에서 온 구애련 선교사의 도움으로 휠체어에 타기까지 8개월의 기간이 소요됨	-

1973년 (28세)	여의도 광장에서 열린 '빌리 그레이엄 목사 전도 집회'에 며칠간 참석, 메시지를 통해 크게 은혜를 받음 하나님께서 살아계시고 역사하신다는 것을 확신하고 신앙을 받아들임(1973. 6.) 병원 측에서 퇴원을 종용함(1973. 8.) 아무런 보상도 받지 못하고 휠체어를 탄 채 집으로 돌아옴 퇴원 후, 보험이나 보상시스템이 없었던 상태라 생계의 문제에 부딪힘(아내의 삯바느질로 생계를 이어감)	–
1976년 (31세)	모교를 찾아가 유도부 코치를 해 보고자 제안하였다가 거절당함 하루 종일 밥만 축내며 지내는 자신의 처지에 대한 고통의 연속 교회에 나가지 않겠다고 다짐, 매사 짜증, 하나님에 대한 원망, 분노로 가득함	–
1979년 (34세)	'이화식품'을 개업 · 운영함	–
1980년 (35세)	기적과 같이 둘째 아들을 얻음 하나님을 섬기고 봉사하기 위한 일환으로 신앙생활에 매진함. 교회, 병원 등에 간증 및 전도활동을 하다 '5명이 모여 사는 장애인공동체'를 알게 됨(정부의 보조 없이 입에 풀칠만 하던 열악한 작업환경을 목격)	보건사회부재활과 설치 (1981) 「심신장애자복지법」 제정 (1981. 6.)
1983년 (38세)	중증장애인 직업재활시설 '에덴복지원' 설립(1983. 10.) 허름한 건물 지하실 한 칸을 얻어 5명의 중증장애인들과 함께 전자부품 조립작업을(임가공) 시작함(서울시 구로구 독산동) 하청을 주는 곳을 찾기 위한 노력, 문전박대	–
1984년 (39세)	중증장애인 자립작업장 이전(구로구 구로5동) 주위의 도움으로 2층 건물을 임대받아 80~100여 명으로 원생 증가	–
1985년 (40세)	에덴교회설립, 아내 이순덕은 신학을 전공하고 목회자가 됨 (1985. 9. 5.) 건물주의 부도로 거리에 내쫓김	–
1987년 (42세)	시설명 변경: 에덴복지원 → 에덴하우스(1987. 9.) 수해로 재정적 어려움을 겪음 시설이전: 구로구 개봉동(1987. 11.) 230평 매입 처음엔 지역의 심한 반대가 있었음	–
1989년 (44세)	플라스틱제조 사업개시(쓰레기봉투, 비닐쇼핑백 등)	「심신장애자복지법」 → 「장애인복지법」으로 개정 (1989. 12.)
1990년 (45세)	사회복지법인 설립인가, 법인명: 에덴하우스(1990. 12. 4.)	「장애인고용촉진 등에 관한 법률」 제정(1990)

1991년 (46세)	장애인직업재활(근로)시설 설치허가	「고용보험법」, 「고용정책기본법」 제정(1993)
1994년 (49세)	쓰레기종량제봉투 시범사업 참여(서울, 경기) 에덴하우스시설신축	–
1995년 (50세)	쓰레기종량제봉투 전면시행 사업 참여(1995. 1.)	–
1998년 (54세)	법인명 변경: 에덴하우스→에덴복지재단(1998. 7.) 시설이전: 경기도 파주시(1998. 10.)	–
2000년 (56세)	에덴장애인종합복지관 개관	「장애인고용촉진 및 직업재활법」 개정(2000)
2002년 (58세)	구로구립장애인직업재활센터 위탁 개원	–
2008년 (64세)	장애인생산품인증, 사회적기업인증 창립 25주년 기념행사	「중증장애인생산품 우선구매 특별법」 제정(2008. 9.)
2009년 (65세)	중증장애인 다수고용사업장 선정(보건복지부 시범사업)	–
2011년 (67세)	중증장애인 다수고용사업장(2011. 9.) '형원 개원'(주방세제, 섬유유연제 등 생산)	장애인 직업재활의 날 선포(2009. 10. 30.)
2015년 (71세)	'행복공장만들기' 운동본부 출범(2015. 4.)	「발달장애인 권리보장 및 지원에 관한 법률」 제정(2014. 5. 20.)
2017년~ (73세)	'행복공장만들기' 운동본부 확산 추진	「장애인 건강권 및 의료접근성 보장에 관한 법률」 제정(2015. 12. 29.)

2. 텍스트 분석과 주제적 영역 분석

1) 텍스트 분석

텍스트 분석은 정덕환의 생애사적 과정을 시간 흐름에 따라 특정한 경험 중심으로 서술하는 구조로 이루어져 있다. 연구 참여자의 인생 후반으로 갈수록 현재 관점과 자기평가를 바탕으로 사고가 있기 이전의 시간과 이후에 경험한 시간들을 연계 짓고 있다.

이 텍스트에 나타나는 중요한 주제는 정덕환의 유복했던 어린 시절과 연전연승의 거침없던 유도선수의 시절에서 1972년 훈련 중 목뼈가 부러지는 사건으로 이어진다. 3일밖에 살지 못한다고 선고받았던 정덕환은 기적적으로 다시 살아났고, 뼈아픈 재활의 시간을 거치면서 신앙을 받아들이게 되었다. 퇴원 후에는 유도코치가 되겠다는 제안을 거절 받고 큰 충격을 받아 하나님과 가족을 원망하였고 힘든 시기를 보냈다.

이웃들의 도움으로 '이화식품'이란 작은 구멍가게를 개업했으며, 기적적으로 둘째 아들을 얻게 되는 기쁨과 더불어 하나님을 섬기고 봉사해야겠다는 마음을 가지게 되었다. 교회와 병원 등에서 간증, 전도 집회활동을 펼치던 중 '5인의 장애인 공동체'를 만나 이들과 함께 살아야겠다는 결심을 하게 되어 허름한 건물 지하실 한 칸을 임대하여 '에덴복지원'을 설립하였고 여러 우여곡절 끝에 에덴복지원을 크게 확장시켜 나가 현재에까지 이르렀다. 현재 노년기의 삶을 살고 있는 정덕환은 중증장애인이 평생 행복하게 일하는 일터 만들기를 위하여 '행복공장만들기 운동본부'를 출범시켜 중증장애인 고용활성화를 위한 확산운동을 펼치고 있다.

2) 주제적 영역 분석

정덕환의 생애는 다음과 같이 다섯 개의 주제적 영역으로 분석될 수 있다. 유년기, 시련기, 태동기, 격동기, 도약 · 성장기로 나뉘는데, 현재 관점에서 서술된 생애사적 이야기 속에서 발견된 특정 과거의 체험을 토대로 하였다. 즉 단계적으로 도약할 수 있었던 특정 과거의 체험을 근거로 각각의 영역을 구분하였다. 정덕환의 삶에서 중요한 주제를 참여자가 표현한 개념을 활용하여 연대기별로 분석하였는데, 참여자의 생애에서 발견된 삶의 주제와 메커니즘을 바탕으로 현재의 관점에서 서술된 생애사적 이야기를 재구성하여 그의 생애를 보다 통합적으로 이해(황연우, 2012)하고자 하였다. 생애주제와 관련된 일상체험들을 정리하면 〈표 2〉와 같다.

〈표 2〉 정덕환의 생애주제와 관련된 일상 체험들

주제	시기 (발현점)	조절 메커니즘	표출된 행위들	체험
유년기 (1946~1971년): '연전연승'의 국가대표 유도선수	유도를 시작	유도근성, 열정, 열등감	"우리는 유도할 때 하루도 쉬지 않았어요. 9개월 만에 우승을 하는 거예요. 중학교 3학년짜리가……. 내가 특별한 별종이었어요. 한번 잡으면 물고 늘어지는 악바리 정신."	중학교 3학년 가을, YMCA 창립기념 유도대회에서 연세대 체육학과 대학생을 업어치기 한판으로 제압하여 우승함
	아버지의 죽음	죄책감	"내 기사를 보고 기분이 좋아지셔서 술 한잔하셨고……. 그게 내가 원인제공이 아닌가 죄책감이 들어서……."	아버지가 연탄가스에 질식하여 사망함
시련기 (1972~1978년): 뼈아픈 고통을 딛고 일어나 앉다	목뼈 골절사고	고통	"목이 부러지니까 그 순간에 다리가 지붕에 매달려 있는 상태이고 혀가 안으로 기어 들어가요."	연습 도중 상대방에게 목이 꺾여 경추 4, 5번 골절
	병원 재활훈련	유도근성, 신앙	"송곳으로 후벼 파는 듯이 아프고 우리 살갗을 벗겨 놓고 유리칼로 비벼드는 고통이었고……."	아내와 어머니의 헌신적 간호와 기도, 구애련 선생님의 헌신적인 재활훈련
	신앙을 거부	원망, 분노	"욕설을 퍼부어 가면서 의도적으로 목사님 앞에서 담배를 피워 가면서……."	목사님과 성도들의 잦은 방문과 전도
	택시운전 기사의 승차 거부	원망, 분노	"10대 정도 놓쳐서 그 아저씨가 보더니 그냥 가요."	사회적 멸시와 차별을 경험
	신앙을 받아들임	신앙, 희망, 유도근성	"내가 은혜를 받고 와서 내가 서 보려고 노력한다."	여의도 빌리 그레이엄 목사 대집회에 참석해 큰 은혜를 받음
	유도부 코치 거절	분노, 슬픔	"다쳐서 유도 코치하러 갔다가 거절당했을 때 이미 내가 이런 서러움 이런 아픔들이 곳곳에 있는 장애인들이 고통과 슬픔이 있겠구나."	모교대학에 유도부 코치를 제안했다가 거절을 당함(사회적 멸시와 차별을 경험)

태동기 (1979~1989년): 직업재활이 전무하던 시절, 함께 살아내기	이화식품	유도근성, 열정, 신앙	"내 애한테 학용품이라도 사 줘야 되겠다."	가족과 이웃의 도움으로 동네 구멍가게를 개업함
	둘째 아들 탄생	희망, 신앙	"또 애기를 낳았잖아요. 그러니까 알려져 가지고 이런 장애인이 아이도 낳고 화목하게 산다……. 그것을 실선에서 얘기해주는 게 있더라고요."	둘째 아들을 낳게 된 기적 같은 일이 생김
	5명의 장애인 공동체를 만남	유도근성, 희망, 신앙	"그들과 더불어 같이 살아야지."	열악한 환경에서 5명의 장애인이 모여 사는 장애인 공동체를 알게 됨
	에덴복지원 설립	유도근성, 열정, 희망, 신앙	"어려운 장애인들을 이렇게 자립을 시켜야 되겠다. 나도 자립을 해야 되니까."	아내의 재정도움으로 허름한 건물의 지하방 한 칸을 얻어 에덴복지원을 설립함
	일감 구하러 다니기	분노, 신앙, 유도근성	"아주 헤매다가……."	일감이 있는 공장을 찾아가 문전박대당하기를 수차례(사회적 멸시와 차별을 경험)
		신앙, 희망	"태광하이텍 생산라인 자기네가 하나를 없애고 나를 줬어요. 대단한 일이지요……. 그분을 평생 잊지 못해요."	전자업체가 일감을 맡김
격동기 (1990~2014년): '1030' 일이 없으면 삶도 없다	복지법인 설립인가	유도근성, 열정	"생산에서 일하는 것은 장애인들에게 모두 돌려주었어요. 생활비와 운영비가 없었어요……. 외국에서 매형이 오셔서 이렇게 살면 안 되겠다. 정부에서 도움을 받을 수 있는 방법을 찾아보자."	사회복지법인으로 설립인가를 받아 정부지원금을 받게 됨
	지역 주민들의 거부와 멸시	분노, 열정, 유도근성	"땅값이 내려간다. 이 땅을 판 장본인도 반대하고 개봉동 집을 지을 때도 건영아파트 주민들이 반대했었어요. 먼저 있었는데 나중에 온 사람들이 반대했어요."	시설을 이주하고 확장할 때마다 지역주민의 강한 반대에 부딪힘
			"여기 불량배들이 하는 것으로 알고 있는데 그렇지 않다……. 수용하는 곳이 아니고 근로장애인들이 와서 일하는 복지공장이다."	경기도 파주시로 시설이전할 때 지역주민의 심한 반대

	한국 장애인 직업재활시설 협회장 역임	유도근성, 열정, 희망, 신앙	"제가 우선구매제도 만들기를 유도했잖아요."	「중증장애인생산품 우선구매 특별법」[10] 제정기여
			"제가 한국직업재활시설 협회장 할 때가 2009년 10월 30일 때였어요. 로고도 1030 저것도 의미를 찾아보자 일이 없으면 삶도 없다."	'1030, 일이 없으면 삶도 없다', 10월 30일 '직업재활의 날'로 선포
	생산적 복지 추구	유도근성, 열정, 희망, 신앙	"전부 손 벌리고 떼 부리고 그걸 저는 가만두나요……. 수혜적 복지를 생산적 복지로 가야 한다." "일이라고 하는 것은 아주 최고의 기초 복지이다."	중증장애인 다수고용사업장 '형원' 개원
도약 · 성장기 (2015~2017년): 중증장애인들의 평생일터 '행복공장'	발달장애인의 평생일터 구현의 방안 마련	유도근성, 열정, 희망, 신앙	"사실상 의무고용하기 어려운 발달장애인인 경우에는 우리 시설은 이걸 해야겠다고 생각한 게 내 생각이에요. 나는 그들을 위해서 이렇게 하겠다."	'행복공장만들기 운동본부' 출범 및 확산운동 전개
			"그들이 뼈 빠지게 번 돈을 본인이 자신의 삶의 가치를 위해서 쓰도록 만들어주는 프로그램을 만들어야겠다."	
	고백의 찬양에 대한 관심과 소망	희망, 신앙	"흔들리지 않고 피는 꽃, 시가 있는데요. 그걸 내가 지금 연습하고 있는 거예요……. 국민한테 불러주는 게 지금 나한테는 과제예요."	교회 장로로서의 직분을 잘 지키고 찬양으로서 신앙을 고백하는 삶을 살고 싶음

10) 중증장애인생산품 우선구매 특별법(약칭-중증장애인생산품법): 이 법은 경쟁고용이 어려운 중증장애인들을 고용하는 직업재활시설 등의 생산품에 대한 우선구매를 지원함으로써 중증장애인의 직업재활을 돕고 국민경제발전에 기여함을 목적으로 하는 법령이다(법제처).

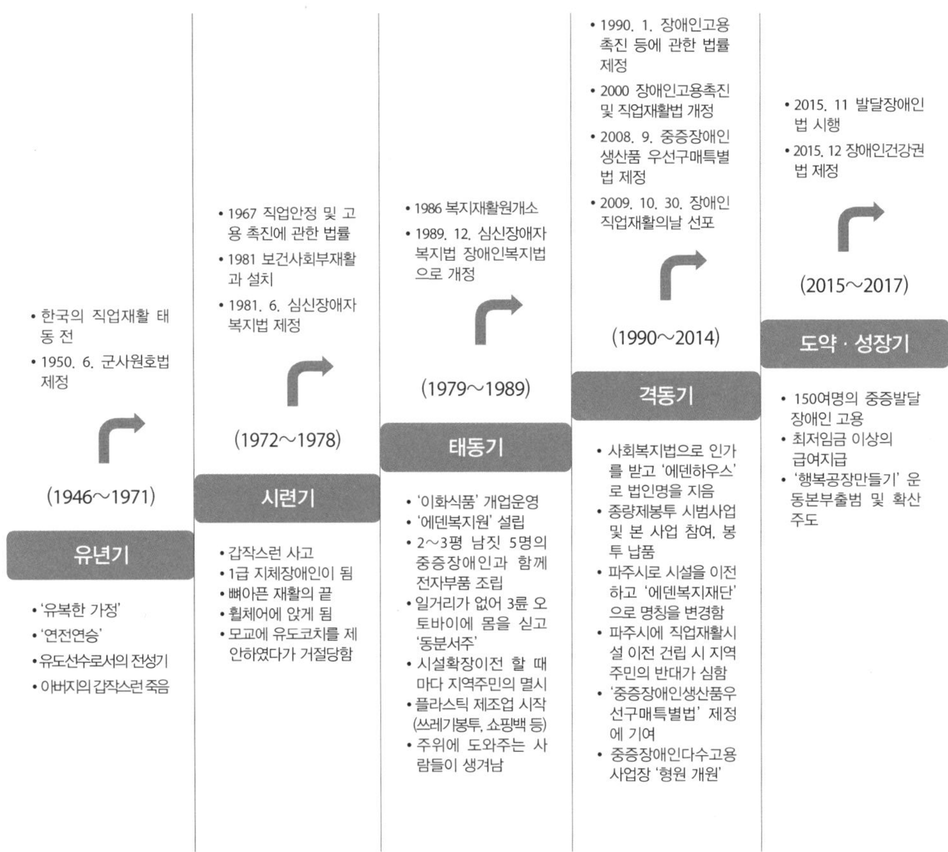

〈그림 1〉 정덕환의 '생애사적 데이터'와 '이주사적 데이터'의 단계적 모형

유년기: '연전연승' 국가대표 유도선수

유복한 가정에서 태어나 가족과 이웃들의 사랑을 듬뿍 받으며 행복한 어린 시절을 보낸 그는 주목받는 유도선수로 '승승장구'한다. 그러던 어느 날 아버지의 갑작스러운 죽음을 접하게 된다. 자신의 신문기사를 보고 술 한잔하시다가 연탄가스로 사망한 아버지의 죽음이 '자신의 탓'이라는 죄책감에 매우 고통스러웠으며, 현재에 이르기까지 인생에서 가장 충격적이었던 사건이라고 이야기한다. 1급 장애를 입게 된 자신의 사건을 뒤로하고 인생의 가장 충격이라고 표현할 만큼 아버지의 죽음은 그

정덕환을 다시 일으켜 세운 아내 이순덕 여사

에게 큰 의미가 있다. 그의 생애에 있어 '유도'가 어떤 존재인지를 일깨워 주었기 때문이다. 유도는 개구쟁이에 한글도 깨치지 못했던 열등했던 자신이 비로소 부모에게 인정을 받고 형제들로부터의 열등의식을 벗게 해 준 '고마운 존재'였지만 결국에는 아버지를 죽음으로 내몰게 한 '원인 제공의 존재'이기도 한 것이다.

태동기: 직업재활이 전무하던 시절, 함께 살아내기

유도부 코치를 거절 당한 정덕환은 자신이 살고 있는 연립주택 주민들의 동의를 얻어 '이화식품'을 열게 된다. '이화식품'은 그에게 있어 자립의 첫걸음이요, 인큐베이터와 같은 존재이다. 사고 이후, 스스로를 아무것도 할 수 없었던 존재라고 생각했으나 '이화식품'을 통해 가장으로서 설 수 있게 되었고 사회로 나갈 수 있는 용기를 얻었다. 또한 5명의 장애인 공동체를 만나게 되었다. 결국 '에덴복지원'을 설립하여 장애인들과 함께 '일'로써 자립을 꿈꾸기 위한 '제2의 인생'을 시작하게 된 것이다.

설립 초기에는 일감을 구하는 데 많은 어려움을 겪었다. 일감을 얻기 위해 찾아간 공장에서 수차례 문전박대를 당하기도 했다. 그 과정에서 생산라인을 하나 떼어 줄 정도로 적극적인 지원을 해 주었던 평생 잊지 못할 고마운 인연을 만났다. 이를 통해 원생들을 더 늘릴 수 있었고 더 많은 장애인에게 일자리를 나누어 줄 수 있게 되었다. '이화식품'으로부터 시작되었던 '일'은 정덕환에게 가장, 사회인, 사업가로서 설 수 있도록 새로운 삶을 열어 준 것이다.

이화식품과 에덴복지원

격동기: '1030' 일이 없으면 삶도 없다

복지원을 설립한 이후 전자부품을 조립하는 임가공 일을 5명의 장애인들과 함께 시작하였다. 점차 동참하는 원생들이 늘어나는 관계로 시설을 좀 더 나은 곳으로 옮겨야만 했다. 그 과정에서 지역주민의 원성과 반대가 심하였고 장애인으로서의 멸시와 차별도 겪어야 했다. 하지만 굴하지 않고 그들을 설득하고 이해시켰다. 그리고 직업재활이 전무하던 시대에서 관련법들이 제정되기 시작하는 과도기적 시기에 발맞춰 복지원을 법인화하고 국가의 보조금을 받을 수 있는 형태의 '근로작업장'으로의 변화를 시도하였다. 또한 쓰레기종량제봉투 사업에도 참여하여 더 많은 중증장애인에게 일자리를 제공하고자 했다. 불리한 자율경쟁시장에서 벗어나 보호적 차원에서 보다 안정적인 판로를 확보하고 중증장애인도 일할 수 있는 환경적 토대를 만들기 위하여 「중증장애인생산품 우선구매 특별법」을 제정하는 데 힘을 기울였다. 이후 중증장애인 다수고용사업장의 개원을 계기로 하여 고용환경이 열악한 발달장애인의 고용을 증대하는 데 중점을 두고 있다. 이와 같은 정덕환의 생애를 분석해 보면 격동기는 그의 생애에 있어 가장 많은 변화와 시도가 이뤄졌음을 알 수 있다. 변화되는 복지정책의 흐름에 따르는 것만이 아니라, 자신의 경험과 지식을 바탕으로 중증장애인 고용을 돕기 위한 관련법을 제정하는 등 '적극적인 행위자'의 모습 을 보여준다.

중증장애인 다수고용사업장 '형원' 개원(2011)

직업재활의 날 선포(2009년, 슬로건 '1030' 일이 없으면 삶도 없다)

도약 · 성장기: 중증장애인들의 평생일터 '행복공장'

중증장애인들, 특히 발달장애인들이 힘들게 일해서 돈을 벌더라도 가족들이 마음대로 사용해 발달장애인 삶의 질적 향상에 크게 영향을 미치지 못했다. 이러한 점을 고려하여 이들의 더 나은 행복과 노후를 대비하고자 '행복공장만들기 운동본부'를 출범하였다. '행복공장' 안에서 보다 체계적인 직업교육과 훈련, 최저임금 이상의 안정된 소득, 저축 · 여가생활 · 결혼 · 신앙의 영위를 돕고자 노력하며 이를 전국으로 확산하여 중증장애인의 일자리와 소득을 높이는 데 기여하는 것이 그의 마지막 행로이다. 정덕환의 마지막 행로를 통해 알 수 있는 것은 중증장애인이라 할지라도 일을 통해 자신의 소득을 직접 관리하고 스스로 삶을 계획하는 것이 얼마든지 가능하다는 점이다. 일은 이들에게도 매우 소중하며 권리임을 보여 주는 부분이기도 하다.

행복공장만들기 출범식(2015년)

행복공장만들기 운동전개(2017년~현재)

3. 체험된 생애사의 재구성과 연속적 세밀 분석

참여자의 주제적 영역 분석과 관련하여 체험된 생애사의 의미를 생애사적 데이터에 기초하여 정리하면 다음과 같다. 연구 참여자는 서울에서 운수업을 운영하는 유복한 가정의 3남 1녀의 막내로 태어나 심한 장난꾸러기였지만 가족과 이웃의 사랑을 한 몸에 받으며 행복한 유년기를 보낸다.

그러한 그에게도 생애 첫 충격적 사건이 찾아온다. 아버지의 갑작스러운 죽음이 그러했다. 참여자는 아버지의 죽음은 자신이 원인 제공자이며 죄책감이 든다고 이야기하였다. 신문에 난 자신의 유도 관련 기사를 읽고 기분이 좋으신 아버지께서 술 한 잔 드시고 주무시다 연탄가스로 질식사한 극적인 에피소드는 과거를 회상하는 지금도 무거운 '죄책감'으로 자리하고 있었다. 아버지에게 우승컵을 가져다 드리는 게 최고의 효도라고 생각하며 선수생활에 임했던 그가 오히려 아버지를 사망으로 이끄는 원인을 제공했다는 점에서 인생 최고의 충격이 아닐 수 없다.

> 한동안 제가 방황을 많이 했어요. 그리고 저는 유도를 한 것의 목표가 올림픽이고 뭐고 대단한 선수가 되겠다는 게 아니라 막내아들이며, 개구쟁이였던 내

가 집에서 가족들에게 인정을 받기 시작하였고 상을 받아서 우리 아버지에게 가져다 드리는 것이 최고의 효도라고 생각했어요……. 제 인생에 최고의 충격이었어요.

〈정덕환 인터뷰 중에서〉

연구 참여자는 1972년 무더위가 기승을 부리던 여름날, 연습 시합 도중 목뼈가 골절되는 사고를 겪는다. 국가대표 유도선수였던 그의 인생은 완전히 뒤바뀐다. 유리칼로 살갗을 벗겨 내는 듯한 극심한 고통을 이겨 내며 하루하루 정신없이 버텨야 했기에 자신의 삶을 비관하거나 부인할 시간적 여유조차 없었다. 그 통증은 그림자처럼 따라다니며 아직까지 이어지고 있다. 1년의 입원기간 동안 그는 하루에도 3~4차례씩 물리치료를 받을 만큼 재활에 힘썼고, 새벽이면 어김없이 일어나 두 발로 서서 일어나기 위해 안간힘을 쓰며 노력을 기울였다. 그 결과 8개월 만에 휠체어를 타게 되는 기적을 경험한다. 3일밖에 살지 못한다던 의료적 판단이 극적으로 역전된 것이다. 정덕환의 재활 성공에는 묵묵히 뒤에서 지켜 주고 기도해 주는 아내와 어머니가 있었기에 가능했고 구애련 선생님의 열정적인 치료 또한 공헌한 바가 컸다.

남들의 도움 없이는 혼자 밥을 먹을 수도 배변처리를 할 수도 없는 무력한 장애 앞에 놓인 그는 하나님을 원망도 하고 못 피우는 담배도 피우는 등 반항도 하였다. 말하는 것 이외에 어느 것 하나 스스로 할 수 없는 그가 담배를 피우고 반항했다는 것은 장애를 입은 자신의 처지에 대한 '최대의 몸부림과 울부짖음'이었을 것이다. 하지만 그의 좌절은 오래가지 않았다. 어린 시절부터 넘쳐났던 에너지와 포기할 줄 모르는 유도근성은 그가 8개월 만에 휠체어에 앉게 되는 놀라운 결과를 가져왔다. 그리고 '빌리 그레이엄 목사의 여의도집회'를 다녀온 이후 뜨거운 성령의 감동으로 은혜를 받고 신앙을 받아들이는 경험을 하게 된다. 이렇듯 그는 '뼈아픈 고통을 딛고 일어나 앉는' 기적적인 결과를 본인의 '유도근성'과 '신앙'을 통해 보여 주었다.

목사님들하고 예배드린다면 일부러 소리를 지르고 막 속된 말로 지껄이고 담배를 피우지도 못하면서 담배를 피우고……. 그렇게 했던 제가 성경을 본 것도 아닌데 제 마음속에 너에게 감당할 시험 외에는 시험을 주시지 아니한다는 주님의 말씀을 듣고 깨달았어요.

〈정덕환 인터뷰 중에서〉

힘든 재활의 시간을 이겨 낸 정덕환은 퇴원하여 사회로 나갔다. 하지만 장애인을 대하는 사회적 잣대는 너무나 냉혹했다. 여러 가지 사회적 차별과 멸시를 통해 장애인이 되었음을 몸소 인식하게 되었고 좌절도 했지만 서서히 단단해졌다. 이러한 사회적 멸시와 차별의 경험은 삶의 방향을 설정하는 데 충분한 자극으로 작용했을 것이다.

장애인으로서 멸시를 느낀 것은 퇴원 전 '빌리 그레이엄 목사의 집회'를 다녀온 경험에서부터였다. 무더운 여름 휠체어에 앉아 수십 대의 택시로부터 받은 '승차거부'는 비장애인이었던 시기에는 알지 못했던 사회적 차별과 멸시였다.

그가 삶의 방향을 결정하게 된 결정적 경험은 모교인 연세대학교에서 유도부 코치를 제안하였다가 거절당한 것이었다. 유도밖에 모르는 인생을 살던 그에게 유도인으로서 미래가 없다는 것은 청천벽력과도 같은 것이었다. 잠시 원망과 분노도 했지만 다시 일어나 '동네 구멍가게'의 주인이 된다. 자신의 신체적 자립에만 초점을 맞추어 왔던 재활의 방향을 아들에게 학용품이라도 사 줄 수 있는 '일'하는 아버지로서의 방향으로 확대한 것이다. 그래서 그가 다시 도전한 '이화식품'이라는 소규모 식품가게 운영의 도전은 아무것도 할 수 없는 중증장애인 자신에 대한 첫 도전이며 책임감 있는 가장으로서의 전환점이었고 새로운 인생의 시작을 알리는 신호탄이라 할 수 있다.

이 사람이 입원한 지 8개월 되었을 때 여의도 빌리 그레이엄 목사님 집회에 가고 싶다고 외출증을 발급해 달라고 하니깐 이 사람이 1분도 못 앉아요. 그래서 내가 얼굴이 하얗게 질려 버린 거예요. 그래서 다시 누웠다가 다시 일으켜서 중심을 못 잡으니까 가슴에다 끈을 매고 휠체어를 타고 거기에 참석했어요. 참석하는 데까지는 좋은데 올 때가 문제잖아요. 택시를 10대 정도 놓쳐서 그 아저씨가 보더니 그냥 가요. 그래서 제가 뭐라고 그랬는지 알아요? 당신도 목 부러져 봐라. 내가 그랬더니 가다가 주춤하고 서더라고요. "나보고 뭐라고 그랬느냐", "당신도 목 부러져 보라고 그랬다. 이 사람이 원래 장애인이 아니고 운동선수였는데 어느 날 시합 준비하다가 이렇게 몸을 다쳤는데 이렇게 부흥회에 왔다가 병원에 들어가야 되는데 왜 안 태워 주느냐" 그렇게 하니까 그 사람이 태워 주더라고요. 외출을 하면요, 그 당시에는 차 타기가 너무 힘들었어요.

다쳐서 연대 유도 코치하러 갔다가 거절당했을 때 '이미 나의 이런 서러움, 이런 아픔들을 느끼고 난 후 곳곳에 있는 장애인들도 이런 고통과 슬픔이 있겠구나. 그들과 더불어 같이 살아야겠다'고 마음먹었다. 또한 '가장으로서 우리 애한테 학용품이라도 사 줘야지' 이런 마음을 가지니까 큰일은 아니지만 실천을 하거나 계획 안에서 살아왔어요. 지금도 역시 마찬가지고요.

〈정덕환 인터뷰 중에서〉

이화식품 운영을 통해 일하는 장애인으로 거듭난 정덕환은 서서히 주위를 확장했다. 그리고 신앙을 더욱 굳건히 받아들였다. 받은 사랑에 대한 감사의 마음을 되갚기 위한 방법으로 간증과 전도를 택하고, 적극적으로 교회봉사를 시작했다. 그러던 과정에 만난 '5명의 장애인 공동체'를 통해 유도코치를 거절당했을 때 '장애인들과 함께 더불어 살아가고 자립하겠다'던 그의 의지가 현실화되었다. 우리나라에 직업재활을 위한 정책과 제도가 마련되어 있지 않은 불모의 시기에 정덕환은 '에덴복지원'을 설립하였다. 그는 사비를 털어 작은 작업장을 마련하고 그들과 함께하기를 시작했다. 국가적 지원이 전무하였음에도 지원 상황이 올 때까지 기다리지 않고 강행하는 그의 모습 속에서 장애인이라고 해서 국가에서 주는 수혜만을 바라지 않고 일하고 세금 내는 당당한 국민으로서 살아가겠다는 삶의 가치관이 잘 드러나는 부분이다. 장애인이라고 해서 나약하게 기대는 모습이 아닌 당당하게 일하는 모습을 보여주자는 것이 그가 말하는 '자립'이요, '노동성'인 것이다.

> 처음에는 전자부품을 만들거나 인형부품을 만들었고 이것도 만들었다 저것도 만들었다 했어요. 그러다가……. 허건용이라는 생산 부장인데……. 태광하이텍의 생산라인 하나를 없애고 나를 줬어요. 대단한 일이지요……. 태광하이텍 허건영 부장이 라인을 줘서 그때부터 안정됐다고 말하는 건 좀 이상하지만……. 그분을 평생 잊지 못해요.
>
> 〈정덕환 인터뷰 중에서〉

격동기에는 일감이 늘고 사업장이 확장하면서 몇 차례 이주를 해야 했다. 그 속에서 정덕환은 이웃들의 반대와 멸시를 경험하게 되었다. 그는 신앙을 통해 이웃들과의 마찰을 이기려 기도하였고 지역주민에게는 충분한 설명을 하여 혐오시설이라는 인식을 바꾸려 노력하였다. 이러한 장애인의 옹호자, 대변가로서의 역할은 한국장애인직업재활시설협회장의 직분을 맡아 「중증장애인생산품 우선구매 특별법」 제정과 '직업재활의 날 1030'을 만드는 과정에서 더욱 발현되었다. '일이 없으면 삶도 없다'라는 말처럼 장애인의 삶의 가치는 일에서 비롯된다는 그의 재활의지는 법적인 제도화를 통해 보다 현실화되었다.

땅값이 내려간다. 이 땅을 판 장본인도 반대하고 개봉동 집을 지을 때도 건영아파트 주민들이 반대했었어요. 먼저 있었는데 나중에 온 사람들이 반대했어요.

여기 불량배들이 하는 걸로 알고 있는데 그렇지 않다……. 수용하는 곳이 아니고 근로장애인들이 와서 일하는 복지공장이다.

제가 우선구매제도 만들기를 주도했잖아요.

제가 한국직업재활시설협회장 할 때가 2009년 10월 30일 때였어요. 로고도 1030 저것도 의미를 찾아보자, 일이 없으면 삶도 없다.

전부 손 벌리고 떼 부리고 그걸 저는 가만두나요……. 시혜적 복지를 생산적 복지로 가야 한다.

일이라고 하는 것은 아주 최고의 기초 복지이다.

〈정덕환 인터뷰 중에서〉

격동기를 지나 성장 · 도약기로 들어서는 지난 30여 년의 시간 동안 정덕환은 중증장애인직업재활 현장에서의 경험을 집약하여 하나의 성공적인 '한국형 직업재활 모델'을 만드는 데 힘쓰고자 하였다. 한 사람의 비장애인을 고용하는 것보다 세 명의 중증장애인을 고용하는 것을 택하겠다는 중증장애인에 대한 그의 확고한 의지는 중증장애인 다수고용사업장 '형원'의 성공적 결과를 이끌어 낸다. 더불어 생산품의 안정적인 판로를 얻기 위해 「중증장애인생산품 우선구매 특별법」을 함께 제정하는 데 진행의 방향성을 맞추어 나갔다.

나아가 보다 장기적이고 구체화된 모델로서 '행복공장만들기 운동본부'를 출범하였다. 행복공장은 중증장애인들이 자기 자신을 위해 가정을 꾸리고, 여가를 즐기고, 저축하여 미래를 설계하는 등 보다 인간적인 삶을 살 수 있기를 희망하며 시작되었다. 특히 사회적으로 불리한 발달장애인이 사회인으로 당당히 '일'하고 대가를 받으며 자신의 삶을 주도적으로 이끌어 갈 수 있도록 돕고자 했다. 정덕환은 평생일터의 개념과 환경을 조성하여 우리나라 전역에 행복공장이 확산될 수 있도록 노력을 기울이고 있다.

'다수고용' 말 자체는 제가 끄집어냈는데 지금 에덴이 만들어진 것같이 다수고용은 이렇게 한 게 아니라 우리 에덴에 또 예산을 받아다가 다른 나라의 대표적인 직업재활시설들이 있잖아요. 이거 가지고는 달라져야겠다고 생각하고 다수고용사업장을 만들어야 되겠다. 그러다가……. 다수고용사업장을 하게 되고 우선구매제도를 만들게 된 거예요……. 내가 말한 이 특별법은 지적장애인들만을 위해서 만든 법이었어요. 그 법이 이 공무원들하고 누가 만들었는지는 몰라도 단체들이 갖다 쓰고 있다……. 진짜 이것은 직업재활을 위해서 만든 것이거든요. 직업재활이 다 지체장애인 데리고 있잖아요. 그래서 속으로 화가 났어요.

그들이 빼 빠지게 번 돈을 본인이 자신 삶의 가치를 위해서 쓰도록 해 주는 프로그램을 만들어 주어야겠다.

〈정덕환 인터뷰 중에서〉

재활시설로 최저임금 주는 데가 별로 많지 않을 겁니다. 제가 보기에는 에덴이 유일하지 않을까 합니다. 고용노동부에 있는 표준사업장 대기업은 최

> 저임금을 주지요. 그러나 숫자가 한 190개 그리고 고용인원도 많지 않아요. 5,000~6,000명이에요. 우리 재활시설은 고용인원이 16,000명 되잖아요. 정덕환 이사장은 지금도 자기가 죽기 전에 재활시설에서 33,000명을 고용하고 죽겠다고 그런 꿈을 갖고 있고요. 그러니까 본인의 말을 빌리자면 과거에 정부의 시혜적 복지를 자기가 생산적 복지로 전환시킨 선구자다. 이런 자부심을 갖고 (있고) 제가 보기에도 이 재활시설로 고용해서 먹여 주고 입혀 주고 이런 데가 아시아에 없습니다. 에덴밖에 없습니다. 에덴의 이 모델을 아시아에 전파하는 것도 의의가 있지 않나.
>
> 〈정덕환 매형 김학수 사무총장 인터뷰 중에서〉

정덕환은 고령을 앞둔 현재 자신의 삶을 회고하고 반성하고자 신앙에 더욱 집중하고 있다. 장로로서 직분에 최선을 다하며 찬양으로서 신앙을 고백하고 전도하는 데에 노력을 기울이고 있다. 그는 '흔들리지 않고 피는 꽃'이라는 시를 찬양으로 바꿔 국민에게 불러 주고자 하는 꿈을 갖고 있다. 이러한 그의 체험된 생애의 의미를 분석하면 다음과 같다. 중증장애인 고용현장 속에서 역경이 많은 삶을 살았지만 장애인들과 함께 일하고 자립하는 과정에서 행복을 얻었다. 그리고 생이 다하는 날까지 그들을 놓지 않고 걸어가겠다는 그의 의지가 엿보인다.

> 흔들리지 않고 피는 꽃, 시가 있는데요. 지금 연습을 하고 있어요……. 국민한테 불러주는 것이 저의 과제예요.
>
> 〈정덕환 인터뷰 중에서〉

4. 이야기된 생애사와 체험된 생애사의 비교 분석

정덕환의 이야기된 생애사는 전적으로 개인적인 생애기록이 주요하게 자리하고 있으며 장애인 고용이나 노동성에 대한 거시적인 차원의 개인적 견해는 잘 드러나지 않았다. 하지만 그의 이야기된 생애사 가운데 당당했던 유년의 모습에서 중도장애인으로 살면서 겪은 어려움과 장애인들과 함께 일하면서 겪게 되었던 경험이나 계획, 업적 등을 담담하게 그려 내는 것을 통해 그가 생각하는 일에 대한 신념이나 가치관을 엿볼 수 있었다. 그는 중증장애인이라 할지라도 기회만 주어진다면 얼마든지 해낼 수 있는 잠재력을 지니고 있으며 충분히 일로써 보상받는 삶을 영위할 수 있다고 생각하고 있었다. 국가의 수혜를 바라고 의지하는 삶이 아닌 보다 주체적이고 당당한 국민으로서의 삶이 장애인이 누려야 하는 삶이라는 것을 수차례 강조하며 이야기했다.

이야기된 생애사에서는 삶의 여정에서 중증장애인 고용복지 발전을 위한 구체적인 방안이나 계획 등이 잘 나타나지 않았지만 체험된 생애사에서는 이러한 것들을 엿볼 수 있었다. 즉 '이화식품'에서부터 시작하여 현재의 '에덴복지재단'에 이르기까지 꾸준히 성장하는 '단계적 모형'을 보여 준다. 직업재활이 전무하던 시기에는 자신의 사비를 털고 간증으로 수입을 벌어서라도 중증장애인들과 함께 자립하고 살기 위한 열정적이고 도전적인 모습을 보였다. 고용정책이 생겨나기 시작하면서부터는 복지원을 법인화하고 국가의 보조금을 받는 형태의 근로사업장으로 변화를 꾀하여 한 단계 더 나아가는 '적극적인 행위자'로서의 모습을 보여 주었다. 공적인 지원이 전무하던 시절과 공적 지원이 생겨나는 시대적 흐름에 적응하고 단계 밟아 나아가는 모습을 과거의 체험 속에서 보여 주고 있다. 각각의 체험에서 그를 움직이게 한 원동력은 유도근성, 열정, 신앙, 희망이었다. 체험적 근거를 통해 이러한 메커니즘이 다음 단계로의 진입을 가능하게 했다는 점이 증명되었다.

결론적으로 그의 이야기된 생애사와 체험된 생애사 사이에는 분명한 관점의 차이가 있었다. 이야기된 생애사는 구조화된 시간적 흐름보다는 개인의 기억에 의지하여 현재 관점에서 자신이 강조하고 싶은 부분에만 이야기하는 경향이 있다. 반면 체험된 생애사를 통해 이야기된 생애사에서 나타난 그의 '일'에 대한 철학이 보다 현실적이고 계획적이며 단계적으로 나타나는 '적극적인 행위자의 모습'이 도출되고 있다고 할 수 있다. 그리고 현재 관점의 그의 신념이나 가치관이 과거 관점의 체험들 속에서 고스란히 증명되고 있다는 점을 볼 때 두 생애사의 관점은 '통합'될 수 있다는 결론을 도출하였다.

Ⅳ. 결론 및 함의

본 연구에서는 전 유도국가대표이자 전신마비 1급 지체장애인인 정덕환의 생애를 가브리엘 로젠탈의 내러티브 생애사 연구방법을 적용하여 분석하였다. 정덕환은 유복한 가정에서 태어나 행복한 유년기를 보냈고 연전연승하며 촉망받는 국가대표 유도선수가 되었다. 그러나 운동 도중 사고로 1급 지체장애인이 되면서 인생의 전환기를 맞이했다. 그는 비장애인이었을 때는 알지 못했던 장애인에 대한 멸시와 차별을 경험하였지만 좌절하지 않았다. '유도근성 · 열정' 그리고 '신앙 · 희망'을 통해 재활에 성공하였다. 그리고 우리나라 장애인의 고용관련 제도가 전무하였던 시기에 장애인들과 함께 '일'로써 자립하겠다는 의지 하나만으로 복지원을 설립하였다.

복지원을 설립한 이후 일감을 구하는 과정에서 지역주민들의 멸시와 차별도 수차례 경험하였다. 그때마다 신앙에서 힘을 얻었고 뜻하지 않은 지인들의 도움에서 희망을 찾았으며, 일감이 점점 더 늘어나고 사업장도 확장되는 성과를 거두게 되었다. 힘든 시련 속에서도 그는 자신만의 유도근성과 도전정신으로 결코 포기하지 않았다.

그리고 복지법인으로 인가를 받는 단계적 성장을 이룩하게 되었다. 장애인 직업재활의 초창기, 황무지와 같았던 시기였음에도 정덕환은 국가나 사회적 흐름에 수동적인 입장만을 취하지 않았다. 그는 중증장애인 고용실태의 불리함에 맞서 '중증발달장애인 다수고용사업장'의 모범적 운영과 안정적인 판로를 확보하기 위해 「중증장애인 생산품 우선구매 특별법」 제정에 적극적으로 힘쓰는 등 '적극적인 행위자'의 모습을 보여 주었다. 특히 발달장애인 일자리에 대한 고용창출에 전력투구하여, 중증발달장애인의 평생일터 '행복공장만들기 운동본부'를 출범시켜 발달장애인이 최저임금 이상의 급여를 받고 당당하게 세금 내는 노동자로서의 삶을 살아갈 수 있도록 사력을 다하고 있다.

본 연구를 통해 장애인이라 할지라도 존엄한 존재로서 가정도 이루며, 저축도 하고, 여가를 즐기며, 자신의 삶에 대해 미래를 직접 설계하는 인간다운 삶을 지향할 수 있도록 하는 데에 그의 마지막 생애의 열정과 소망을 담고 있다는 것을 알 수 있었다. 본 연구는 중증장애인으로서 평생을 중증장애인의 '일의 중요성'을 외쳐 온 그의 삶을 가브리엘 로젠탈의 내러티브-생애사 인터뷰 분석방법을 적용하여 연구하였다. 이를 통해 체험된 생애사와 이야기된 생애사가 사회적 맥락에서, 개인의 삶과 역사적인 사실관계 속에서 어떤 의미를 갖는지 밝히고자 했다. 이런 측면에서 정덕환의 생애과정을 통해 중증장애인의 열악한 고용현실, 한국의 장애인 고용관련 사회적 변천과정을 엿볼 수 있었고 동시에 중증장애인 당사자에게 '일함'의 가치를 재조명하는 계기를 만들 수 있었다. 이러한 연구과정을 통해 중증장애인의 고용복지적인 측면에서의 본 연구의 함의를 제시하면 다음과 같다.

첫째, 중증장애인 고용의 문제를 장애인 당사자의 시각에서 재조명할 수 있었다. 우리나라 중증장애인 고용실태에서 고용된 장애인의 70%가 경증인 점을 감안하면 중증장애인의 취업이 매우 힘들다는 것을 알 수 있다. 이런 측면에서 정덕환의 이야기와 체험된 생애사의 내러티브에서도 중증장애인 고용의 어려운 역사적 흐름의 과정을 재확인할 수 있었으며, 이를 통해 '당사자 중심'의 시각에서 중증장애인 고용문제를 이해할 수 있었다는 점에서 의미가 깊다고 하겠다. 정덕환은 장애인 당사자의 입장에서 중증장애인 고용문제를 극복하고자 하였다. 이러한 노력은 결국 중증장애인 고용문제를 본인의 문제로 인식하고 '일함'의 의미를 새롭게 하여 중증장애인의 고용에 대한 인식에 영향을 주게 되었다. 이를 통해 「중증장애인생산품 우선구매 특별법」 제정에도 영향을 끼치는 등 사회적 파급효과를 미쳤던 것은 중증장애인 당사자이기에 가능한 도전이었다고 볼 수 있다.

둘째, 정덕환의 이야기된 생애사와 체험된 실천 활동을 통해 스스로 노동의 현장에 뛰어들어 중증장애인을 고용하고 최저임금 이상의 급여를 제공함으로써 복지수혜의 대상에서 납세자로서의 가치에 도전하였음을 확인하였다. 이러한 활동은 중증장애인자립생활에 대한 새로운 '도전적 사고'로 받아들여진다. 단순한 경제적 자립을 위하여 의미 없이 일하는 사람도 많고 국가와 부모의 보호를 받으며 복지수혜의 대상자이기를 선택하는 사람들도 있다. 하지만 그가 스스로가 힘든 노동의 경험을 통해 얻은 자립의 의미를 제시한 것은 지금까지의 중증장애인에 대한 시각을 새롭게 보려는 신선한 도전으로 받아들여진다. 이러한 정덕환의 삶은 '적극적인 행위자'의 모습이라 말할 수 있을 것이며 '일이 없으면 삶도 없다(1030)'는 일함의 가치를 새롭게 하는 계기를 제공해 주었다고 할 수 있다.

셋째, 중증장애인 다수고용사업장을 통한 고용창출의 가치철학을 제시했다. 4차 산업혁명이 도래하면 장애인의 일자리는 줄어들고 다수고용의 시대에서 고지능생산 시대로 변한다고 한다. 그럼에도 불구하고 정덕환의 체험된 생애사의 내러티브에서 일관되게 주장되고 있는 것은 다수고용을 통한 일자리 창출이다. 이를 통하여 중증장애인에게 최저임금을 지급하고 경제적 자립을 추구하고자 하는 것이다. 그의 다수고용 철학은 중증장애인이라 할지라도 고용과 직업재활훈련을 동시에 추구하는 '직업재활방식'의 근로환경과 일자리가 주어진다면 노동자로서 얼마든지 인정받을 수 있다는 점을 강조하고 있다. 한 사람의 비장애인을 고용하는 것보다 3명의 중증장애인 고용을 택하겠다는 정덕환의 '다수고용철학'은 열악한 한국의 중증장애인 현장에 본보기가 되는 고용모델이 될 수 있을 것이다. 특히 지금까지 고용에서 소외되었던 발달장애인을 다수고용의 대상으로 하였다는 점에서 장애인 고용정책에 시사하는 의미가 더욱 크다고 하겠다.

마지막으로 본 연구는 고용경험에 초점을 맞추어 연구하였기에 고용주 시점에 맞추어 연구가 진행되었다. 따라서 후속연구에서 다수고용사업장의 대상인 장애인 당사자를 대상으로 질적 연구가 진행된다면 고용복지의 대상자인 발달장애인의 삶을 재조명할 수 있을 것이다. 정덕환의 생애사적 과정과 체험된 생애사가 장애인으로서 일하는 당사자에게 어떤 영향을 미쳤는지를 알 수 있기 때문이다. 이는 고용관계는 노동자와 사용자의 상호관계의 대칭적 구조 속에서 객관성을 담보할 수 있기 때문이다. 고용복지적인 차원에서 사업주와 노동자의 관계적 생애사를 재구성하는 것은 생애사 연구의 중요한 연구과제이다.

EDEN WELFARE FOUNDATION

35

3부

한국 장애인 직업재활의 변동과 에덴복지재단의 발전 역사

노기남(盧基南)

상지대학교 법학 박사
전) 현대 리바트 근무
전) 한국부동산학회 학술이사
전) 국가정책연구단 정책위원
전) 남서울 부동산경제연구소 연구위원
전) 상지대학교 법학부/특성화기초학부 교수
현) 한국지식재단 선임 연구위원
현) 삼육대학교사회복지학부 겸임교수

『사회복지법제론』, 동문사, 2012.
『정석 사회복지법제론』, 동문사, 2016.
『사회복지법제론』(공저), 동문사, 2017.
『노동관계법규』, 공동체, 2017.

Ⅰ. 들어가며

1. 연구의 목적

1983년 에덴복지재단(에덴하우스와 형원에 한정하며 이하 동일)이 설립된 지 어느덧 35년이 흘렀다. 이 시간 동안 한국 사회는 놀랄 만한 변화를 겪었다. 소위 압축성장의 급속한 사회경제 변화 속에서 장애인의 직업재활 역시 동일한 변화를 겪었다. 이 기간을 거쳐왔던 에덴복지재단의 역사를 기록하는 일은 쉽지 않은 작업이다. 역사적 변화의 속도 문제는 물론 그 내용 역시 엄청난 변화를 거쳐왔기 때문이다. 그리고 무엇보다 35여 년이란 장구한 세월에 일어났던 일을 간단하게 정리하는 작업 자체가 한계가 있기 때문이다.

그럼에도 불구하고 가능한 한 남겨진 자료를 체계적으로 정리하고 기존의 자료를 보완하여 객관적으로 정리해 보고자 한다. 다행히 10여 년 전인 2006년에 『에덴 21세기 글로벌 전략 과제집』이 발간되었다. 이 자료를 기초로 하여 지난 10여 년 동안 새롭게 일어났던 장애인 직업재활 활동을 덧붙이면서, 새롭게 해석하거나 보완할 수 있는 것을 기초로 기술하고자 한다.

이와 같이 현대산업사회의 직업에 있어 고용 · 노동이 차지하는 비중이 압도적으로 많은 현실에서 장애인복지의 기본은 직업재활에 있으며 장애인의 실업문제는 심각한 문제로 대두된다. 그런데 장애인 고용이 활성화되지 못하는 원인은 장애인 고용에 대한 당위성을 실현시킬 수 있는 고용형태를 갖추지 못했기 때문이다.[11] 장애인 직업재활이란 장애인들의 신체적 · 정신적 · 사회적 · 직업적 · 경제적 능력을 최대한 찾아내고 길러줌으로써 일할 권리와 의무를 국민과 함께 가지도록 하여 궁극적으로 자립생활을 영위하게 하는 것이다.

이에 본고에서는 우리나라 직업재활의 변동(발전과정)과 현황을 서술하고자 한다. 에덴복지재단의 직업재활 발전역사는 결국 한국의 장애인 직업재활 역사 속에 존재하는 것이기 때문이다. 본 고찰 목적은 효율적이고 체계적인 장애인 직업재활의 발전방안을 모색하는 데 있다. 이를 통해 장애인복지를 통한 장애인 통합사회를 구현하고 이를 바탕으로 한 미래세대를 위한 복지국가 발전의 진입을 도모하고자 한다.

이를 위해 첫째, 우리나라의 장애인 직업재활이 있게 된 과거로부터 그동안 어떠한 발전과정이 있었는지, 우리나라 장애인 직업재활의 환경적 변화에 따른 현실적 문제점(장애인 고용확대, 장애인 직업재활의 내실화 등)을 다각적으로 분석함으로써 장애인 직업재활의 나아갈 방향을 제시하고자 한다. 둘째, 에덴복지재단의 장애인 직업재활 발전과정과 그 운영현황을 분석하는 과정에서 초점집단면접(Focus Group Interview)을 사용하여 하나의 연구의 주제나 쟁점을 두고 그 쟁점의 시험을 위해 표본 집단이 된 에덴복지재단의 관계자들과의 인터뷰를 진행하였다. 즉 주요정보제공자의 공식적 인터뷰와 참여관찰 및 비공식 인터뷰를 병행하였다. 셋째, 에덴

11) 권도용, 「중증장애인 중심의 일반고용시스템」, 『장애인고용』 2, 1991 겨울, p.48.

복지재단의 장애인 직업재활 발전과정상에서 드러난 역할, 우리나라의 장애인 직업재활 발전역사상에 미친 영향을 평가한다. 그 운영현황 분석한 결과를 통해 우리나라의 장애인 직업재활의 제언과 개선방안을 제시하고자 한다.

또한 장애인 직업재활사업의 목적과 그의 변화과정을 알아보기 위해 문헌연구를 실시하였으며, 사업 실적과 현황의 평가결과를 알아보기 위해 국내외 자료를 수집하여 현황분석을 실시하였다. 이후 초점집단면접을 통해 장애인 직업재활의 개선방안에 대해 알아보았다.

1) 국내외 문헌고찰

선행연구를 통해 지원사업 수행기관 역할 정의, 평가방법 및 체계에 대한 분석을 위해 국내외 자료를 수집하고 분석하였다. 우리나라 장애인 직업재활의 변동과 에덴복지재단의 발전과정을 분석하기 위해 국내 직업재활사업 관련평가를 보건복지부, 서울시복지재단 등의 자료를 통해 분석해 보았다.

2) 현황조사 및 평가결과 분석

2015년 기준으로 우리나라의 전국 장애인 직업재활현황을 조사하였다. 현황분석은 장애인 등록 수와 출현율, 장애인 의무고용, 시설유형, 지원기관 수, 종사자 수 등으로 구성하였다. 그리고 이제까지의 드러난 현황을 통해 문제나 과제(결과)들을 수집하여 최근의 실태변화를 알아보았다. 국내는 기존의 직업재활사업 관련평가를 위해 보건복지부, 고용노동부, 한국장애인개발원 등의 자료를 알아보았다.

3) 전문인력 설문조사 및 초점집단면접

관련 문헌연구고찰과 현황분석을 통해 지원사업의 현황을 분석한 뒤 전문인력, 사무국장, 기관장들을 대상으로 장애인 직업재활사업의 개선을 위한 전문인력의 의견을 직접적으로 수집하고 논의하기 위해 초점집단면접을 실시하였다.

2. 연구수행체계와 역사고찰의 의미

우리나라와 에덴복지재단의 장애인 직업재활의 변동과 발전과정 그리고 그 현황 분석을 통한 개선방안 도출을 위해 본 연구의 실행과정을 〈표 1〉에서 보는 바와 같이 도식화하였다.

1) 연구수행체계

〈표 1〉 연구 추진절차

단계	내용
연구계획 수립	연구계획 구성
↓	
1차 세미나 자문회의 (방향 설정)	세부 연구계획 수립 발표 연구진과 연구방향 및 내용 자문회의
↓	
문헌조사 및 선행연구 검토	중증장애인 직업재활 체계 관련 문헌조사
↓	
해외사례 조사	미국 · 일본 등 직업재활 관련자료 분석
↓	
현장 조사	에덴복지재단 직업재활시설을 대상으로 현장방문조사 실시
↓	

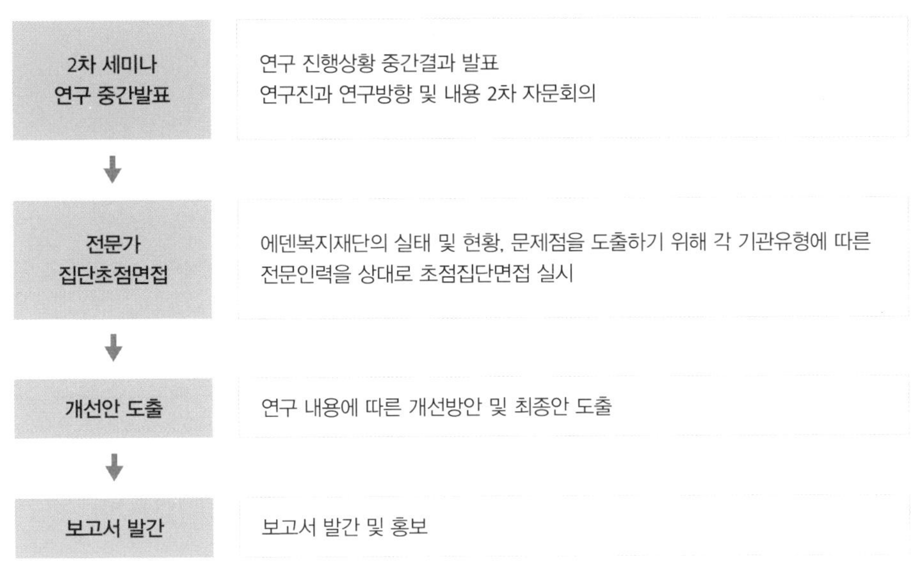

2) 역사고찰의 의미

역사는 과거의 사실과 사건을 현재에서 있는 그대로 이해하려는 노력이다. 과거의 이야기를 현재에서 살펴보는 이유는 현재와 미래를 보다 잘 이해하기 위함이다. 따라서 역사고찰이란 역사를 통해서 과거와 현재 및 미래에 연결되는 내적 연계성을 찾아서 그 논리적 연관성을 하나의 이론과 원리로 체계화하려는 작업이라고 볼 수 있다.

장애인 직업재활의 역사고찰은 결국 장애인 직업재활에 관한 입법사와 관련이 깊다. 따라서 한국의 장애인 직업재활이 근대 이후에 어떻게 전개되어 왔는지, 장애인 직업재활법제와 정책을 중심으로 살펴보려고 한다. 장애인 직업재활의 역사적 고찰을 통해 현행 직업재활의 상호 연관성을 알 수 있다. 또한 장애인 직업재활이 가진 한계를 이해하는 데 유익한 자료가 되기도 하며, 직업재활 전반에 대한 체계적인 분석이 가능하다. 이를 바탕으로 하여 미래의 방향을 전망하는 기회가 될 수 있다.

한편 역사고찰 방법은 과거에 일어났던 일들에 대해 관찰자들의 보고를 찾아내고 그것을 비판적으로 평가해 일어난 어떠한 일을 정확히 기술하는 것이다. 동시에 그 일들 사이에 관계를 밝힌다. 사실 역사고찰에서 중요한 것은 가능한 객관적인 관점을 가지고 과거의 사실을 바라보고, 그것이 가진 의미와 영향을 파악하는 일이다. 장애인 직업재활의 역사적 고찰방법은 내재적 방법과 외재적 방법으로 구분할 수 있는데, 여기서는 이들 두 가지 방법을 혼용해서 사용하고자 한다. 내재적 고찰방법은 장애인 직업재활법제나 정책 또는 직업재활 분야의 내부적 요소, 내용 혹은 형식 등이 시간의 흐름에 따라 어떻게 변천되었는지를 탐구하는 것이다. 외재적 고찰은 직업재활을 둘러싸고 있으며, 외부환경으로서 혹은 독립변수로서 종속변수인 직업재활에 어떤 영향을 주고받았는가, 그 결과로 직업재활이 어떻게 변화하였는지를 발견하려는 데 관심을 가진다.

역사고찰을 할 때 부딪히는 문제는 시대 구분의 문제이다. 과연 어떤 기준으로 어떤 관점에서 어떤 특성을 가지고 연속적인 시기를 구분할 것인가? 본 고찰과정에서는 한국의 장애인 직업재활 변동을 사회복지법제의 역사적 전개를 서술하는 구분으로써 일반적으로 사용하는 연대기적인 구분을 사용하려 한다. 그리고 소위 외재적 고찰에서 흔히 사용하는 외적 환경인 정치적 · 경제적 · 사회적 · 시대적 여건을 '시대적 배경'이라는 이름으로 묶어 이를 종합적 · 개괄적으로 기술한 다음 직업재활의 내부적 변화를 서술하는 방식으로 정리하고자 한다.

Ⅱ. 한국 장애인 직업재활의 변동과 현황

1. 한국 장애인 직업재활의 변동과정

우리나라의 장애인 직업재활의 변동과정을 사회복지법제의 역사적 전개를 서술하는 구분으로써 일반적으로 사용하는 연대기적인 구분을 사용하겠다. 소위 외재적 고찰에서 흔히 사용하는 외적 환경인 정치적 · 경제적 · 사회적 · 시대적 환경을 '시대적 배경'이라는 이름으로 묶어 이를 종합적 · 개괄적으로 기술한 다음 직업재활의 내부적 변화를 시대별로 고찰해 보면 다음과 같다.

1) 장애인 직업재활의 법제도적 변동과정

1960년대 이전의 장애인 직업재활

일제 병탄기에 장애인 직업재활이 이루어졌다는 기록은 발견할 수 없었다. 일본은 내선일체(內鮮一體)를 부르짖으며 한국을 일본의 영토로 강제적으로 편입하고 식민지로 통치하였으나 직업재활정책이나 법제에는 관심을 갖지 않았다.

한편 일제로부터의 광복한 후 3년간 미군정이 실시되었다. 미군정은 일제 식민통치로 인한 경제적 피폐와 궁핍화, 광복 후 전재민의 귀환, 국민의 정치적 활성화로 인한 사회적 갈등, 특히 노동운동과 소요 등의 시대적 배경에서 전개되었다. 미군정 시대의 장애인 직업재활은 구호관련 법규, 「아동노동법규」 혹은 「미성년자노동보호법」 등과 같이 당시의 시대적 환경에 대응하는 임시변통적인 구호정책이 주류를 차지하고 있었다. 따라서 직업재활에 관한 계획적이고 창의적인 정책이나 입법은 찾아볼 수 없었다. 다만 미성년자에 관한 「노동보호입법」은 1953년 8월 9일에 「근로기준법」이 실시되어 폐기되기 전까지의 아동복지에 영향을 미친 것으로 이해된다.

미군정이 끝나고 1948년 8월 15일에 대한민국 정부가 수립되었다. 하지만 정부 수립 2년 후에 6.25전쟁이 발발하여 엄청난 비극을 가져오는 한편 경제적 · 사회적 손실을 초래하였다. 우리나라에서 근대적인 장애인 직업재활사업이 시작된 것도 이 시기로 1952년 외국 원조에 의해 지체장애인을 위해 국립재활원이 부산에 설립되었다. 국립재활원은 의료재활과 직업재활을 중심으로 전쟁에서 발생된 지체장애인을 중심으로 17년간 운영해 오다가 1969년에 문을 닫게 되었고, 1970년 인천에 노동청 소속 산업재활원으로 개편하여 산업재해자들의 직업훈련으로 전환하게 되었다. 지원대상자들의 생활보호나 구호를 요하는 상황에서 사회사업의 성격은 자선적 · 구호적이며, 사후대책 차원의 수용보호 중심의 사업이었다. 따라서 이 기간의 사회사업은 국가적이거나 전문적인 차원보다는 민간적이며, 자발적인 차원에서 수행되었고, 그 내용은 매우 영세적이며 비전문적이었다. 특히 장애인 직업재활과 관련하여 주목할 만한 사건은 사업장의 안전관리를 통한 산업재해와 이들에 대한 사회복지 조치의 일환으로 1963년 「산업재해보상보험법」을 제정한 것이다. 또한 1952년 대구 안식원이 설립되어 지체장애인에게 직업지도와 취업을 알선하였으나 그 후 폐쇄되었고, 1953년 5월 1일에는 「근로기준법」을 제정하여 근로자보호제도의 기틀을 마련하였다.

1960~1970년대의 장애인 직업재활

이 시기의 사회적 · 경제적 배경을 보면 제3 · 4공화국이 경제정책과 근대화계획을 추진하여 지속적인 경제성장을 달성하였다. 수출주도형의 고도 경제성장정책은 저임금 · 저물가의 정책이 빚은 일부 사회계층의 소외 경향, 국민 간의 소득격차의 심화, 물가 상승과 화폐 가치하락, 지역 간 불균형 개발 등 여러 가지의 부작용을 잉태하여 마침내 정치적 문제점을 내재하게 되었다. 이러한 상황 속에서 지식인들 간에는 사회적 가치나 목적을 소중하게 여겨야 한다는 주장이 나오기 시작하였고, 이에 정부는 제4차 경제개발 5개년 계획부터 사회개발정책을 병행하는 국가발전정책으로 궤도를 수정하게 되었다.

먼저 장애인 직업재활의 사업내용은 1960년대 말부터 시작하였다. 1967년 삼육아동불구원(현, 삼육재활원)에서 68평의 직업보도실을 마련하여 초등학교 과정을 마친 22명의 장애아동에게 양털실 편물, 편물, 공예를 지도한 것이 그 시작이다. 이 시기의 장애인 직업재활 법제를 살펴보면 1960년에 제정된 「공무원연금법」을 꼽을 수 있다. 이 법은 우리나라 사회보험법의 효시로서 그 의미를 찾을 수 있다. 1963년 「산재보험법」은 국가의 경제성장정책을 추진하기 위한 중요한 기반으로 노동자의 업무상 재해에 대하여 신속하고 공정한 보상을 행하는 것을 목적으로 하였다. '세계장애인의 해'를 결의한 제31차 국제연합총회 이듬해인 1977년은 장애인의 교육기회 확대를 위한 「특수교육진흥법」이 제정되었다. 1977년 「장애인 · 노인 · 임산부 등의 편의증진 보장에 관한 법률」이 제정되어 장애인의 접근권과 이동권의 보장이 기대되었으며, 1977년 8월 장애인복지 중장기 계획으로 마련된 중증장애인복지발전 5개년 계획안이 확정 발표되었다.

1960년대와 1970년대를 장애인 직업재활적인 특성으로 평가해 보면 장애인 직업재활 입법과 정책을 만들어 시행할 만한 여건이 성숙하지 못하였다고 할 수 있다. 경제적 토대뿐만 아니라 입법 결정을 책임지고 있는 입안책임자나 국민, 직업재활 대상자가 생존권이나 사회복지권 등을 인식하지 못하고 있었던 시점이다.

1980년대의 장애인 직업재활

1980년대의 시대적 배경을 살펴보면 핵가족화의 급속한 진전으로 1980년 2세대 가족이 전체 가구의 70%를 차지하고 있었다. 교통사고 및 산업재해의 발생빈도는 인구 10만 명당 교통사고 인원이 1970년 145.9명에서 1984년 438.3명으로 급증하였다. 산재사고 인원은 1970년 120명에서 1984년 392.6명으로 증가하였다. 이처럼 산업화에 따른 후천성 장애가 급속도로 증가되어, 이들에 대한 보호조치가 절실히 필요하게 되었다(경제기획원, 1985).

장애인 직업재활과 관련해서는 먼저 1980년 12월에 「사회복지사업기금법」이 제정되어 직업재활사업의 기금조성에 법적 기틀을 마련하였다. 그리고 1981년에는 사회서비스법 중 「노인복지법」과 「심신장애인복지법」이 독립된 법으로 입법화되었고 1961년에 처음으로 제정되었던 「아동복리법」이 「아동복지법」으로 전면 개정되었다.

1980년 이전의 장애인복지시설은 단순히 수용, 보호하는 것을 대부분의 목표로 하였으나 80년대에 들어서면서부터 수용시설 외에 중증장애인 요양시설, 직업재활시설, 그리고 장애인종합복지관과 체육관 등의 이용시설이 설치되었다. 1980년 이후 장애인 직업재활은 장애인의 고용촉진정책에 초점이 맞추어져 있다(나운환 · 오소윤, 2015). 1983년에는 「최저임금법」도 제정되어 1988년 1월 1일부터 시행되기에 이르렀다.

특히 1981년 세계장애인의 해를 기점으로 「심신장애자복지법」의 제정과 보건사회부에 전담 부서인 재활과를 설치하는 등 장애인복지를 위한 제도적 기틀이 마련되었으며 시설의 확충과 현대화 등 수용보호사업의 내실화를 도모하였다. 한편 저소득 중증장애인을 중심으로 한 재가장애인복지서비스에 대한 필요성을 인식하기 시작하였다. 이후 1982년 7월 1일부터 한국장애자재활협회에 의뢰하여 장애인 취업알선을 전개하였고, 1986년 6월 26일부터 보호작업장을 설치하였다.

1988년 11월부터 장애인 등록제를 전국적으로 실시하였다. 1988년 서울 장애인올림픽대회가 개최되었는데 이는 장애인뿐만 아니라 일반인에게까지도 장애에 대한 인식을 새롭게 하는 계기가 되었다. 1988년부터는 「보호관찰법」이 입법화됨으로써 갱생보호제도와 함께 범죄자의 건전한 사회복귀를 도울 수 있는 제도적 장치를 마련하였다. 1989년 장애인 복지증진을 도모하기 위해 「심신장애자복지법」을 전면 개정하여 「장애인복지법」으로 개칭하였다.

1980년대의 장애인 직업재활을 평가해 보면 1981년에 있었던 「심신장애인복지법」의 전면 개정으로 직업재활 대상자의 욕구가 활발하게 제기되었고 이와 연관된 문제가 사회적으로 세간의 관심을 모아 입법 배경이 되었다. 이는 경제적 · 사회적 변화에 따른 새로운 욕구와 문제의 발생에 대응한 입법이기도 하거니와 입법 순서로 보면 사회보험, 공공부조를 뒤이어 사회서비스법의 제정시대를 연 사례로 평가된다. 이러한 사회서비스법과 함께 1988년 「최저임금법」과 「보호관찰법」이 마련됨으로써 직업재활 관련법이 한층 광범위하고 기본적인 내용까지 제정되어 가는 과정이었다.

1990년대의 장애인 직업재활

1990년대의 시대적 배경을 살펴보면 정치적 발전을 어느 정도 이루었으나, 경제적으로는 침체와 붕괴를 겪은 시기였다. 그리고 전반적으로 사회단체가 활성화된 시기로 정리할 수 있다. 경제적 상황을 살펴보면 경제성장의 과실로 인한 풍요로운 사회가 도래함에 따라 가치관의 혼란문제가 사회적 쟁점으로 대두하였다. 한편 국가적인 IMF 사태로 인한 대량의 실직자와 그 가족의 생활문제를 해결하기 위한 재정지출을 획기적으로 시도해야만 하였다. 이 시기에는 개혁정책의 하나로서 의약분업, 의료보험의 통합(「국민건강보험법」) 및 「국민기초생활 보장법」의 제정 등으로 사회복지 부문이 급속하게 확대되었다.

1990년대의 장애인 직업재활 내용은 새로운 사회경제적 변화에 맞추어 직업재활법이 입법 내용을 구성하고 있었다. 1990년 「장애인고용촉진 등에 관한 법률」이 제정되고 수십 차례의 개정이 있었지만, 체계적으로 정리된 자료가 없어 올바르게 이해하는 데 어려움이 많았다. 특히 1990년 1월 13일 국회를 통과한 「장애인고용촉진 등에 관한 법률」은 장애인이 그 능력에 맞는 직업생활을 통하여 인간다운 생활을 할 수 있도록 장애인의 고용촉진을 도모하기 위한 적극적 우대조치(Affirmative Action)

였다. 이 법률의 주요 내용은 「장애인복지법」상 장애인 기준 인정, 정부부문의 2% 장애인 고용 노력의무, 300인 이상 사업자의 2% 장애인 고용의무, 적용제외율 인정, 고용의무 이행 사업자에 대한 고용지원금 지급, 고용의무 미이행 사업자에 대한 고용부담금 부과, 장애인고용촉진공단의 설립 등이었다. 이 법률은 1991년부터 본격적으로 시행되었으며, 제정된 이후 36여 년 동안 40차례의 법률 개정, 48차례의 시행령 개정, 21차례의 시행규칙 개정이 있었다.

참고로 영국의 장애인 직업재활 관련법령으로는 「장애인고용법(Disabled Persons Employment Act, 1944)」이 있다. 이 법은 영국의 장애인 직업재활에 관한 최초의 입법이다. 이 법에서는 20인 이상의 종업원을 고용하는 사업체의 경우 등록장애인을 3% 이상 고용하도록 규정하고, 장애인의 불법해고에 대한 보호조항도 포함하였다. 주요내용은 ① 장애인등록제도, ② 의무고용 및 직종지정, ③ 장애인고용담당관(DRO) 배치, ④ 보호고용제도, ⑤ 직업훈련센터의 설치 등이다.

1993년은 그동안 실업과 고용촉진 등의 문제를 취급하던 기구를 종합화 · 체계화하여 고용보험법을 마련하였다. 1995년 시행한 동법은 근로자들의 소득보장과 함께 실업의 예방, 고용의 촉진, 근로자 직업능력의 개발과 향상에 이바지할 수 있도록 제도적 장치를 마련하였다. 1995년에는 「장애인고용촉진 등에 관한 법률」이 개정되었는데, 그 일부 개정내용은 장애인 고용에 대한 기업 및 일반국민의 이해를 높이고, 장애인 고용실적 · 고용처리가 우수한 기업에 대한 지원을 강화한 것이며 이를 통해 장애인의 고용촉진과 직업안정을 효율적으로 추진하고자 하였다. 또한 사업자 및 국민일반의 장애인 고용에 대한 이해를 높이기 위해 국가 또는 지방자치단체가 교육 · 홍보 및 고용촉진 운동을 전개하도록 하고, 장애인 직업재활시설에 생산설비 · 원료 · 기술 등을 제공하여 제품을 생산 · 판매하는 사업자 또는 동 재활시설에 도급(都給)을 주는 사업자가 장애인고용부담금을 감면할 수 있도록 하였다.

1990년대 장애인 직업재활의 평가를 해 보면 인권신장의 결과 장애인들의 복지에 대한 내용이 입법화한 것을 찾을 수 있다. 장애인 고용촉진 등에 관한 법률은 장애인들의 복지증진을 위한 것이기도 하며, 한편으로는 사회진출을 위한 것으로 해석될 수 있다. 근로의욕을 자극하면서 재정의 효율성을 도모하는 한에서 사회적 약자를 위한 장애인 직업재활대책은 지속적으로 향상되어야 한다.

2000년 이후의 장애인 직업재활

2000년에 접어들면서 국내외적인 정치적 · 경제적 · 사회적 상황이 급변하는 가운데, 장애인 직업재활 분야에서 예상하지 못한 새로운 문제가 제기되었다. 그중에서 가장 중요한 문제는 가정해체와 관련된 문제로서 이혼, 별거, 1인가구의 증가 등이 사회적으로 급속하게 증대하였다. 물론 이 배경에는 국내외적인 환경변화가 있었는데, 예컨대 지구촌화와 탈산업화 등으로 인한 새로운 사회적 위험의 대두와 이것에 대응한 직업재활의 현대화 또는 복지국가의 현대화에 비견되는 문제이다.

2000년 1월 12일 「장애인 고용촉진 등에 관한 법률」이 법률 제166호 「장애인 고용촉진 및 직업재활법」으로 전면 개정되었다. 장애인들에게 직업재활이라는 측면에서 종합적인 서비스를 제공하기 위한 정책으로 개정된 것이었다. 이 법의 주요 개정내용을 살펴보면 법의 명칭 변경, 중증장애인 우대 및 정부부문 고용의무 부과(2000), 의무고용사업자 50인 이상으로 확대 및 중증장애인 부담금 감면제도 도입(2004), 적용제외율 폐지(2006), 자회사형 표준사업장 제도 도입 및 정부부문 의무고용률 3% 상향(2007) 등이다.

2007년에는 「장애인차별금지 및 권리구제 등에 관한 법률」이 제정되었다. 그리고 장애인의 창업과 기업활동을 적극적으로 촉진함으로써 장애인의 경제적 · 사회적 지위를 제고하고 경제력 향상을 도모하여 국민경제 발전에 이바지함을 목적으로 「장애인기업활동촉진법」이 제정되었다.

2008년에는 「중증장애인생산품 우선구매 특별법」을 제정하여 경쟁고용이 어려운 중증장애인들의 경제적 · 사회적 지위 제고 및 직업재활을 돕고, 소극적 수혜의 대상이 아닌 국민경제의 주체로 자립하도록 하여 중증장애인의 경제력 향상을 도모하고, 삶의 질 증진에 이바지하고자 했다. 특히 중증장애인생산품 우선구매지원(법 제6조) 규정에 따르면 보건복지부는 공공기관이 중증장애인생산품을 구매함에 있어서 불합리한 차별적 관행이나 제도를 행할 경우, 이의 시정을 요구하도록 하여 장애인 직업재활의 기초를 다졌다고 볼 수 있다.

2009년에는 「공공기관의 운영에 관한 법률」에 따른 공기업 및 준정부기관의 의무고용을 현재 민간기업 수준인 2%에서 국가 및 지방자치단체의 의무고용률인 3%로 상향 조정함으로써 공공부문이 장애인 고용에 앞장서도록 했다. 취업이 어려운 중증장애인의 고용을 확대하기 위하여 장애인 고용인원을 산정할 때 중증장애인을 고용한 경우 그 2배수의 일반 장애인을 고용한 것으로 인정해 주는 등 현행 제도의 운영상 나타난 일부 미비점을 개선 · 보완한 것이었다.

2010년대 이후의 장애인 직업재활

2010년대 이후의 시대적 배경으로는 국내에 탈산업사회가 도래하면서 지식과 정보의 발전이 빨라졌고, 국제적으로는 세계화가 밀어닥쳤다. 이로 인하여 평생고용이 사라지고 전직이 일상화하고 실업이 증대하는 현상이 나타났다. 치열한 경쟁 속에서 서비스부문은 저생산성을 드러냈으며, 고령화사회가 진행되었으며 가족기능 역시 변화하였다. 이러한 변화 가운데 장애인 직업재활 역시 변화를 맞이하였다. 결과적으로 인구 고령화로 연금과 의료지출이 늘어나고, 핵가족에서 한부모가족이 증대하는 추세 등이 반영된 사회복지 비용지출 증가 속도가 빨라졌다. 이는 여성, 노인, 장애인 등의 노동참여율을 높였다.

이러한 점에서 보면, 현대사회에서 상대적으로 위험에 더욱 노출되는 집단은 사회적 취약계층일 것이다. 본 고찰의 주체인 장애인계층은 현대사회의 위험에 상대적으로 더 많이 노출된 집단으로 간주할 수 있다.

이 시기에 장애인 직업재활의 내용을 살펴보면 2011년에는 근로지원인서비스를 통하여 중증장애인이 직업생활을 안정적 · 지속적으로 할 수 있도록 지원하였고, 장애인고용장려금 부정수급자에 대한 부당이득금 징수금액 범위 확대와 고용장려금 지급제한 규정 강화를 통하여 장애인고용장려금 부정수급 방지를 도모하였다. 그리고 장애인을 1명도 고용하지 않은 장애인 고용의무가 있는 사업자에 대한 장애인 고용부담금의 부담기초액을 최저임금액으로 상향 조정하여 장애인 고용부담금의 부과체계를 합리화할 수 있도록 하였다.

2012년에는 장애인 직업재활시설의 경영안정화를 도모하기 위하여 공공기관의 장애인생산품 우선구매를 의무화하고, 수의계약을 통한 구매계약을 허용하며, 장애인 직업재활시설의 체계적 운영과 관리를 위하여 인증 및 인증취소 제도를 도입하였다. 그 밖에 공공기관 · 지방공사 · 지방공단 · 출자법인 및 출연법인의 장애인 의무고용률을 공기업이나 준정부기관과 동일한 3%로 상향 조정함으로써 장애인 고용을 촉진하도록 하였다.

2016년에는 고용노동부 장관이 관계 중앙행정기관의 장과 협의하여 장애인의 고용촉진 및 직업재활을 위한 기본계획을 세우도록 되어 있는데, 기본계획 수립에 대한 고용노동부 소관 법률 등에서 규정하는 5년을 적용하여 기본계획을 5년에 한 번 수립하도록 하고 기본계획을 수립할 경우, 지난 계획에 대한 평가를 수행하도록 하였다. 2016년 12월 27일 일부 개정하여 장애인에게 일자리를 제공할 수 있는 기회를 확대함으로써 장애인이 직업재활을 통하여 자립 생활할 수 있도록 국가, 지방자치단체 및 공공기관의 장애인 의무고용률을 상향하였다. 그리고 장애인 고용에 대한 국가와 지방자치단체의 사회적 책임을 강화하기 위하여 장애인공무원을 고용한 국가기관과 지방자치단체에 장애인 고용부담금 납부 의무를 부과 면제하는 한편, 공공기관의 중증장애인생산품 구매실적을 공표하도록 하는 등 현행 제도의 운영상에 나타난 일부 미비점을 개선 · 보완하였다.

2017년에는 장애인기능경기대회 및 국제장애인기능올림픽대회의 개최 및 선수단 파견에 관한 사항을 법률에 규정하고, 기능대회에 대한 행정적 · 재정적 지원을 할 수 있는 근거를 마련하여 장애인의 사회 참여 확대를 지원하도록 하였다. 그리고 월 평균 상시근로자를 50인 이상 고용하는 사업자는 소속 근로자 총수의 2.9% 이상[12)]의 장애인을 고용하도록 하여 사업자 고용의무를 강화하였다.

소결

우리나라는 해방과 6.25를 거치고 1960년대의 경제발전계획을 성공적으로 수행함으로써 소위 '압축성장'이란 빠른 경제사회적 성장을 이루어 왔다. 이 과정에서 성장의 뒤안길에 낙오되고 고난에 처한 많은 집단이 직업재활의 대상군으로 발생하였다.

우리나라의 장애인 직업재활은 '선성장후복지'의 국가정책에 따라 사회적 · 경제적 성장과는 어느 정도 시간적 거리를 두면서 전개되어 온 것이 사실이다. 그럼에도 불구하고 지난 30~40년 동안 선진복지국가들이 구축한 각종의 직업재활법제와 정책을 확립하였다. 다만 아직은 그 실질적 내용을 확충하는 것이라든지 복잡한 제도적 장치를 보다 효율적으로 전환하는 문제는 해결 과제로 남아 있다.

2) 장애인 직업재활의 정책적 · 재정적 변동과정

우리나라 장애인 직업재활은 양적 · 질적으로 많은 변화를 겪었으며 여러 가지 법제도적인 정착과 함께 직업재활서비스 제공의 기관이 확대되었다(이창희, 2014). 1981년 「장애인복지법」이 제정된 이래로 직업재활과 고용, 차별금지, 편의증진 등 다방면의 법 제정으로 제도적인 틀을 형성해 왔고, 2000년도 「장애인복지법」 개정

---

12) 2016년 기준 2.7% 이상에서 상승했다.

을 통한 장애범주의 확대로 등록 장애인의 수가 증가하였다. 그 결과 다양한 신규 사업이 개발되어 중앙정부의 예산이 1990년에는 약 1,000억 원, 2010년에는 약 6,745억 원으로 증가하여 외형적인 기반을 마련하였다(윤상용 · 이민경, 2010).

2016년의 경우, 보건복지부 장애인정책국 일반회계 예산은 약 1조 9,003억 원(장애인연금, 장애인활동지원, 장애인거주시설운영 지원 등 3개 사업예산 비중이 78% 차지)으로 2015년에 비해 1.2% 증가하였고, 그중 중증장애인 직업재활 지원예산은 184억7,700만 원으로 전년 대비 0.8% 증가(1억5,500만 원)에 그쳤다(정부예산자료, 2016).

한편 장애인의 욕구와 서비스 환경이 다양해지고 복잡해짐에 따라 외형적인 기반을 확충하는 것뿐만 아니라 장애인의 욕구에 부합하는 합리적인 전달체계 구축 및 서비스 지원에 관한 논의가 활발히 진행되고 있다. 그리고 이에 대한 구체적인 실천으로 공급자 중심에서 수요자 중심으로의 변화가 요구되고 있다.

특히 장애인 직업재활을 통해서 사회로 통합될 때 진정한 의미의 재활이 이루어지기 때문에 장애인이 생산주체로서 국민의 생활을 영위하기 위해서는 직업재활을 받을 권리가 보장되어야 한다(우주형 등, 2001). 이러한 직업재활의 권리는 직업생활을 통하여 자립하는 권리와 직업생활과 관련한 사회복지적 조치에 관한 권리를 포함한다. 전자는 취업을 통해 자립생활이 가능하도록 하는 직업의 보유 · 유지와 함께 근로자로서의 임금보장까지 포함하는 것을 의미한다. 직업생활과 관련한 사회보장적 조치란 직업재활적 조치, 즉 직업재활서비스로 볼 수 있는데 이러한 직업재활조치에는 장애인이 적성과 능력에 따라 적절한 직업에 종사할 수 있도록 하기 위해 행해지는 직업지도, 직업평가, 직업적응훈련, 직업훈련, 취업알선, 고용 및 취업 후 지도 등의 모든 필요한 정책을 의미한다(우주형 등, 2001).

※ 취업 후 지도(사후 지도)

장애인 직업재활에 관심이 있는 사람 중에서 취업이 잘 안 된다고 말하는 사람이나 취업을 했다가 부적응했거나 이직을 한 사람들을 만나서 상담을 해 보면 대부분 사후지도가 부실해서 직장에 적응하지 못했다는 것을 발견할 수 있다. 정서적으로 불안하거나 발달이 지체되는 사람들이 직장에 잘 적응하도록 돕기 위해서는 단발성의 사후 지도보다는 꾸준하고 지속적인 사후 지도만이 직장에 성공적으로 적응하는 열쇠라고 할 수 있다.

(1) 사후 지도의 목적

사후 지도의 목표는 직장생활의 적응에 있어서 불편한 문제를 찾아내고 그것을 원만히 개선하도록 조정함으로써 만족스러운 직장생활을 유지하도록 하는데 있다. 그러므로 직무를 바르게 이해하도록 하고, 새로운 환경에 적절히 적응하도록 도우며, 스스로 자신의 문제를 해결하도록 지도하고, 신체적 · 정서적 · 심리적인 면에서 조화로운 삶을 누리도록 하며, 자신과 주위의 환경을 바탕으로 자신의 생애를 설계하도록 지도해야 한다.

(2) 사후 지도에 포함할 내용

사후 지도 시에 고려할 사항으로는 '① 바르게 직무를 이해하도록 돕는다 ② 다양한 직업환경과 사회환경에 적응하도록 돕는다 ③ 스스로 노력하여 문제해결을 하도록 한다 ④ 조화로운 삶을 누리도록 돕는다 ⑤ 자신과 주위환경의 이해를 바탕으로 한 생애설계를 하도록 지도한다' 등이 있다.

그 밖에 동료관계를 포함한 대인관계 기술의 지도를 비롯하여 가족관계, 이성과 대하는 예절에 관한 에티켓 등도 기회가 있을 때마다 지도하고 조언한다.

(3) 사후 지도의 방법

수집된 취업근로자에 대한 현장의 다양한 적응에 관한 정보를 입수하여 문제의 성격에 따라 적절한 지도방법을 사용해야 한다. 회사 내의 인사나 경영에 관계되는 민감한 문제 등에 지나치게 깊이 개입하는 것은 관계를 악화시킬 수 있으므로 조심스럽게 접근해야 하며, 응급을 요하는 문제는 신속하게 대응하여 사업체나 근로자에게 모두 효과적인 도움이 되어야 한다.

따라서 본 고찰은 중증장애인이 직업재활과 관련한 사회보장적 조치에 관한 권리로서의 직업재활권리를 제대로 누리고 있는가를 평가하며 발전방안을 모색해 보는 것이라 할 수 있다.

중증장애인 직업재활 지원사업의 재원이 2008년부터 일반회계예산으로 전환됨에 따라 사업의 주체가 변화되었다. 즉 중증장애인 직업재활 지원사업은 추진방식이 고용노동부와 한국장애인고용공단에서 복지부와 개발원 체계로 변화하면서 지금까지의 사업에 대한 종합적인 분석과 실효성에 관한 객관적인 입증이 필요하게 되었다. 실시 17년을 맞는 현재 상황은 체계를 다양화함으로써 당초 예상한 바대로 재가장애인을 서비스 창구로 유도하고 중증장애인의 전문적인 직업재활서비스 체계구축과 취업확대라는 목적을 달성하고 있는 것으로 추정된다.

예컨대 동 법률을 개정하기 전인 1999년과 2000년 장애인 취업알선 실적인 18,494명 구직상담, 7,414명 취업이라는 수치에 비해 동 법률 개정 후 직업재활 기금사업이 수행된 이후인 2001년은 24,691명 구직상담에 10,809명 취업, 2002년 47,703명 구직상담에 11,279명 취업, 2003년 55,986명 구직상담에 9,454명 취업으로 점점 증가하였다(한국장애인고용촉진공단, 1999~2003). 이 사업이 중증장애인 지원사업으로 변화된 2008년 이후에는 3만여 명의 구직상담에 6천여 명 취업의 실적이 나타났으며(한국장애인개발원, 2008~2012), 이는 최근 3년간(2013~2015)의 경우에도 유지되고 있음을 알 수 있다(2015 한국장애인개발원 연례보고서, 2016).

제4차 장애인정책종합계획(2013~2017)은 '장애인과 비장애인이 더불어 행복한 사회'라는 비전을 제시하고 있으며, 장애인복지 · 건강서비스 확대, 장애인 생애주기별 교육 강화 및 문화 · 체육 향후 확대, 장애인 경제자립기반 강화, 장애인의 사회참여 및 권익증진 등을 핵심영역으로 강조하고 있다. 이 중 장애인 고용 및 직업재활서비스 확대를 위해서는 장애인 고용확대를 위한 인력 풀 확대, 직업능력개발지원 강화, 사업자 인식개선, 사회복지급여와 고용서비스의 연계지점 확대, 관련부처(보건복지부, 고용노동부, 교육부, 중기청 등) 협력체계 강화, 직업재활시설의 경영컨설팅 지원, 운영비 지원 강화, 설치 · 운영기준의 합리적 개선 등의 변화가 요구되고 있다. 위의 지속적인 변화 안에서 장애인에 대한 관점 등 개념 변화가 지속적으로 요구되어 이루어지고 있다.

2. 한국 장애인 직업재활의 현황

1) 장애 · 장애인 관점의 변화

장애의 개념이나 기준은 시대에 따라 달라지고 있는데, 근래에는 장애를 단순히 신체적이나 지적인 결함 정도에 국한시키기보다는 오히려 이로 인하여 주어진 일을 수행할 수 없는 능력의 저하에 역점을 두고 있다. 나아가 이러한 능력저하로 일상생활이나 사회생활을 하는 데 겪어야 하는 불편 정도 등에 기준을 두고 있다.

장애가 병리적 관점에서 장애를 둘러싼 환경에 대한 관점으로 전환됨에 따라 장애인 문제의 초점 또한 재활을 통한 기능 회복이 주된 목적이 아닌 장애인의 사회참여를 방해하는 환경적 요인들을 변화시키려는 움직임이 시작되었다. 즉 장애인이 환자나 보호의 대상이 아닌 국가와 사회의 동등한 구성원이며, 국민으로서 권리를 행사하기 위한 서비스의 주체적인 존재로서 받아들여지게 되었다.

이처럼 장애에 대한 관점이 희생을 요구하는 존재에서 장애인의 권리를 인정하고 우리 사회의 구성원으로 인식하는 수준으로까지 변화되었다. 이와 같이 장애에 대한 관점은 지난 수세기 동안 많은 변화과정을 거치면서 재활개념과 장애인 재활수준에 중요한 변인 역할을 하였다(나운환 · 이임규, 2014 재인용). 현재 장애개념은 의료학적 시각과 정상인을 기준한 결핍의 개념에서 사회적인 개념의 통합적 장애개념으로 변화하고 있다. 이는 장애가 재활을 통하여 비장애인의 기능과 가깝게 회복되어야 한다는 재활개념에서 벗어나 장애인이 장애를 가지고도 스스로 자립생활을 영위할 수 있는 사회적 모델의 관점으로 전환되고 있음을 설명하고 있다.

우리나라 장애개념의 역사는 1990년대에 자립생활의 이념과 원리를 도입하면서 변화되었다. 이러한 장애개념의 변화는 주로 직업재활을 통해서 자립생활로의 전환으로 설명할 수 있다. 여기서 의미하는 자립생활이란 '장애인의 의사결정과 일상생활에서 타인에 대한 의존을 최소화하며, 장애인 스스로 선택하여 자신의 생활을 관리할 수 있도록 하는 자립의 의미'를 갖고 있다(최윤영 · 이경준, 2010). 이러한 자립생활 개념은 20세기 후반 사회운동의 이념적 배경인 소비자 주권, 탈시설화, 탈의료화, 자조, 자립 등의 이념과 맥을 같이하고 있다.

한편 장애인 직업재활의 주요한 목표는 일상생활의 극대화에서 독립생활, 지역사회에서의 삶의 질 향상 등으로 변화되어 왔다. 이러한 변화는 장애인들의 욕구와 문제를 표방하는 개념이 변화되었기 때문이다. 장애인 직업재활의 변화는 자립생활과 역량강화로 요약된다. 먼저 재활의 개념은 욕구나 사회문제를 장애인 개인의 신체적 손상이나 직업기술의 부족, 심리적 부적응, 동기나 협력의 부족 등에 두고 정책을 의사, 직업재활사, 직업재활상담사, 치료사 등과 같은 전문가의 주도적 개입에 의해 해결하려고 하는 모델이다. 이 모델은 장애인 당사자의 진정한 욕구를 반영하지 못하고 지역사회 통합에 저효율이라는 점을 들어 지양되고 있다(나운환, 2009).

이처럼 장애 관점에 대한 개념 변화는 기존의 개별적 손상이나 기능상의 장애에 초점을 두고 장애인을 시설보호와 치료의 대상으로 보는 의료적인 관점에서 최근 지역사회의 구성원으로서 정상화된 삶을 살 수 있도록 전인적으로 지원하는 사회통합적인 관점으로 점차 변화하고 있다. 한편 2013년 7월부터 시행된 개정민법을 통한 성년후견제도의 도입과 2015년 11월에 시행된 「발달장애인 권리보장 및 지원에 관한 법률」 등 지역사회 내의 장애인의 권익옹호를 위한 새로운 법적 장치가 구축되어 가고 있다.

우리나라 「장애인복지법」상 장애인의 개념은 제2조(용어의 정의 등)에서 규정하고 있다. 첫째, '장애인'이란 신체적 · 정신적 장애로 오랫동안 일상생활이나 사회생활에서 상당한 제약을 받는 자를 말한다. 둘째, 여기서 '신체적 장애'란 주요 외부 신체기능의 장애, 내부기관의 장애 등을 말하고, '정신적 장애'란 발달장애 또는 정신질환으로 발생하는 장애를 말한다. 다만 구체적인 장애의 종류 및 기준은 대통령령으로 정하도록 하고 있다. 「장애인복지법」은 장애인을 "신체적 · 정신적 장애로 오랫동안 일상생활이나 사회생활에서 상당한 제약을 받는 자"로 정의하고 있으며 지체, 뇌병변, 시각, 청각, 언어, 지적, 정신, 자폐성, 신장, 심장, 호흡기, 간, 안면, 장루 · 요루, 뇌전증 장애 등 15가지 유형의 법정 장애를 명시하고 있다.[13] ILO(국제노동기구) 제99호 권고에서는 장애인 직업재활은 "직무지도와 훈련 그리고 취업알선 등과 같은 직업적 서비스를 포함하는 연속적이고 협력적인 재활과정의 일부로서 장애인이 적절한 고용을 확보하고 유지할 수 있도록 원조하는 것"을 의미한다고 규정하고 있다. 이는 심신의 결함을 지닌 장애인들의 신체적 · 정신적 · 사회적 · 직업적 · 경제적 능력을 최대한으로 찾고 길러줌으로써 일할 권리와 의무를 정상인과 똑같이 갖게 하는 것을 의미한다고 볼 수 있겠다.

13) 장애범주는 단계적으로 확대되어 2000년에는 뇌병변장애, 발달장애, 정신장애, 신장장애, 심장장애가 2003년에는 호흡기장애, 간장애, 안면장애, 장루요루장애, 뇌전증장애가 포함되었다. 한편, 2007년에는 기존 발달장애를 자폐성장애로, 정신지체는 지적장애로 2014년에는 기존 간질장애를 뇌전증장애로 명칭을 변경하였다.

장애 · 장애인관점에서 직업재활이란 장애인의 직업적 가용능력을 최대화시켜 직업을 갖게 하고 고용상태를 유지하며 직업을 통하여 정상인과 같은 삶을 영위하게 돕는 과정이라고 정리할 수 있다.

2) 장애인구의 변화

우리나라의 등록장애인 수[14]는 「장애인복지법」에 명시되어 있는 장애유형 및 기준에 부합하여 시 · 군 · 구에 등록된 장애인의 수를 의미한다. 장애인 등록 현황은 장애인복지의 기본방향 설정을 위한 자료로 활용된다. 등록장애인 수는 등록하지 않은 장애인이 있을 수 있으므로 실제 장애인 수와 차이가 있을 수 있다. 전국의 등록장애인 수는 2000년 95만8천 명에 불과하였으나 2005년에는 177만7천 명, 2010년에는 251만2천 명으로 해마다 큰 폭으로 증가해 왔다. 하지만 2011년을 기점으로 다소 변화된 양상을 나타내고 있는데, 2011년 251만9천 명에서 2013년 250만1천 명, 2015년 249만 명으로 소폭의 감소추세를 보였다.

〈표 2〉 장애유형별 등록장애인 수(2000~2015년)

단위: 천 명

분류	2000	2002	2003	2005	2007	2008	2009	2010	2011	2012	2013	2014	2015
계	958	1,294	1,454	1,777	2,105	2,247	2,430	2,512	2,519	2,511	2,501	2,494	2,490
지체장애	606	755	814	959	1,114	1,191	1,293	1,334	1,333	1,322	1,309	1,296	1,281
시각장애	91	136	153	168	217	228	241	249	251	252	253	253	253
청각, 언어장애	87	124	139	188	218	239	262	277	279	276	273	271	269
지적장애	87	104	112	174	143	147	155	161	167	173	179	184	190
뇌병변장애	33	92	116	127	215	232	252	262	261	258	253	252	251
자폐성장애	2	4	6	9	12	13	14	15	16	17	18	20	21
정신장애	24	39	47	63	82	87	95	96	95	95	96	97	99

14) 측정 산식: 우리나라 법정 장애 및 범주에 해당되어 등록한 장애인의 수.

신장장애	23	32	35	42	48	50	54	57	60	63	67	70	74
심상상애	5	9	10	13	14	15	15	13	10	8	7	6	6
호흡기장애	-	-	7	12	14	15	16	16	15	14	13	12	12
간장애	-	-	3	5	6	7	8	8	8	9	9	10	10
안면장애	-	-	1	1	2	2	3	3	3	3	3	3	3
장루, 요루장애	-	-	7	10	11	12	12	13	13	13	14	14	14
뇌전증장애	-	-	3	7	9	9	10	10	9	8	7	7	7

〈표 2〉와 같이 2015년 인구 대비 등록장애인 비율을 살펴보면 2015년 장애유형별 등록장애인 수는 지체장애인이 128만1천 명으로 가장 많고, 청각 및 언어장애인이 26만9천 명, 시각장애인 25만3천 명, 뇌병변장애인 25만1천 명, 지적장애인이 19만 명 순이었다. 전체 인구 대비 등록장애인의 비율은 〈표 3〉과 같이 2015년 기준 4.83%이며(남성 5.62%, 여성 4.05%), 지역별로 살펴보면 전라도가 가장 높고(전남 7.43%, 전북 6.94%), 서울이 3.92%로 가장 낮은 것으로 나타났다.

〈표 3〉 2015년 인구 대비 등록장애인 비율

단위: %

전체	남성	여성
4.83	5.62	4.05

한편 「장애인 고용촉진 및 직업재활법」에 의거하여 장애등급이 1급, 2급 및 일부 장애범주에서는 3급에 해당하는 장애인을 중증장애인이라 정의하기도 하는데, 장애인인구 중 중증장애인의 비율은 2005년 37.7%에서 점차적으로 감소하여 2015년에는 32.7%로 나타난다(보건복지부, 2016). 이는 1997년 UN의 WHO(세계보건기구)에서 새로운 장애 분류표(ICIDH-2)를 제시하면서, 1980년의 세 가지 장애개념인 '손상, 능력장애, 사회적 불리'가 내재하고 있는 장애에 대한 부정적 의미, 즉 장애가 개인적인 손상에서 출발하여 고정된 개념의 능력장애나 사회적 불리로 고착된다

는 잘못된 의미를 "손상(impairment), 활동(activity), 참여(participation)"의 기능 중심으로 재분류하였다. 이 분류는 개인의 질환과 보건상태와 상황적 요인이 복합적으로 상호작용되어 나타나는 결과라고 설명하였으며, 우리나라의 「장애인복지법」도 1999년, 2000년 개정하여 장애범주를 확대하게 되었다. 이와 함께 「장애인 차별금지 및 권리구제 등에 관한 법률」은 장애와 장애인에 대한 정의를 구별하여 신체적 · 정신적 손상 또는 기능상실이 장기간에 걸쳐 개인의 일상 또는 사회생활에 상당한 제약을 초래한 상태로 규정하면서, 법정 장애유형에 한정하지 않음으로써 이 법의 적용대상인 장애를 실질적으로 파악하여 확대하고 있다. 또 최근에 제정되어 시행되고 있는 「발달장애인 권리보장 및 지원에 관한 법률」(2015년 11월 21일 시행) 제2조에서도 발달장애인의 범주를 지적장애인과 자폐성장애인 외에도 "그 밖에 통상적인 발달이 나타나지 아니하거나 크게 지연되어 일상생활이나 사회생활에 상당한 제약을 받는 사람"으로서 시행령에서 추가할 수 있도록 그 여지를 넓히고 있다. 따라서 장애개념과 범주는 계속 확대되어 가고 있는 추세라 할 것이다.

우리나라 등록장애인 수는 〈표 2〉에서 알 수 있듯이 장애인에 대한 서비스 확대, 장애등록제도에 대한 인식 개선으로 2000년부터 2010년까지 꾸준히 상승추세를 보였으며 2011년 이후 최근까지는 비교적 비슷한 수준을 유지하고 있다.

구체적으로 보면 2011년 등록장애인이 251만9천 명으로 가장 많았고, 2013년 250만1천 명, 2015년 249만 명으로 소폭의 감소추세를 보이고 있다. 한편 장애인구 중 중증장애인의 비율은 2005년 37.7%, 2010년 33.7%, 2015년 32.7%로 지속적인 감소추세를 보이고 있다.

〈표 4〉 연령별 · 장애등급별 등록장애인 수[15]

단위: 천 명

	1급	2급	3급	4급	5급	6급	계
0~9세	6,611	7,688	6,311	1,470	1,069	899	24,048
10~19세	20,569	17,771	19,161	2,144	2,666	3,287	65,598
20~29세	22,001	24,031	22,485	3,871	6,039	11,808	90,235
30~39세	19,845	27,237	31,925	11,563	20,108	45,704	156,382
40~49세	25,477	45,433	64,018	32,509	51,865	91,084	310,386
50~59세	32,241	67,510	95,275	66,297	107,325	154,368	523,016
60~69세	28,819	61,135	83,803	80,752	127,927	155,218	537,654
70~79세	27,411	57,318	73,902	109,066	138,080	125,925	531,702
80~89세	13,111	24,137	31,995	56,901	60,167	40,717	227,028
90~99세	1,789	2,557	3,631	5,580	6,610	3,653	23,820
100세 이상	48	56	80	150	133	70	537
합계	197,922	334,873	432,586	370,303	521,989	632,733	2,490,406

「장애인복지법」과 「장애인고용촉진 및 직업재활법」 등의 개정을 통해 직업재활이 법적으로 보장되어야 하며, 이를 위해 국가와 지자체들의 협력이 필요하다는 것을 강조하고 있다. 이러한 노력을 통해 1990년 약 1,000억 원이었던 장애인 관련예산이 2016년에는 약 19,090억 원으로 약 20배 정도 증가하는 것은 물론 장애인 의무고용률(2008년 1.73%, 2015년 2.62%)과 장애인 고용률(2014년 37%, 2015년 34.8%)도 점차 변화하고 있다.

장애인 중에서도 심각한 장애를 경험하고 있는 중증장애인들은 경증장애인들에 비해 훈련에 필요한 비용과 시간이 2배 이상 필요하며, 이들에게 적합한 직업을 탐색하고 고용유지를 도와주는 데 더 많은 인력과 시간을 필요로 한다(UN, 2006; West, Wehman & Revell 2001). 특히 중증장애인 고용률은 비장애인, 경증장애인에

15) 중증장애인은 장애인 중 1~2급에 해당하는 장애인이며, 뇌병변 · 시각 · 지적 · 자폐성 · 정신 · 심장 · 호흡기 · 뇌전증장애 및 팔에 장애가 있는 지체장애인의 경우 3급 장애인도 인정한다. 단, 호흡기 · 뇌전증장애 3급은 2010년부터 중증으로 인정된다(보건복지부, 장애인등록현황, 2015 참고).

비해 낮게 보고된다. 미국에서 실시된 수입과 프로그램 참여 조사(SIPP, Survey Income Program Participation, 2010)에 따르면 21세부터 64세까지 비장애인 고용률은 79.1%, 장애인 고용률은 41.1%로 나타나 비장애인 고용률이 2배 정도 높게 나타났다. 고용되어 있는 장애인 중 경증장애인 고용률은 71.2%, 중증장애인의 고용률은 27.5%로 나타났다(http://www.bls.gov/news). 장애인 가구수입(중위수)은 비장애인 가구와 비교하여 59.8% 수준이며, 비장애인 대비 경증장애인 가구수입은 82.9%, 중증장애인 가구 수입은 49.8% 수준으로 나타나 중증장애인은 여전히 사회적 취약계층으로 구분되고 있다(https://www.census.gov).

3) 장애의 출현율

우리나라 장애의 출현율[16)]은 「장애인복지법」 제31조 및 「장애인복지법시행령」 제18조 내지 제19조 규정에 근거한 장애인실태조사에 의해 추정된다.

2014년도 장애인실태조사에서 〈표 5〉 연도별 장애의 출현율에 의하면 우리나라의 장애의 출현율은 5.59%(272만7천여 명)로 인구 1만 명당 559명이 장애인인 것으로 추정된다. 이는 2005년도 장애의 출현율 4.6%에 비해 1%p 증가한 것으로 후천적 장애 및 인구고령화에 의한 장애발생의 증가에 기인한 것으로 해석할 수 있다. 추정장애인 중 법정 장애인으로 등록한 장애인 수는 250만 명으로 91.7%의 등록률을 나타내고 있다. 이는 2005년도 장애인 등록률 77.7%에 비해 16.1%p 증가한 것이지만, 2011년에 비해서는 2.1%p 감소한 것이다.

16) 장애의 출현율(Prevalence of Disability)은 우리나라의 법정 장애 및 범주에 해당되는 장애인의 수가 전체 인구에서 차지하는 비율을 뜻한다. 그 측정 산식은 우리나라 법정 장애범주에 해당되는 추정장애인 수를 전체 인구로 나눈 후에 100을 곱한다.

〈표 5〉 연도별 장애의 출현율

단위: 명, %

항목	2000	2005	2011	2014
등록장애인 수	907,571	1,669,329	2,517,312	2,501,112
추정장애인 수	1,449,496	2,148,686	2,683,477	2,726,910
장애인 등록률	62.6	77.7	93.8	91.7
장애의 출현율	3.09	4.59	5.61	5.59

4) 장애인 직업재활시설의 변화

「장애인복지법」상 장애인복지시설은 장애인거주시설, 지역사회재활시설, 직업재활시설, 의료재활시설 및 기타 대통령령으로 정하는 시설(장애인 생산품판매시설)을 말한다.[17] 2015년 전국의 장애인 거주시설은 1,484개소, 장애인 지역사회 재활시설은 1,248개소, 장애인 직업재활시설은 560개소, 장애인 생산품 판매시설은 17개소, 장애인 의료재활시설은 17개소로 이를 합한 장애인복지시설은 총 3,326개소이다.

장애인복지시설(거주시설, 직업재활시설, 지역사회 재활시설로 한정)의 분포를 지역별로 살펴보면, 서울(612)과 경기(609)에 가장 많은 시설이 위치하고 있으며 이는 전체 시설의 약 36.7%에 해당한다. 또한 다른 지역에 비하여 경남(242)과 경북(228)에 상대적으로 많은 장애인복지시설이 분포되어 있다.

〈표 6〉 장애인복지시설 수(2004~2015년)

단위: 개소

연도	2004	2005	2006	2007	2008	2009	2010	2011	2012	2013	2014	2015
거주시설	237	265	288	314	347	397	452	490	1,348	1,397	1,457	1,484
지역사회 재활시설	536	1,049	1,125	1,286	1,419	1,563	1,701	1,820	1,140	1,184	1,213	1,248
직업재활시설	238	244	319	339	364	386	417	456	478	511	539	560
장애인 생산품 판매시설	-	-	-	-	-	-	-	16	16	16	17	17
장애인 의료재활시설	-	-	-	-	-	-	-	17	17	18	18	18
소계	1,011	1,558	1,732	1,939	2,130	2,346	2,570	2,799	2,999	3,126	3,244	3,327

(자료: 보건복지부, 장애인복지시설 일람표와 각 연도)

17) 본 지표는 장애인을 위한 정부의 지원 정도를 파악하는 기초자료로 활용할 수 있다.

「장애인복지법」 제58조에서 장애인 직업재활시설은 일반 작업환경에서는 일하기 어려운 장애인이 특별히 준비된 작업환경에서 직업훈련을 받거나 직업생활을 할 수 있도록 하는 시설을 말하며, 장애인 의료재활시설은 장애인을 입원 또는 통원하게 하여 상담, 진단 · 판정, 치료 등 의료재활서비스를 제공하는 시설을 규정하고 있다.

장애인 직업재활시설 중 장애인 보호작업장(이하 보호작업장)은 직업능력이 낮은 장애인에게 직업적응능력 및 직무기능 향상훈련 등 직업재활훈련 프로그램을 제공하고, 보호가 가능한 조건에서 근로의 기회를 제공한다. 또한 이에 상응하는 노동의 대가로 임금을 지급하며, 장애인 근로사업장이나 그 밖의 경쟁적인 고용시장으로 옮겨 갈 수 있도록 돕는 역할을 하는 시설이다. 장애인 근로사업장(이하 근로사업장)은 직업능력은 있으나 이동 및 접근성이나 사회적 제약 등으로 취업이 어려운 장애인에게 근로의 기회를 제공하고, 최저임금 이상의 임금을 지급하며, 경쟁적인 고용시장으로 옮겨 갈 수 있도록 돕는 역할을 한다.

〈표 7〉 장애인 직업재활시설 수 및 근로 인원(2004~2015년)

단위: 개소, 명

구분		2004	2005	2006	2007	2008	2009	2010	2011	2012	2013	2014	2015
보호 작업장	시설 수	217	220	177	189	212	250	373	403	422	447	477	496
	근로 인원	6,308	6,432	4,835	5,238	5,559	6,574	10,009	10,680	11,374	12,086	12,930	13,616
근로 사업장	시설 수	21	24	24	29	31	33	44	53	56	64	64	64
	근로 인원	1,178	1,252	1,246	1,344	1,422	1,516	1,761	2,190	2,384	2,653	2,721	2,798
총계	시설 수	238	244	319	339	364	386	417	456	478	511	541	560
	근로 인원	7,486	7,684	9,481	10,059	10,422	11,048	11,770	12,870	13,758	14,739	15,651	16,414

직업재활시설은 지속적인 신 · 증축을 통한 시설확충과 함께 매년 꾸준하게 증가하고 있다. 2004년 238개소의 직업재활시설은 2015년 약 2배에 이르는 560개소로 증가하였으며, 시설을 통한 근로참여 장애인의 수도 2004년 7,486명에서 2015년 16,414명으로 크게 늘어났다. 구체적으로 살펴보면 2015년 현재 496개소의 보호작

업장에서 13,616명의 장애인이 근로활동에 참여하고 있으며, 근로사업장의 경우 64개소에서 2,798명의 장애인이 근로하고 있다.

한편 지역별로 살펴보면 서울에 120개소, 경기도에 93개소 순으로 많은 시설이 설치되어 있다. 즉 2015년 현재 장애인 직업재활시설은 560개소, 장애인 생산품 판매시설은 17개소로 장애인 직업재활시설의 분포를 지역별로 살펴보면, 서울과 경기에 가장 많은 시설이 위치하고 있으며 이는 전체 시설의 약 36.7%에 해당한다.

5) 장애인 의무고용 현황

우리나라의 장애인 고용정책은 의무고용제로 대표된다. 국가 · 자치단체와 상시 50명 이상 근로자를 고용한 사업체의 사업자는 일정비율 이상 장애인을 고용할 의무를 가진다. 우리나라의 장애인 법정 의무고용률은 부문별로 차이가 있는데, 현재 국가 및 자치단체의 공무원은 3%, 공공기관은 3%(기타 공공기관은 2014년부터 3% 적용), 민간기업(근로자 상시 50인 이상 기업기준)은 2.9%가 적용되고 있다.

1990년, 「장애인고용촉진 등에 관한 법률」이 제정 · 시행된 이래 지난 24년간 장애인 고용률은 1991년 0.43%에서 2015년 2.51%로 5배 이상 크게 증가하였다. 이와 더불어 장애인 의무고용 기업체도 2004년 16,950개에서 2015년 27,045개로 꾸준히 늘어났다. 이렇듯 장애인 근로자와 의무고용 기업체 수가 매년 증가함에 따라 장애인 고용과 관련된 수요와 욕구도 성장 · 다변화하고 있다. 이러한 변화에 발맞추어 기업체의 고용여건과 요구를 정확히 파악하고 시의적절한 지원책을 마련하는 것은 장애인의 고용증대에 매우 중요할 것이다.

2015년 장애인 의무고용을 적용받는 국가 · 지방자치단체 및 사업체는 총 28,218개소이며, 여기에 고용되어 있는 공무원 및 상시근로자는 7,713천 명, 고용된 장애인 근로자는 165천 명으로 고용률은 2.62%이다. 장애인 고용률은 2009년 1.87%, 2011년 2.28%, 2013년 2.48%, 2015년 2.62%로 매년 꾸준히 증가하고 있다.

국가 및 지방자치단체의 공무원 중 장애인 비율은 2.8%로 의무고용률보다 낮으며, 근로자의 경우에는 4.05%로 의무고용률 기준보다 높다. 공공기관의 경우에는 2.93%의 장애인 고용률을 보이고 있으며, 민간기업은 2.51%의 장애인 고용률을 보인다. 민간기업은 기업의 규모에 따라 장애인 고용률이 차이가 있다. 300인 이상 기업의 고용률은 1.9%, 100~299인 기업은 3%, 100인 미만의 경우는 2.51%였다.

3. 한국 장애인 직업재활시설의 운영현황 분석

1) 장애인 직업재활시설의 법적 근거

직업재활시설은 1981년 「심신장애자복지법」 제정과 1986년 '자립작업장 설치 운영계획'에 따라 법적인 근거를 가지고 본격적으로 운영되기 시작하였다. 이후 1999년 「장애인복지법」이 전면 개정됨에 따라 장애인생산품 판매시설 등을 포함하는 5개 유형으로 직업재활시설이 운영되었다. 또한 2006년 「장애인복지법」의 개정으로 두 번의 유형개편을 단행하였으며 이러한 과정을 통해 2018년 현재의 직업재활시설은 「장애인복지법」 제58조 및 동법 시행규칙 제41조 [별표 4]의 규정에 따라 근로사업장과 보호작업장, 직업적응훈련시설로 구분하며 다음과 같은 기능을 수행한다.

〈표 8〉 직업재활시설 유형 및 기능(「장애인복지법」 시행규칙 제41조)

구분	요인
보호작업장	직업능력이 낮은 장애인에게 직업적응능력 및 직무기능 향상훈련 등 직업재활훈련 프로그램을 제공하고, 보호가 가능한 조건에서 근로의 기회를 제공하며, 이에 상응하는 노동의 대가로 임금을 지급하며, 장애인 근로사업장이나 그 밖의 경쟁적인 고용시장으로 옮겨 갈 수 있도록 돕는 역할을 하는 시설
근로작업장	직업능력은 있으나 이동 및 접근성이나 사회적 제약 등으로 취업이 어려운 장애인에게 근로의 기회를 제공하고, 최저임금 이상의 임금을 지급하며, 경쟁적인 고용시장으로 옮겨 갈 수 있도록 돕는 역할을 하는 시설

직업적응 훈련시설	작업능력이 극히 낮은 장애인에게 작업활동, 일상생활훈련 등을 제공하여 기초작업능력을 습득시키고, 작업평가 및 사회적응훈련 등을 실시하여 장애인 보호작업장 또는 장애인 근로사업장이나 그 밖의 경쟁적인 고용시장으로 옮겨 갈 수 있도록 돕는 역할을 하는 시설('15. 12. 31자 시행규칙 개정으로 유형 신설)

※ 기존 장애인 보호작업장 및 장애인 근로사업장은 직업재활시설 유형 신설의 취지를 고려하여 장애인 직업적응훈련시설로 변경할 수 없다

직업재활시설의 유형개편은 역할과 기능을 재정비하여, 중증장애인의 고용대안으로 보호고용의 기능을 강화하고, 직업재활시설이 기본적으로 갖추어야 할 훈련 등 체계적인 직업재활서비스의 제공을 유지하면서 전이의 기능을 새롭게 가져가기 위함이었다(보건복지부 · 한국장애인개발원, 2014).

또한 「장애인복지법」과 「사회복지사업법」, 「사회복지법인 및 사회복지시설 재무 · 회계 규칙」에서는 시설의 설치신고 및 운영개시, 감독, 시설의 재무회계 관리 등에 대해서도 규정하고 있어, 직업재활시설을 운영하는 법인 또는 개인은 이러한 법적 기준에 부합해야 한다. 직업재활시설 운영과 관련되는 법은 「장애인복지법」, 「사회복지사업법」, 「사회복지법인 및 사회복지시설 재무 · 회계 규칙」 등이 있다. 직업재활시설의 기본 운영(시설 운영요건, 최소 인원 수, 직원배치 기준 등)에 대한 방침은 「장애인복지법」에서 다루고 있으며, 시설의 재무 · 회계와 관련된 내용과 「장애인복지법」에서 다루지 않는 기타 운영에 대한 내용은 「사회복지사업법」 등에서 규정하는 바를 따르고 있다. 즉 장애인 직업재활시설 운영사업은 「장애인복지법령」, 「사회복지사업법령」 및 「보조금관리에 관한 법령」에 의하되, 세부사항은 이 지침에 따라 수행한다. 다만, 지침에 정하지 않은 사항은 사회복지사업에 관한 다른 지침을 준용할 수 있다.

장애인 직업재활시설 운영사업은 「장애인복지법령」, 「사회복지사업법령」 및 「보조금관리에 관한 법령」에 의하되, 세부사항은 이 지침에 따라 수행한다. 다만, 지침에 정하지 않은 사항은 사회복지사업에 관한 다른 지침을 준용할 수 있다.

〈표 9〉 직업재활시설 운영 관련 법령

구분	요인
시설의 종류 및 기능	「장애인복지법」 제58조 제1항 및 같은 법 시행규칙 제41조 [별표 4]
시설의 설치신고 및 운영개시, 감독	「장애인복지법」 제59조와 제60조
시설의 설치신고 등 세부사항	「장애인복지법 시행규칙」 제42조 [별표 5]와 제43조
시설의 재무회계 관리	「사회복지법인 및 사회복지시설 재무 · 회계규칙」 중 시설회계
기타의 일반 사항	「사회복지사업법령」 등 관계규정

2) 장애인 직업재활시설 유형별 운영기준

직업재활시설은 「장애인복지법」 제59조에 의해서 국가와 지방자치단체가 직접 운영하거나 국가 또는 지방자치단체 외의 자가 운영할 수 있도록 규정하고 있다. 국가 또는 지방자치단체 외의 자가 직업재활시설을 설치 · 운영하고자 할 때에는 「장애인복지법」 시행규칙 제42조 [별표 5]에서 정한 시설과 장비를 갖추고 필요한 서류를 첨부하여 관할 시장 · 군수 · 구청장에게 '장애인복지시설 신고서'를 제출해야 하며, 관할 시장 · 군수 · 구청장은 해당 시설과 설비를 적정하게 갖추고 있는지 확인한 후, '장애인복지시설 신고증'을 교부한다.

직업재활시설 유형별 운영기준을 살펴보면, 먼저 최소 인원수에 대해서는 근로사업장은 근로장애인 30명 이상, 보호작업장은 근로장애인 10명 이상이 되도록 규정하고 있다. 근로사업장의 경우 30명 중에서 장애등급 3급 이상의 장애인은 60% 이상이어야 하며, 재가장애인은 50% 이상이어야 한다. 보호작업장의 경우, 10명 중에서 장애등급 3급 이상의 장애인은 80% 이상이어야 하며, 재가장애인은 50% 이상이어야 하며, 직업재활시설에서 작업공정상 장애인이 아닌 자를 고용하게 될 경우, 전체 작업 인원수의 30% 미만이어야 한다고 규정하고 있다. 한편 직업재활시설의 근로장애인에게 최저임금 이상을 지급하도록 노력해야 한다고 규정하고 있다.

〈표 10〉 직업재활시설 유형별 근로장애인 구성 및 급여 기준

유형	최소 인원수	근로장애인 비율	급여지급 기준	공통
근로사업장	30인 이상	– 근로자를 제외한 총인원 중 장애인 70% 이상 – 근로장애인 중 장애등급 3급 이상 60% 이상 – 재가장애인 50% 이상 – 특수학교 학생 등 제외	– 근로장애인의 2/3 이상에게 최저임금 이상을 지급하도록 노력 – 근로장애인 1인당 월평균 임금은 최저임금의 80% 이상을 유지하도록 노력해야 함	– 근로장애인의 급여지급은 직무수행능력에 따라 차등지급할 수 있으나 반드시 장애인근로자 개인별 통장으로 지급되어야 하고 해당 장애인의 동의 없이 타인이 임의로 인출할 수 없음 – 근로장애인(근로계약을 체결한 장애인)에게 최저임금 미만의 임금을 지급할 경우 최저임금적용 제외 신청을 해야 함(「최저임금법」 제7조)
보호작업장	10인 이상	– 근로자를 제외한 작업 총인원 중 장애인 70% 이상 – 근로장애인 중 장애등급 3급 이상 80% 이상 – 작업공정상 장애인이 아닌 자를 고용 시 전체 작업인원수의 30% 미만 – 재가장애인 50% 이상 – 특수학교 학생 등 제외	– 모든 근로장애인에게 임금 지급 – 근로장애인 1인당 월평균 임금은 최저임금의 80% 이상을 유지하도록 노력해야 함	

(자료: 보건복지부(2014), 2014 장애인복지사업안내(2014))

또한 〈표 10〉에서 언급되어 있는 근로장애인은 직업재활시설의 근로자로 노동의 대가로 법에서 제시하는 임금을 받는 장애인을 의미하지만, 직업재활시설의 작업활동 프로그램을 운영하는 곳에서는 훈련장애인을 별도로 규정하고 있기도 하다. 따라서 직업재활시설에 근로하는 장애인은 근로장애인과 훈련장애인으로 나누어지나 법적으로 명확한 근거가 부재해 직업재활시설에서는 근로장애인만 존재하거나 훈련장애인만 존재하는 등의 문제가 발생(보건복지부 · 한국장애인개발원, 2014)하고 있으며, 이에 대한 이해와 인식이 부족한 각 지방자치단체에도 혼란을 주고 있다.

직업재활시설의 근로자 배치기준은 근로사업장의 경우 시설장과 사무국장, 직업훈련교사, 시설관리기사를 각각 1명씩 배치하고 생산 및 판매관리기사는 장애인 10

명당 1명 그리고 영양사, 사무원, 조리원을 추가로 배치하도록 하고 있다.

한편 보호작업장의 경우 시설장 1명, 장애인 12명당 1명의 직업훈련교사를 배치하도록 하고 있으며 영양사, 사무원, 조리원에 대해서는 장애인 30명 이상인 경우에 배치할 수 있도록 규정하고 있다. 따라서 보호작업장의 장애인이 30명 미만인 경우에는 시설장과 직업훈련교사 2명 정도만이 배치되어 인력부족으로 어려움을 겪고 있는 실정이다. 이러한 직원 수에 대한 문제는 직업재활시설이 운영된 이후 지속적으로 제기되고 있는 문제점이나 예산이 수반되는 문제인 만큼 쉽게 해결되지 못하고 있다. 특히 직업재활시설 유형개편으로 인해 근로자 수의 문제는 더 심각해졌는데, 이러한 이유는 유형개편이 되면 근로장애인이 30명일 경우 최대 11명의 근로자를 배치할 수 있도록 근거를 마련하였음에도 불구하고 계획대로 지원되지 못하였기 때문이다(보건복지부, 한국장애인개발원, 2014).

3) 장애인 직업재활시설의 운영현황

각 지방자치단체에서는 매년 2회씩 보건복지부에 지역별 직업재활시설 운영실적을 제출하고 있다. 동 자료에 따르면 2014년 12월 기준으로 전국에 541개의 직업재활시설이 설치 · 운영되고 있으며, 직업재활시설 유형별로는 보호작업장 477개소(88.2%), 근로사업장 64개소(11.8%)가 있다. 직업재활시설에 근로하는 장애인의 수는 15,651명이며, 직업재활시설 수와 근로장애인의 수는 매년 증가하고 있는 추세이다. 직업재활시설 근로장애인의 장애유형은 지적장애인이 11,353명(72.5%)으로 가장 많으며, 지체장애인 1,386명(8.9%), 정신장애인 843명(5.4%), 자폐성장애인 737명(4.7%) 등으로 발달장애인이 전체 장애인의 77%를 차지하고 있다.

〈표 11〉 최근 3년간 직업재활시설 및 근로장애인 수

(단위: 개소, 명, %)

구분		2012년			2013년			2014년		
		보호 작업장	근로 사업장	합계	보호 작업장	근로 사업장	합계	보호 작업장	근로 사업장	합계
시설 수	빈도	421	56	477	446	64	510	477	64	541
	비율	88.3	11.7	100.0	87.5	12.5	100.0	88.2	11.8	100.0
장애인 수	빈도	11,371	2,384	13,755	12,076	2,653	14,729	12,930	2,721	12,651
	비율	82.7	17.3	100.0	82.0	18.0	100.0	82.6	17.4	100.0

(자료: 보건복지부 내부자료(2012~2014년), 각 연도 직업재활시설 운영실적 현황)

지역별로는 서울 및 경기지역에 37.8%의 시설이 분포되어 있으며, 경남 8.4%, 강원 6.9%, 대구와 경북이 각각 6.5%, 인천 5.3%, 부산 4.9% 순으로 분포되어 있다. 또한 직업재활시설을 운영하는 데 필요한 재원을 지방자치단체로부터 지원받고 있는 곳은 478개소(93.7%)로 32개소(6.3%)의 직업재활시설에서는 예산부족을 이유로 운영에 필요한 재원을 전혀 받고 있지 못한 채 운영되고 있다.

직업재활시설 수의 증가에 따라 근로장애인의 수도 증가하고 있으나 2013년 5월 기준 만 15세 이상 경제활동 장애인(약 97만 명)의 약 1.5%에 불과하며, 매년 특수학교 및 특수학급을 졸업하는 장애인들이 6~7천 명이라고 할 때, 직업재활시설에 근로하고 싶어도 근로하지 못하는 장애인의 수가 매우 많다(보건복지부 · 한국장애인개발원, 2014)고 할 수 있다. 따라서 신체적 · 정신적 장애 또는 사회적 제약으로 경쟁고용이 어려운 장애인들을 위해 직업재활시설이 지속적으로 확대되어야 한다고 볼 수 있다.

4. 한국 장애인 직업재활의 운영상 과제

장애인 직업재활시설은 1986년 자립사업장 설치계획의 시작으로 제도적으로 설립하여 운영되다가 2000년「장애인복지법」개정 시 근로작업시설, 보호작업시설, 작업활동시설, 직업훈련시설, 생산품판매시설 5개 유형으로 세분화되어 운영되었다. 장애인 직업재활시설의 수는 1986년 22개에서 2005년 244개, 2013년 510개소로 확장되었다. 그러나 직업재활시설의 수적인 증가에도 불구하고 직업재활시설 유형간 기능의 모호함이나 운영상의 문제, 인력의 전문성, 고용기회 제공의 미흡, 시설환경의 열악성 등이 제기되었다(나운환 · 이혜경, 2005).

특히 2007년 직업재활시설 유형개편 당시 직업재활시설의 문제점으로 제기되었던 것은 첫째 직업재활시설의 유형구분 기준과 운영의 미흡, 둘째 직업재활시설설치 및 운영기준의 미미와 신고체계의 문제, 셋째 직업재활시설 수의 부족과 시설유형에 따른 역할 미흡, 넷째 직업재활시설 사이에 전이 혹은 연계 미흡, 다섯째 중증장애인을 위한 보호고용의 역할로서 기회제공 미흡, 여섯째 중증장애인의 고용창출과 소득증대를 위한 시설 부족 등이었다(보건복지부 · 한국장애인개발원, 2014).

위에서 나타난 직업재활시설 운영상의 과제를 정리해 보면, 직업재활시설이 30년 이상 운영되는 동안 유형구분의 과제에서부터 인증 및 평가, 생산품의 판로 및 마케팅, 시설 운영에 대한 문제 등 다양하고 지속적으로 제기되고 있음을 알 수 있다. 유사한 과제가 지속적으로 제기되고 있다는 것은 근본적인 해결방안이 없었거나 과제를 해결하기 위한 국가 및 지방자치단체의 노력 부족, 직업재활시설의 자구적 노력 부족 등의 원인이 있었다고 볼 수 있다.

따라서 본 고찰에서는 우리나라의 장애인 직업재활시설의 현황실태 분석을 통해 운영상의 주요 과제를 확인하고, 그 과제를 해결하기 위한 대안을 모색함으로써 장애인 직업재활 운영상의 과제를 살펴보고 주요 정책과제를 제시해 보고자 한다.

1) 장애인 직업재활의 목표적 측면

장애인 직업재활이란 심신의 결함을 지닌 장애인들의 신체적 · 정신적 · 사회적 · 직업적 · 경제적 능력을 최대한으로 찾고 길러줌으로써 일할 권리와 의무를 비장애인과 똑같이 갖게 하는 것으로 장애인 재활사업 중 가장 중요하고 핵심이 되는 것이다. 따라서 직업재활 목표는 모든 장애인의 일할 권리와 의무를 갖게 하는 방향에서 제시되어야 하며 이 목표에 따라서 정책수단이 결정되고 평가의 기준이 되어야 할 것이다. 우리나라 장애인 직업재활의 기본이라고 할 수 있는 법률은 「장애인복지법」과 「장애인고용촉진 및 직업재활법」이다.

「장애인복지법」의 직업재활에 관한 목표는 다분히 명분적인 성격을 띤 극히 형식적인 수준에 지나지 않는다. 즉 고용의 증진에 기여함을 목적으로 한다고 목표를 설정하고 있으나 구체적이고 실체적 권리인 근로권에 대한 구체적 권리로서의 보장규정이 명시되어 있지 않기 때문에 현실에서는 단지 선언적 · 형식적 규정에 불과하다고 볼 수 있다.

「장애인고용촉진 및 직업재활법」의 경우는 근로권에 대한 구체적 권리가 명시되어 있으나 동법 역시 법 원리의 허구성을 가지고 있다. 동 법률은 현대사회의 다른 사회복지법과 마찬가지로 법의 목적[18]이나 제2조(정의)에서 장애인 모두를 근로권의 주체로 인정하는 이른바 보편주의(universalism)를 규정하고 있다. 따라서 동법의 목적을 달성하기 위하여 실제적인 장애인 수요에 따라 먼저 노동시장에서 국가의 보편적 서비스를 요구하는 중증장애인부터 선별적으로 실질적 근로권을 보장하는 방향으로 정책을 집행해 나가는 것이 바람직할 것이다.

그러나 동 법률은 장애의 정도나 직업잠재력을 전혀 고려하지 않은 채, 획일적인

---

18) 제1조(목적) 이 법은 장애인이 그 능력에 맞는 직업생활을 통하여 인간다운 생활을 할 수 있도록 장애인의 고용촉진 및 직업재활을 꾀하는 것을 목적으로 한다.

정책수단을 마련함으로써 오히려 장애인 사이에 수요충족의 불평등을 초래하고 있다. 실제 법제를 분석한 결과 이와 같은 과제를 내재하고 있으며 동법의 목표를 명확히 하기 위하여 중증장애인의 직업재활 문제를 가장 우선적으로 해결해야 한다. 우리나라와 같은 의무고용제도를 채택하고 있는 나라[19]에서도 실제적으로 중증장애인을 가장 우선적인 법 적용대상으로 삼고 있다.

2) 장애인 직업재활의 수단적 측면

장애인 직업재활의 수단적 측면은 장애인이 직업재활의 생활을 통하여 인간다운 생활을 할 수 있도록 하는 실질적 정책수단이 되어야 한다. 우리나라 장애인 직업재활의 실질적 수단은 「장애인고용촉진 및 직업재활법」과 「장애인복지법」이다.

「장애인고용촉진 및 직업재활법」의 정책적 수단

이 법은 50인 이상의 민간기업체에 종업원의 2.9%를 장애인으로 고용하게 하는 이른바 의무고용제라는 수단을 통해 정책을 실현하는 내용이 주축을 이루고 있다.[20] 이들 과제를 요약하면 크게 장기적인 장애인 직업재활정책의 부재, 의무고용제의 과제, 고용 프로그램의 부재, 전문 종사인력 양성 및 배치의 과제 등이 있다.

가. 장기적인 직업재활제도의 부재

한국장애인고용공단의 「장애인경제활동실태조사보고서」에 따르면 2015년 현재

19) 영국의 1944년 「장애인고용법」, 네덜란드의 1947년 「장애인고용법」, 프랑스의 1957년 「장애인복지법」 들은 중증장애인이 우선적인 법 적용을 받을 수 있도록 규정하고 있다.

20) 「장애인고용촉진 및 직업재활법 시행령」 제25조(사업자의 의무고용률): 상시 50명 이상의 근로자를 고용하는 사업자의 장애인 상시 근로자 의무고용률은 다음 각호와 같다.
1. 2015년 1월 1일부터 2016년 12월 31일까지: 1,000분의 27, 2. 2017년 1월 1일부터 2018년 12월 31일까지: 1,000분의 29, 3. 2019년 이후: 1,000분의 31.

등록장애인의 수는 2,490천 명으로 이 중 취업자는 921천 명이며 경제활동 참가 비율은 37.7%로 밝혀지고 있다. 장애인의 취업이 어려워 2015년 기준 고용률은 34.8%에 그치고 있다. 이와 같이 인구 대비 장애인 비율은 매년 증가하고 있으나, 장애인의 경제활동 참가율은 여전히 낮은 편이다. 2015년 만 15세 이상 등록장애인은 총 2,444천 명이며, 이 중 경제활동에 참여하고 있는 장애인은 921천 명으로 경제활동 참가율은 37.7%이다. 이 통계수치를 감안한다면 경제활동장애인의 65.2%가 실업상태에 있는 것으로 파악되며 이 통계수치는 비장애인 실업률 3.4%보다는 훨씬 높은 수치이다.

장애인 중에서도 심각한 장애를 경험하고 있는 중증장애인들은 경증장애인들에 비해 훈련에 필요한 비용과 시간이 2배 이상 필요하며, 이들에게 적합한 직업을 탐색하고 고용유지를 도와주는 데 더 많은 인력과 시간이 필요하다. 특히 중증장애인 고용률은 비장애인, 경증장애인에 비해 낮아 여전히 사회적 취약계층으로 구분되고 있다.

이 수치는 장애인 가운데는 직업준비가 되어 있지 않기 때문에 장기적인 직업준비를 해야 하는 장애인이 많이 있다는 것을 의미하며 이는 단기적인 고용정책으로는 완전고용을 달성하기가 어렵다는 사실을 단적으로 나타낸다. 장애인 직업재활의 범위는 장애인들이 장애에 따른 개인적 · 사회적 · 직업적 충격을 완화시키고 직업적 욕구, 장점들을 평가하며 개인적 상담, 직업적 상담, 의료적 서비스의 조정, 직업훈련, 직업배치서비스를 통해 경제적 · 사회적 독립을 촉진시키는 전문활동이다(Roessler & Rubin, 1982). 장애인 직업재활의 범위는 직업평가, 재활상담, 직업적응훈련, 직업교육 및 훈련, 취업알선, 직업배치, 그리고 사후지도 및 취업 후 서비스 등 일련의 다양한 서비스로 구성되어 있다.

여기서 문제점은 장기적인 측면의 직업재활제도가 필요함을 제시하고 정책의 실질적 수단(Substantive Policy Means)으로 ILO가 권고하고 있는 장애인 직업재활과정, 즉 진로지도 및 상담, 직업평가, 직업 전 훈련 및 직업훈련, 보호고용, 사후 지도 등의 서비스가 필요함을 제시하고 있다. 장애인 직업재활의 과정 분류는 학자마다 조금씩 다르지만, 여기에서는 다음의 학자들을 중심으로 살펴보고자 한다.

Goodwill Industries(1978)의 직업재활 과정을`보면 접수, 평가, 서비스/전달 방법 단계, 결과 단계이다(Good-Will Industries Manual, 1978). Golderson(1978)의 과정은 상담, 검사, 직업조성의 훈련, 직업배치이다(Good-Will Industries Manual, 1978). Hutchison(l973)은 접수, 평가, 계획, 복귀훈련, 취업, 사후지도이다(J. Hutchison, 1973). Malikin & Rusalem(l969)은 조회, 평가, 치료, 훈련, 직업안정, 사후지도이다(안병즙 · 강위영 · 우재현, 1987).

그러나 장애인 직업재활의 과정은 전체가 하나의 구조로 짜여 있기 때문에 각 단계를 명확히 구분하기는 곤란하다. 내담자의 요구나 장애 정도에 대응해서 더욱 필요로 하는 것을 집중적으로 행해야 하는 경우가 많기 때문에 장애인 개개인에 대응한 개별적 방법에 의해 장애인 직업재활 과정을 적용시켜야 한다.[21]

실제 장애인 직업재활과정은 장애인 개인의 존엄성을 높이는 인도주의적 사업일 뿐만 아니라 비경제적 인간을 경제적 인간으로 만듦으로써 사회적 부담을 없애고 사회적 생산에 기여하게 하는 가장 경제적이고 생산적인 사업임을 밝히고 있다.

나. 장애인 의무고용제도의 과제

현재 장애인 직업재활정책의 실질수단의 주요한 기본 골격은 50인 이상 업체를

21) 박석돈, 「직업재활상담(평가) 서비스 체계 및 과제」, 『한국재활학회지』 2, 1993, p.27.

대상으로 하고 있는 「장애인고용촉진 등에 관한 법률」 제35조(사업자의 장애인고용 의무)를 위반할 시 최저임금의 60/100을 부과한다는 제38조(장애인고용부담금)의 고용부담금 납부이다. 그러나 여기는 공통적인 지적이 제기되고 있다. 가장 먼저 지적되는 부분은 법 시행의 효과, 즉 고용률이 너무 저조하다는 것이다.

실제 2015년 이후 50인 이상 업체에 취업시킨 장애인 고용 수는 10,625명이나 이 중 7,500여 명은 동 법률 제정 전에 취업시킨 장애인이고, 실제 취업장애인은 2,900여 명으로 연 360여 명이 취업되는 것으로 나타났다.

이와 같은 상황을 놓고 볼 때, 우리나라의 의무고용제도는 우선적으로 너무 지나치게 적용대상업체의 규모가 크다는 것을 알 수 있다. 이것은 실제 비슷한 나라 일본 63인, 독일 16인, 프랑스 10인 이상임을 감안할 때 높다는 것을 알 수 있다.

이 외에도 지적되고 있는 것이 장애인고용부담금의 부담기초액의 타당성 여부이다. 장애인고용부담금제도는 노사관계의 성격상 형벌이 아니며 유도적 고용정책의 효용과 한계를 보완해 주는 것으로써 장애인의 고용에 수반되는 경제적 부담에 착안하여 경제적 측면에서 사업자의 장애인고용에 관한 사회연대책임의 이행을 요구하는 가장 현실적인 제도이다. 그러나 현재 고용률을 달성하지 못한 사업자가 장애인 고용에 참여할 수 있는 수단으로서 사용되고 있는 고용부담금이 최저임금 이하의 수준으로 되어 있어 오히려 기업이 채용을 기피하는 요인이 되고 있다.

다. 전문인력 양성 및 배치의 과제

앞에서 살펴본 과제들을 활성화하고 장애인 직업재활정책이 직업재활 과정이라는 체계 속에서 이루어지기 위해서는 장애인의 잠재능력의 파악과 진로설정, 전문적인 훈련과 기술적인 지원을 해 줄 수 있는 전문인력이 필요하다. 실제 현 법률은 제53조(장애인직업생활상담원)에서 일정 수 이상의 장애인 근로자를 고용하는 사업자는 장애인직업생활상담원을 두도록 하고 있으나, 배치 전에 일어나는 직업재활서비스에 있어서도 전문능력을 가진 전문가가 필요하다는 것이다. 미국, 영국, 호주 등 직업재활서비스를 제공하는 나라들은 직업평가사, 직업상담사, 직무지도원 등의 전문가 양성과 배치기준을 가지고 있고 재교육도 철저하게 이루어지고 있음을 감안해 볼 때, 우리나라 직업재활정책의 기반이 약한 것을 알 수 있다.

「장애인복지법」에서의 정책적 수단

「장애인복지법」은 장애인 기본권의 실체적 권리인 소득보장 수급권과 의료보장 수급권, 복지서비스에 대한 내용을 주로 규정하고 있으나 제41조(자금의 대여), 제42조(생업지원), 제44조(생산품 구매), 제58조(장애인복지시설) 제5호 장애인 직업재활시설 등의 규정에서 직업재활정책을 다루고 있다. 그러나 동법의 제58조를 제외하고는 구체적 권리로서의 보장규정이 미약하기 때문에 선언적 의미가 크다고 볼 수 있다. 따라서 「장애인복지법」에 나타난 규정들이 실질적 정책수단으로 적용되기 위해서는 구체적 권리로서의 보장규정의 강화와 장애인 직업재활시설의 법적 보호 문제, 전달체계의 조정 등이 과제로 제기된다.

또한 장애인 직업재활시설의 경우 보호작업장은 근로장애인에게 임금을 제공하는 작업장임에도 여기에서 근로하는 장애인의 경우 근로자로 임금을 보장해 줄 수 있는 법적 한계가 있다. 시설의 입장에서는 열악한 상황에서 작업을 유지할 수밖에 없어 근로장애인들은 근로기준법에서 의미하는 근로자로서의 권리와 의무를 행사할 수 없는 상황이다. 미국의 경우는 우리나라의 「근로기준법」과 동등한 효력을 갖는 「공정노동기준법」에서 이들 시설과 근로자들에게는 예외규정을 인정함으로써 법적 보호를 받고 있음을 감안할 때 과제로 제기할 수 있다.

장애인 직업재활 전달체계적 측면의 과제

우리나라 장애인 직업재활정책은 고용노동부와 보건복지부 두 부처의 전달체계

이원화로 인한 효율성의 저하, 즉 직업재활사업의 효과 및 서비스 질의 저하, 예산의 중복이 지적된다.

장애인 직업재활에 있어서는 실제적으로 몇 가지 쟁점사항을 제외하고는 거의 모든 내용이 비슷해졌으며 과제 중의 하나가 전달체계를 한 부처로 일원화할 것이냐, 아니면 기존의 형태로 이원화할 것이냐가 가장 중요한 것으로 파악된다.

또한 직업재활 실시기관에 있어서도 보건복지부의 장애인종합복지관과 종별복지관, 직업재활시설과 고용노동부의 한국장애인고용촉진공단 등의 서비스들이 중복되고 있기 때문에[22] 장애인들은 물론이고 국가적으로도 예산의 중복투자 및 효율성을 떨어뜨리고 있는 실정이다.

3) 장애인 직업재활의 대상적 측면

지원대상집단은 정책의 적용을 받는 집단을 의미하는 것으로 정책의 지원대상집단을 결정할 때는 정책의 목표에 비추어 설정되어야 하며, 지원대상집단에 대해서는 국가가 해 줄 수 있는 범위 안에서 보상할 수 있는 제도가 필요하다. 지원대상집단에 대한 제기되고 있는 과제는 장애인 직업재활의 서비스가 가장 필요한 집단에 제공되지 못하고 있다는 점이다. 정책의 목표에서도 나타나듯이 지원대상집단은 우선적으로 서비스가 가장 필요한, 즉 직업재활이 가장 필요한 중증장애인에게 우선되어야 한다.

---

22) 장애인 직업재활실시기관은 다음과 같다[「장애인고용촉진 및 직업재활법」 제9조(장애인 직업재활 실시 기관)].
1. 「장애인 등에 대한 특수교육법」 제2조 제10호에 따른 특수교육기관
2. 「장애인복지법」 제58조 제1항 제2호에 따른 장애인 지역사회재활시설
3. 「장애인복지법」 제58조 제1항 제3호에 따른 장애인 직업재활시설
4. 「장애인복지법」 제63조에 따른 장애인복지단체
5. 「근로자직업능력 개발법」 제2조 제3호에 따른 직업능력개발훈련시설
6. 그 밖에 고용노동부령으로 정하는 기관으로서 고용노동부 장관이 장애인에 대한 직업재활 사업을 수행할 능력이 있다고 인정하는 기관

그러나 장애인 직업재활의 대상을 진단만으로 판단하기에는 한계가 있다. 왜냐하면 동법에서의 장애에 대한 규정은 「장애인복지법」의 장애 규정을 적용하고 있는데 노동능력을 가지고 판정한 기준이 아니고 의학적인 손상기준에 따른 판정이기 때문에 어떤 장애인이 서비스의 최우선 지원대상집단인지, 지금 어떻게 서비스가 제공되고 있는지 판단 자체도 불가능하다는 것이다.

4) 장애인 직업재활의 사회적 · 환경적 측면

장애인 직업재활을 포함한 재활사업의 운영은 고용노동시장에 있어서의 사회적 · 경제적 · 환경적 변화와 정부의 변화에 대처하는 정도에 따라 좌우된다고 볼 수 있다. 오늘날 우리 사회는 산업사회에서 지식정보사회로 빠르게 변화하고 있으며 이 변화는 사회의 기본적인 흐름이 자원과 자본을 기반으로 하는 사회에서 지식과 정보를 근간으로 하는 사회로 변화하고 있음을 의미한다. 따라서 노동시장의 변화도 노동집약적인 산업이 주류를 이루었던 사회에서 지식정보 중심의 제4차 산업이 중심적인 사업으로 변화한다는 사실을 깨달아야 한다.

또한 사회적 · 환경적 변화에서 간과할 수 없는 부분은 지난 97년 말 이후 정부가 진행하고 있는 금융부분과 기업의 본격적인 구조조정, 무역자유화, 자본자유화의 정책노선으로 인해 경제활동이 다소간 위축되어 있다는 것이다.

5) 장애인복지서비스상 직업재활의 과제

장애인복지서비스는 장애인의 사회복귀, 특히 장애인 직업재활과 관련이 있다. 장애인복지서비스에는 장애수당 및 본인자녀 학자금 지원, 세금 공제 등의 소득보장서비스와 임대주택입주 시 가산점 부여, 그룹홈 지원 등 주거마련 복지서비스 그리고 보호작업장 운영 및 장애인 생산품 공판장 운영 등 장애인 직업재활과 관련된 복지서비스가 있다. 이들 서비스는 장애인의 사회복귀를 위해 매우 유익한 서비스가 될 수 있을 것으로 예상되지만, 그룹홈이나 직업재활과 관련하여 늘어나는 법정 장애인의 수에 비해 충분한 예산이 확보되어 있지 않아 정책의 실효성은 적은 편이라 하겠다.

마지막으로 장애인고용공단에서 제공하고 있는 여러 가지 장애인 직업재활과 관련된 서비스가 있다. 14세 이상의 지적장애 1, 2, 3급 및 뇌성마비, 시각장애인 1, 2, 3급 등 중증장애인 지원고용서비스는 직무지도원의 지원하에 사전준비훈련과 현직훈련으로 구성되는데, 중증장애인은 이 서비스의 이용이 유용하다. 이 외에도 직업능력개발사업, 장애인 직업훈련 지원 등의 제도가 있으나 장애의 특성상 등록장애인에게만 부여되는 제한이 있다. 현재 장애인을 대상으로 한 구직 프로그램이 마련되고 있으나 아직은 미흡한 상태로 장애인의 특성에 맞는 다양한 프로그램 개발이 향후 과제이다.

6) 장애인의 직업재활서비스에 대한 욕구

현실과 유리된 프로그램 내용

사회복귀서비스로서 제공되고 있는 장애인의 직업재활서비스는 현실과 유리된 직업재활훈련 및 교육 프로그램 내용이라 할 수 있다. 사회복귀시설에서 제공받은 직업재활교육훈련은 취업을 통해 사회복귀를 희망하는 서비스 이용자들이 느끼기에 그 내용이 현실과 유리되어 있다. 또한 사회복귀시설에서 제공하는 직업재활훈련 프로그램이 일반인이 감당하는 일의 수준과는 다르고 그 격차를 극복할 수 없다는 것이다.

직종 및 훈련 프로그램을 중심으로 제공되는 직업훈련, 직업알선 및 배치

직업재활서비스는 장애인 개인의 관심사 및 기능 등을 고려하지 않거나 고려하였어도 시설의 직원들이 이에 대한 관련 직종을 개발하거나 찾지 못하여 기존에 개발

된 직종을 중심으로 직업알선이 이루어지는 경우가 많다. 장애인 입장에서 선택의 여지없이 배치되고 있다는 측면에서 어려움이 있다. 특히 직종은 거의 지하철 택배, 서비스업 등 역할의 단순노동직에 제한된다. 장애인의 특성을 고려하지 않은 근무여건 등으로 장애인이 직장을 유지하기가 쉽지 않다.

장애인 미등록으로 인한 직업재활서비스 이용의 한계

사회복귀시설을 이용하는 주된 목적 중 하나인 취업은 주로 장애인등록을 한 장애인을 대상으로 제공되는 장애인 지원고용서비스를 통해 진행되는 경우가 많다. 가족들은 비록 장애인 등록을 공식적으로 하지는 않았지만 일할 기회가 제공되기를 희망하고 있었으며, 장애인등록 없이 주치의 진단서만으로 장애인 등록범주에 해당되는 진단명을 가진 사람이 장애인 지원고용서비스의 혜택을 받을 수 있기를 원하고 있다. 이는 장애인의 사회참여를 촉진할 수 있는 좋은 제안이 될 것이다.

5. 한국 장애인 직업재활의 개선방안

본 절에서는 우리나라의 장애인 직업재활 지원사업과 관련한 선행연구를 수집하여 발전방안 등을 알아보고자 한다(한국장애인개발원, 2017).

이혜경 등(2011)은 장애인 직업재활 지원사업과 지자체의 직업재활 사업을 구분하여 현황 및 실태를 비교 분석하였다. 연구결과와 개선방향은 다음과 같다. ① 중증장애인들 맞춤형 서비스 제공과 서비스 대상 확대 및 세분화 ② 지역적 특성과 환경을 고려하여 차등적 예산지원, 공모제 활용 등을 통한 지원사업 예산지원 방식 개선 ③ 종합적인 지원체계의 확립 및 서비스 연계 및 조정기구의 설치와 같은 전달체계 확립 ④ 직업재활 과정별 서비스 재정의 및 내용정립을 통한 과정별 서비스 전문화 ⑤ 지방으로 이양된 사업을 중앙으로 환원시켜 일원화된 직업재활서비스 전달체계

구축 ⑥ 현행 「장애인고용촉진 및 직업재활법」을 고용촉진법과 직업재활법으로 분리하는 관련법의 정비 등 여러 가지 문제점을 해결하기 위해 6가지를 제안하였다.

나운환 등(2013)은 장애인 직업재활 지원사업 성과와 효과성 분석 연구를 수행하였다. 비용편익분석 등을 통해 사업의 성과를 확인하였으며, 이를 통한 발전방향은 다음과 같다. ① 장애인 직업재활 지원사업 확대와 직업재활사업의 컨트롤타워 구축, 이를 위하여 직업재활센터와 직업재활시설 중심의 사업을 확대하고 모든 직업재활사업을 지원 및 조정의 역할을 할 수 있는 한국장애인개발원이 중심이 된 컨트롤타워 구축 ② 장애인 직업재활 지원사업 개선을 위해 이용자의 욕구증대에 따른 서비스 범주와 예산의 지속적인 확대, 중증장애인 우선 서비스 규정의 도입, 직업재활 전문가의 채용, 직업재활 과정별 구체적인 매뉴얼의 보급, 주기적인 직업재활 컨설팅, 서비스 질 평가 기준에 대한 보완, 체계적인 실적관리와 자료재생산을 위한 DB 구축 필요 ③ 장애인 직업재활 정책과 전달체계 개선을 위해 정책목표를 중증장애 대상으로 변경, 장애판정 기준개선, 의무고용제도와 차별금지제도 개선, 직업재활서비스 전달체계 개선 필요가 이에 해당한다.

또한 나운환 등(2016)은 장애인 직업재활서비스의 기반 및 체계구축이라는 측면에서 대상자의 욕구증대에 따른 서비스 범주와 예산의 정체, 최중증장애인의 배제, 담보되지 않은 사업기관의 직업재활서비스 질적 수준, 체계적으로 실적관리와 자료재생산이 되지 않는 점 등의 문제를 지적하였다. 그리고 장애인 직업재활 지원사업과 장애인복지관, 직업재활시설 사업의 일원화를 개선방안으로 제시하였다. 장애인 직업재활을 위한 일부기관에 지원을 하는 사업이 아니라 직업재활 사업을 실시해야 하는 기관이 모두 장애인 직업재활 지원사업을 수행할 수 있도록 예산조정 등의 필요성을 강조하였다.

이상춘(2016)은 2016년 개최된 한국직업재활학회 연차학술대회에서 다음과 같이 장애인 직업재활 지원사업의 개선방안을 제시하였다. ① 비효율적인 행정 간소화를 위해 직업재활사업의 전달체계의 개편 ② 직업적 중증장애인에 대한 장애인 직업재활지원제도의 개편, 예산의 실질적이고 효율적인 배정 등과 같은 직업재활사업의 재구조화 ③ 예산 및 인력의 증대를 통한 전문인력 처우개선 ④ 행정의 간소화 등 효율적인 업무시스템의 보완 및 구축 ⑤ 수행기관과 소통과 공유를 통한 평가체계의 개선 ⑥ 가족지원사업의 실시를 통한 비장애인의 인식개선 도모가 이에 해당한다.

한편, 장애인 직업재활 지원사업의 효율성을 분석하고 발전방안을 제시한 우주형 등(2016)의 연구는 2013년부터 2015년 3년간의 장애인 직업재활 지원사업에 대해 비용-편익 분석 및 질적 조사를 실시하여 중장기적 효율성 분석 및 발전 방안을 도출하였다. 지원사업 발전방안은 다음과 같다. ① 자원낭비를 최소화하고 경제적 효율성을 제고하기 위해 중앙부처 간 정보교환 및 연계체계나 중앙부처 단위의 협의체 구성이 필요 ② 장애유형별 특화사업을 인정, 보호작업장의 역할 정체성 확립, 지역의 구심점으로 허브역할을 할 수 있는 통합센터 설치, 장애인 단체의 직업재활 전문인력 수 증대, 수행기관별 업무기능에 따른 특화 인정, 중증장애인 대상 맞춤형 프로그램 운영 등을 고려한 지원사업 유형별 기능 개편 검토 ③ 전문적인 직업재활 인력 배치, 계약직을 정규직 일자리로 채용, 급여 수준의 현실화 등 수행기관 전문인력의 안정화 대책 필요 ④ 훈련생의 기준 완화 필요 등이다.

1) 장애인 직업재활 목표의 명확화 및 실현

장애인의 인간다운 생활권을 보장한다는 헌법 정신에 비추어 볼 때, 우리나라 장애인 직업재활은 보편주의를 정책의 목표로 하고 이 목표를 효과적으로 달성하기 위해 우선적으로 서비스가 필요한 계층에서부터 단계적으로 목표를 실현해 나아가는 것이 바람직할 것이다.

또한 장애인 직업재활의 목표는 장애인의 완전고용, 즉 안정된 직업생활을 영위할 수 있도록 하는 데 있다. 그러므로 장애인을 직장에 알선하는 것이 중요한 것이 아니라 필요한 전문적인 서비스를 통해 직업생활을 장기적으로 유지할 수 있도록 해야 한다.

2) 사회 · 환경변화에 대응하는 새로운 장애인 직업재활의 모색

앞에서 살펴본 바와 같이 현황에서 사회환경의 지식과 정보사회로의 변화와 경제적 여건의 변화는 직업재활정책의 변화를 요구하고 있다. 장기적으로는 지식과 정보사회에 적응할 수 있는 지식 중심의 산업인력 양성에 대한 투자가 필요하며 단기적으로는 경제적 여건이 점차적으로 개선되고 있는 상황에서 보다 적극적인 고용정책의 모색이 필요하다는 것이다. 따라서 모든 국민은 장애 발생의 예방과 장애의 조기 발견을 위해 노력해야 하며, 장애인의 인격을 존중하고 사회통합의 이념에 기초하여 장애인의 직업재활 향상에 협력해야 한다. 누구든지 장애인을 비하 · 모욕하거나 장애인을 이용하여 부당한 영리를 목적으로 해서는 안 되며, 장애인을 이해하기 위하여 노력해야 한다.

3) 장애인 직업재활 정책수단의 변화 필요성

직업재활정책의 목표에 따른 실질적 정책수단으로서 기능을 발휘하기 위해서는 변화가 필요하며 세부내용은 다음과 같다.

첫째, 직업재활과정이 전문적으로 이루어질 수 있도록 해야 한다. 현황에서도 제시된 바와 같이 높은 실업률과 이직률, 단순노무직 중심의 취업은 그동안 장애인 직업재활을 위한 투자와 전문적인 서비스가 부족했다는 것을 증명해 주고 있다. 동시에 장애인의 직업문제를 해결하기 위해서는 직업재활과정의 적용이 필요함을 나타내는 것이다. 따라서 이와 같은 문제를 해결하기 위해 정책의 주요수단으로 직업재활과정이 적용되어야 하며 이를 위한 방안과 예산이 뒷받침되어야 한다. 또한 과학기술의 발달에 따른 편익을 통해 장애인이 장애를 극복할 수 있도록 재활공학(Rehabilitation Engineering)이 직업재활과정 속에 포함된 정책적 접근이 필요하다.

둘째, 장 · 단기적인 장애인 실업문제를 해결하기 위해서는 적용대상업체의 하향 조정 및 부담금 조정이 필요하다. 현재 의무고용제도의 가장 중요한 실질적 정책수단인 적용대상업체와 부담금이 현실적이지 못하다. 따라서 적용대상업체를 100인 이하로 하향 조정할 필요가 있으며, 정부 및 지방자치단체에도 강제 규정을 적용하고, 별도로 민간기업체는 자율적으로 참여할 수 있도록 해야 한다. 또한 부담금 제도의 경우 현 최저임금의 60/100을 100/100으로 조정해야 하며, 만약 적용대상업체의 하향조정으로 문제가 된다면 종업원 규모나 기업의 재산규모에 따라 차등 적용하는 방안을 검토해 보는 것이 바람직할 것이다.

셋째, 다양한 고용 프로그램을 개발해야 한다. 직업재활정책이 필요한 이유는 일반고용정책으로는 장애인 고용이 되지 않기 때문이며 이를 보완해 줄 수 있는 다양한 고용 프로그램이 필요하다. 예컨대 보호고용, 지원고용 등 이미 실시하고 있는 프로그램의 확대와 한국적인 고용 프로그램을 적극적으로 개발하고 현장에 적용해 나아가는 수단이 필요하다.

넷째, 전문인력 양성 및 배치가 이루어져야 한다. 장애인 직업재활은 전문적인 체계 속에서 전문인력을 중심으로 이루어지는 과정이다. 따라서 정책이 실질적으로 실행되기 위해서는 직업재활과정을 담당해 줄 수 있는 직업재활상담사, 직업평가사, 직업훈련교사, 직무지도원 등의 전문인력에 대한 양성규정 및 방안과 실제로 이들을 현장에 배치할 수 있는 강제규정이 필요하다.

다섯째, 직업재활시설의 보호적 근로기준 적용이 필요하다. 현재의 직업재활시설, 즉 근로사업장과 보호작업장은 유상적인 임금을 전제로 하는 작업장이다. 따라서 노사관계가 성립하며, 「근로기준법」의 적용은 당연하다. 그러나 작업장 상태가 보호적 조건하에 있기 때문에 현재의 근로기준을 그대로 적용하기는 어렵다. 따라서 장애인근로자에 대한 보호적 조건하의 근로기준이 필요한데, 「근로기준법」의 예외규정을 두든지 아니면 「장애인고용촉진 및 직업재활법」에 관련규정을 두든지 하여 직업재활시설이 사업장으로 보호받아야 한다. 또한 직업재활시설에서 근로하는 장애인 역시 근로자로서 권리와 의무를 행사할 수 있도록 보호적 조건하의 보장규정이 필요하다.

여섯째, 생산품 판매와 판매시설의 공공시설 우선 영업권이 보장되어야 한다. 「장애인복지법」과 이와 관련된 규정들이 실효를 거두지 못하고 선언적이 되버린 이유는 구체적 권리로서의 보장규정이 미약하기 때문이다. 그러나 중증장애인의 근로권 보장이라는 측면에서 이와 같은 내용들은 중요한 직업재활정책의 실행수단이기 때문에 생산품 판매에 대한 우선 구매와 공공시설의 매점, 자판기 우선 영업권 등은 구체적 권리로서 보장 규정이 명시되어야 한다.

일곱째, 전달체계의 일원화나 연계체계가 필요하다. 현황에서도 나타난 바와 같이 전달체계의 이원화로 인한 예산의 중복투자, 서비스의 효과성 저하, 서비스의 질 저하 등의 문제는 직업재활정책의 선결과제로 대두해 왔다. 따라서 직업재활 체계를 직업재활에 있어 지금까지 사업을 해 온 부처로 일원화하든지 아니면 국무총리 산하의 장애인복지조정위원회를 상설화하고 실무기구를 두어 연계 혹은 상시적인 조정을 할 수 있도록 하는 방안을 강구해야 할 것이다.

4) 장애인 직업재활의 지원대상자에 대한 새로운 개념 설정 필요성

첫째, 정책지원대상을 명확히 지정해야 한다. 정부와 지방자치단체는 장애 유형이나 능력에 따라 고용이 가능한 중증장애인의 경우라면 직업을 가질 기회를 제공하는 정책을 강구해야 한다. 따라서 직업재활정책의 지원대상의 선정은 정책의 목표에 비추어 볼 때 당연히 노동능력이 기준선(guide line)이 되어야 한다. 그런 의미에서 현 지원대상의 정의는 노동능력이 아닌 손상의 정도가 기준선이기 때문에 잘못되었다. 또한 정책의 목표가 보편주의이든 선별주의이든 지원대상에서 가장 우선시되어야 할 집단은 노동능력이 낮은 집단이다. 이들부터 정책이 집행되어야 할 것이다.

둘째, 정책지원대상에 대한 현실적인 지원 강화이다. 현재도 지원대상에 대해서는 직접적인 지원을 많이 하였다. 하지만 근로장애인 중심으로 지원의 범위를 확대함으로써 장애인이 직장 내에서 완전한 능력을 발휘할 수 있도록 해야 할 것이다. 예컨대 직무지도원의 배치와 재활공학의 지원을 통해 장애인의 직업적응력을 길러 준다면 사업자 입장에서는 직원의 재투자 효과가 상승하여 생산력에 상당한 시너지효과를 발휘할 수 있다. 또한 직접적인 지원 이외에도 지원대상에 대한 간접지원, 즉 창업이나 융자, 합병 시 우선 지원을 하는 등의 지원방안도 기업주의 참여를 높이는 계기가 될 것이다.

Ⅲ. 에덴복지재단 장애인 직업재활의 현황 분석

1. 서설

장애인 고용창출을 위해 설립된 에덴복지재단(설립자 정덕환, 에덴복지재단은 에덴복지원 · 에덴하우스 · 형원 등의 직업재활시설에 한정)이 2018년 10월 15일, 창립 35주년을 맞이한다. 에덴복지재단은 그동안 어려울 때마다 도와주신 분들, 마음을 나누고 생각을 함께해 주신 분들과 함께 창립 35주년 기념행사를 개최할 예정이다. 그리고 창립 35주년 행사를 통해 그분들에게 감사의 마음을 전하려 한다. 다음으로는 지난 35년 동안의 에덴복지재단 발전과정과 그 현황실태를 분석하고자 한다.

1980년대 우리나라에서 정신지체, 뇌성마비, 자폐, 간질 등의 발달장애인은 직업적으로 중증장애인으로 분류되어 직업재활이나 고용은 꿈조차 꿀 수 없었다. 그리고 현재에도 그 어려움은 남아 있다. 임금을 받는 장애인 직업재활시설은 턱없이 부족한 실정이고, 장애인에 대해 긍정적으로 생각하는 사람들조차 장애인을 생산적 복지대상이 아닌 수용과 보호의 대상 정도로만 인식했다.

에덴복지재단은 1983년부터 사회에서 외면당하고, 비생산적인 인간으로 취급받는 장애인 5명과 함께 국내 최초의 장애인 직업재활시설인 에덴복지원을 설립하였다. 기존의 장애인복지시설이 장애인 보호중심이었다면 에덴복지재단은 장애인이 생산현장에 참여하고 임금을 받도록 하는 직업재활시설로서 기능하였다. 장애인복지역사에서 생존수단으로 절대적이었으며 선도적 역할로서 획기적인 시도를 했다고 볼 수 있다.

행복공장 모델인 에덴복지재단에서는 현재 지적장애, 자폐성장애 등 중증장애인 139명이 함께하며 쓰레기 분리수거용 봉투를 생산하고 있다. 이 과정에서 분업화를 통해 중증장애인 잔존능력을 개발하고, 직업재활과 자립생활을 하도록 돕고 있다. 단 한 번도 일할 생각을 하지 못하고 일하는 것 자체가 불가능하다고 생각했던 중증장애인들은 일함으로써 장애를 극복하고 당당하게 세상을 살아가고 있다. 그리고 그들의 미래를 계획하며 그 꿈을 이루고 있다. 이곳에는 근로작업장 외에도 기숙사, 식당 등 장애인들이 생활하기 불편함이 없도록 시설과 주변 환경이 잘 마련되어 있다. 자립, 화합, 협동의 환경 속에 에덴의 식구들은 항상 평안하며 밝고 명랑하다. 이것이 바로 에덴복지재단이 추구하며 자부심을 가질 수 있는 "이상적 복지"라고 생각된다.

본 장에서는 에덴복지재단이 지역사회에서 장애인복지로 상호작용하기 시작한 1998년 경기 파주시대 중심으로 장애인 직업재활의 선도적 역할을 감당해 온 '에덴복지재단'의 직업재활사업의 현황을 분석해 보고자 한다. 근로자 인력 현황, 생산품 현황, 근로장애인 현황, 시설 운영의 문제점과 개선방안 4개 영역에 대한 주요 결과를 직업재활시설 유형별로 구분하고 그 차이를 분석하여 제시하고자 한다.

2. 에덴복지재단 장애인 직업재활의 운영현황

1) 에덴복지재단의 개관

2017년 12월 현재 에덴복지재단은 경기도 파주시에 13,205㎡의 부지 위에 에덴하우스(쓰레기종량제봉투, 종이인쇄, 판촉물인쇄 등)와 형원(친환경 주방용 · 세탁용 · 청소용 · 바디용품 등 세제류)이라는 제조 시설을 갖추고 있으며 전국 지방자치단체에 연간 매출 총액 128억 원의 물량을 생산 · 납품하는 성과를 올리고 있다(에덴복지재단 제공 자료, 2018).

에덴복지재단 근로자 수는 〈표 12〉에서 보는 바와 같이 중증장애인 및 경증장애인을 합해 총 139명(경증 28명/중증 111명)이다. 대부분이 장애인 중에서도 일반적으로 직업을 갖기 힘들다고 여겨지는 발달장애인들로 구성되어 있다.

〈표 12〉 에덴복지재단 장애인 근로자 고용현황

단위: 명, 2017년 12월 말

구분	장애인 고용현황		
	중증	경증	계
에덴하우스	72	25	97
형원	39	3	42
합계	111	28	139

에덴복지재단의 근로자들은 5대 사회보험(국민연금, 건강보험, 산재보험, 고용보험, 노인장기요양보험)에 가입되었으며 최저임금 이상의 급여를 받는다. 에덴복지재단은 우리나라의 어떠한 장애인시설보다도 높은 수익을 창출하며 장애인 직업재활시설로서 우리나라의 모델을 제시하고 있다.

에덴복지재단의 장애인을 위한 프로그램은 〈표 13〉과 같이 직업재활, 사회재활(여가활동 프로그램), 지역사회연계(자원봉사관리), 의료재활, 교육재활 등의 프로그램을 마련하여 장애인들의 직업재활과 함께 사회통합을 위한 재활서비스를 제공하고 있다. 그중 직업재활 영역에서 사례회의는 월 1회 직업재활상담 및 직업평가 결과를 바탕으로 적격 여부를 결정하고, 직업평가는 연중 다양한 재활계획 수립을 위한 직업평가의 도구를 활용하여 직업능력 향상을 달성하기 위해 실시한다. 직업상담은 연중 신규이용자 상담을 통한 개별심리 상태 및 직업욕구를 파악하기 위해 실시하고, 직업적응훈련 및 직업훈련은 연중 장애인의 직업에 필요한 지식과 기술을 습득하고 향상시키기 위해 실시한다.

〈표 13〉 에덴복지재단의 장애인을 위한 프로그램 종류

사업분류	사업명	실시시기	사업내용
직업재활	사례회의	월 1회	직업재활상담 및 직업평가 결과를 바탕으로 적격 여부 결정
	직업평가	연중	다양한 재활계획 수립을 위한 직업평가 도구를 활용하여 직업능력 향상
	직업상담	연중	신규이용자 상담을 통한 개별심리 상태 및 직업욕구 파악
	직업적응훈련 및 직업훈련	연중	장애인의 직업에 필요한 지식과 기술의 습득, 향상
사회재활 (여가활동 프로그램)	장애인의날 행사	4월 20일	장애인에 대한 인식개선의 기회제공
	아코디언교실	주 1회	건전한 여가기회 제공
	여가활동 프로그램개발	연중	건전한 여가활동 프로그램 개발
	현장체험학습	연중	사회적응훈련 및 야외학습
	성교육	연중	장애인근로자 성교육
지역사회연계 (자원봉사관리)	이 · 미용 봉사	연중	자원봉사자 관리, 지원요청 장애인근로자 교류 및 연계
	학교 및 단체 자원봉사	연중	
의료재활	물리치료실운영	연중	응급처치 및 약 투여 기본적인 종합검진 독감, 감염예방 물리치료기기 사용 무료진료(내수동교회 의료봉사) 실시
	정기검진	매월 1회	
	방문진료	필요시	
	특수건강검진	연중	
	종합검진	하반기	
교육재활	소방교육	상하반기	소방계획서에 따른 종합훈련, 안전교육
	인권증진교육	연중	장애인에 대한 차별을 금지하고 장애인의 사회참여와 평등권 실현을 통하여 인간으로서 존엄과 가치를 지역사회에서 구현
	성희롱예방교육	연중	직장 내 성희롱예방교육

에덴복지재단은 장애인, 아동, 노인 등 사회에서 소외된 이들에게 요양, 재활, 특수 교육, 아동복지사업, 영유아보육사업, 노인복지사업 등을 실시할 목적으로 1983년 10월 15일 임의시설로 출발하였다. 1990년 12월 4일로 법인이 설립인가되었다. 법인의 총자산은 37억4,500만 원이며 자본금은 22억8,500만 원이다.

〈표 14〉 에덴복지재단의 개요

법인명	(사회복지법인)에덴복지재단	대표자	김학수
설립일자	1983. 10. 15. (법인설립인가: 1990.12.4.)	상시 근로자 수	196명(2017년 12월 기준)
법인등록번호	115132-0000821	사업자등록번호	113-82-02713
소재지	**법인:** 서울 구로구 고철로 21가길 84-35 **파주시설:** 경기도 파주시 소라지로 195번길 47-30	전화번호	031-946-7030
주요사업	재활복지사업, 목적수익사업, 장애인선교사업 장애인의 직업에 필요한 지식과 기술의 습득, 향상		

에덴복지재단은 재활 복지사업, 목적 수익사업, 장애인선교사업 세 부문으로 나누어 사업을 수행하고 있다. 재활 · 복지사업 부문으로 에덴장애인종합복지관, 에덴장애아 어린이집은 직영시설이며, 구로구립장애인 보호작업장, 산들어린이집, 지암어린이집, 푸른빛어린이집, 은평어린이집, 올고운어린이집, 가온어린이집은 위탁받아 경영하고 있다. 또한 목적 · 수익사업 부문으로 〈표 14〉에서 보는 바와 같이 에덴하우스, 형원 등으로 구성되어 있으며 본 사업은 국제적인 직업재활시설 수준이다.

에덴복지재단의 조직 현황 관점에서 〈그림 1〉과 같이 살펴보면 경기도 파주시에 법인사무국이 있으며 운영 지침에 따라 산하시설은 기관별로 사무를 운영하고 있다. 직영시설로는 에덴하우스, 형원, 에덴장애인종합복지관, 에덴장애아어린이집이 있다. 그 밖에 위탁시설로는 구로구립장애인 보호작업장 등이 있으며 또한 에덴복지재단 법인사무국에서 행복공장만들기 운동본부를 운영하고 있다.

〈그림 1〉 에덴복지재단의 조직도

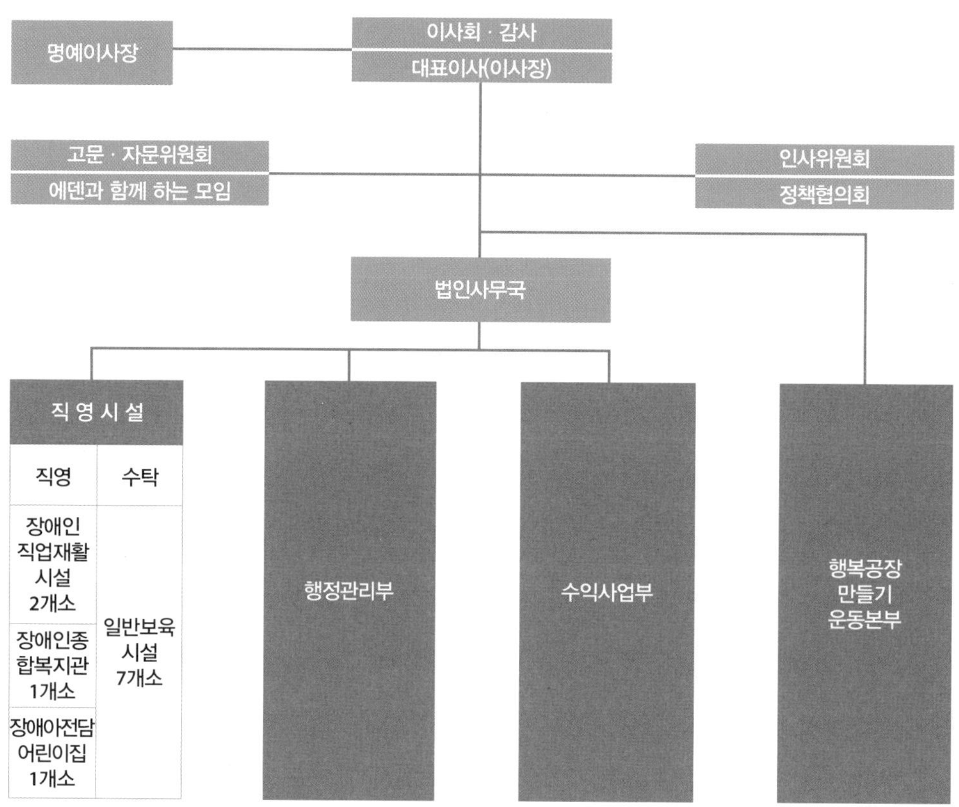

에덴복지재단의 인력구성 현황을 〈표 15〉와 같이 살펴보면 김학수 이사장을 포함하여 이사 7명(법인 내 이사 5명, 법인 외 이사 2명)과 2명 감사 등의 이사회에 의해 경영되고 있다. 장애인의 무한한 잠재력 개발을 통한 생산적 복지실현의 확고한 경영철학을 갖고 그 이념 구현을 위해 노력하고 있다.

〈표 15〉 에덴복지재단의 관리자 인력구성 현황

구분	계	이사장	이사	감사	본부장	부장	팀장
계	14	1	7	2	1	1	2
상근자 수	6	1	1	0	1	1	2

현재 에덴복지재단의 사무국은 최소인력으로 운영되고 있으며, 운영시설(에덴하우스, 형원)의 인력구성은 법인설립 이념인 '생산적 복지실현'에 부응하여 중증장애인을 다수 고용하고 있다. 경영효율성을 위해 일반 관리직, 기능직을 동시 고용하여 사회통합을 실현하고 있다. 에덴하우스의 장애인 고용현황을 보면 근로장애인의 92.8% 이상이 최저임금을 지급받고 있고 5대 보험에 가입되었다.

2) 장애인 직업재활시설 운영현황의 분석

에덴복지재단 장애인 직업재활시설의 운영현황을 알아보기 위한 분석은 근로자 인력현황, 생산품 관련 현황, 직업재활시설 근로장애인 현황 등으로 나누어 분석하고자 한다. 영역 별로 구성된 현황분석 틀은 2017년 12월 기준 에덴복지재단의 직업재활시설에 대한 자료조사 및 인터뷰 등을 참고하여 작성하였다.

근로자 인력현황

에덴복지재단 장애인 직업재활시설의 근로자 수는 196명이며, 시설 유형별로는 에덴하우스 145명, 형원 51명으로 나타났다. 장애 유형별로는 중증장애인 111명, 경증장애인 28명, 비장애인 근로자 57명으로 나눌 수 있다. 에덴복지재단 직업재활시설 근로자의 성별은 남성이 여성에 비해 더 많았으며, 에덴복지재단 장애인 직업재활시설 근로자의 직위별 근무경력은 현재의 시설장 및 사무국장 등 관리자가 실무담당자보다 더 오래 근무하는 것으로 나타났다. 직업훈련 및 생산활동에 직접 참여하는 실무자의 근속기간이 시설장 및 사무국장보다 짧은 것으로 나타났다.

「장애인복지법」 시행규칙 [별표5]의 기준에 따르면 장애인 직업재활시설의 보호작업장은 장애인 10명당 1명, 근로사업장은 시설당 1명의 직업훈련교사를 배치해야 한다. 에덴복지재단 장애인 직업재활시설의 실태조사 결과에 따르면 에덴하우스와 형원 근로작업장에 각각 1명의 직업훈련교사가 배치되어 있다. 즉 직업훈련교사 1

명이 담당하는 장애인 수는 에덴하우스 97명, 형원 42명으로 근로작업장의 법적 기준을 준수하고 있었다. 그러나 직업훈련교사가 담당하는 적정 장애인 수는 현재 기준과 많은 차이가 있는 것으로 확인되었다. 또한 생산 및 판매관리기사 역시 근로시설의 경우 장애인 15명당 1명을 배치하도록 되어 있으나 생산 및 판매관리기사 1명이 그 이상을 담당하고 있는 것으로 나타나 법적 기준과는 차이가 있었다.

결론적으로 에덴복지재단 장애인 직업재활시설에는 직업훈련교사, 생산 및 판매관리기사 등 직업재활업무를 수행하는 인력이 부족하여 각기 전문가로서 담당해야 할 근로자 수가 과다하다는 어려움을 겪고 있다. 직업재활시설의 인력부족 문제는 법적 기준을 준수해 지자체의 예산지원이 되지 않고 있는 것과 배치기준 자체가 직업재활시설의 현실을 반영하지 못하는 것에서 기인한다고 할 수 있다.

또한 에덴복지재단 장애인 직업재활시설의 근로자를 대상으로 실시한 근로자의 제반 여건 및 주변 환경에 대한 조사에 따르면 개선이 필요한 문제점으로는 '전문인력 부족'이 가장 높았고, '업무의 과중'과 '시설보강'이 뒤를 이었다. 우리나라의 대표적인 직업재활시설인데도 불구하고 전문인력과 지원예산 규모의 확대를 희망하였다. 이에 대해서는 국가 및 지방자치단체에서 경영컨설팅 등의 지원사업을 통해 지원하는 방안과 시설기능보강이 실질고용 수에 비례한 지원으로 전환되어야 할 것이다.

생산품관련 현황

에덴복지재단 장애인 직업재활시설의 생산업종 선택 동기를 〈표 16〉과 같이 살펴보면, 근로사업장의 경우에는 '장애인에게 적합한 업종으로 판단해서', '수요가 많을 것 같아서(판매 가능성)', '작업이 쉬워서', '지역적 특성을 고려해서', '물량공급이 원활해서', '시설설비 비용이 적으므로' 등의 순으로 결과를 보였다. 이는 우리나라의 전체 장애인 직업재활시설의 생산업종 선택 동기와 유사하게 나타났다. 다만,

이러한 이유는 근로사업장이 보호작업장보다 근로장애인 수가 더 많으며, 이로 인해 근로장애인에 대한 임금지급과 매출에 대한 부담을 상대적으로 더 많이 가지고 있기 때문으로 해석될 수 있다.

〈표 16〉 에덴복지재단 장애인 직업재활시설 업종 선택동기 순위

시설유형 (근로작업장)	작업이 쉬워서	수요가 많을 것 같아서 (판매가능성)	시설설비 비용이 적으므로	물량공급이 원활해서	장애인에게 적합한 업종으로 판단해서	지역적 특성을 고려해서	벤치마킹을 통해	전문컨설팅 또는 자문을 받아서
전국	5	2	4	8	1	3	7	6
에덴복지재단	3	2	6	5	1	4	7	8

한편 에덴복지재단 장애인 직업재활시설의 주요 생산품은 대부분 2차 산업에 해당하는 생산품이었다. 총 매출액 128억 원 중 주요 생산품목은 플라스틱사업(쓰레기 종량제, 쇼핑백, 수도계량기 동파방지용 비닐커버, 비닐재생품)이 90억 원, 인쇄사업(다양한 형태의 제품)이 30억 원, 판촉물사업이 8억 원 순으로 나타났다.

에덴복지재단 장애인 직업재활시설에서 조달납품하는 생산품에 대하여 조사한 결과, 대부분이 조달납품 생산품이다. 특히 근로사업장에서 조달납품을 생산하는 것은 장애인을 다수 고용하고 있는 장애인 근로작업장의 생산품을 공공기관이 우선 구매함으로써 장애인의 일자리 창출과 고용안정을 꾀할 수 있는 측면에서 바람직하다고 볼 수 있다. 이러한 이유는 근로사업장이 상대적으로 생산품 전 공정을 만드는 직접생산이 가능성이 높고, 규모가 크며, 생산품목의 시장 경쟁력이 높다고 해석할 수 있다.

에덴복지재단 장애인 직업재활시설의 조달납품 과정상의 어려움을 〈표 17〉과 같이 살펴본 결과, '생산품의 가격경쟁력', '장애인생산품에 대한 인식과 홍보 부족', '시설장비의 부족' 등의 순으로 나타났다. 근로사업장은 '생산품의 가격경쟁력', '장

애인생산품에 대한 인식과 홍보부족' 등의 사유를 통해 판매경쟁에서 어려움이 있는 것으로 나타났다.

〈표 17〉 에덴복지재단 장애인 직업재활시설 조달납품의 어려움

시설유형(근로작업장)	인식과 홍보 부족	시설의 생산능력 부족	시설 장비 부족	생산품 가격경쟁력	계약절차 까다로움	조달등록 과정 어려움	입찰조건 충족 어려움	애로사항 없음
전국	2	7	5	1	3	6	4	8
에덴복지재단	2	4	3	1	7	6	5	8

에덴복지재단 장애인 직업재활시설의 생산품에 대한 품질관리를 위한 노력 정도를 알아보기 위해 품질인증 획득 현황을 살펴본 결과, ISO 9001 품질경영 등 인증시스템 종류로는 〈표 18〉과 같이 ISO 9001과 ISO 14001, 친환경, 사회적기업, 장애인생산품, 중증장애인생산품 생산시설지정, 한국플라스틱표준표시인증서, 환경표지인증서 등과 같은 품질인증을 획득하였다. 특히 에덴복지재단은 생산품의 관리를 위해 더 많이 노력하고 있었다. 이러한 이유로 에덴복지재단에서 생산되는 생산품은 다른 직업재활시설에 비해 조달납품 비율이 높고 경쟁력을 갖춘 것으로 해석된다.

〈표 18〉 에덴복지재단 장애인 직업재활시설 품질인증 획득 현황

구 분		ISO 등	친환경 인증	사회적기업 (고용노동부 인증)	장애인 생산품 인증	중증장애인 생산품 생산시설 지정	한국플라스틱표준 표시인증서	환경표지 인증서
시설 유형	근로	○	○	○	○	○	○	○

에덴복지재단 근로사업장은 「중증장애인생산품 우선구매 특별법」에 의해 중증장

애인생산품 생산시설로 지정받았다. 고용노동부로부터 사회적기업 인증을 추가적으로 받아 일거리 확보에 적극적으로 대응하였다. 이렇게 에덴복지재단이 생산품 관련 인증 비율을 높인 것이 매출과 이익금, 그리고 근로장애인의 임금을 높일 수 있었던 비결이었다. 이를 통해 우리나라에서 중증장애인의 고용이 가장 많이 이루어지는 사업장으로 에덴복지재단이 존재할 수 있었다.

그러나 쓰레기종량제봉투 외의 기타 생산품을 구입하는 지방자치단체의 감사원이 다수공급자 계약제도(MAS, Multiple Award Schedule)[23)]를 적용하여 2단계 입찰 방식을 권고하였다. 이에 따라 에덴복지재단은 중증장애인 고용유지에 위기를 맞고 있다. 이러한 조달납품을 계약하는 과정에서 탈락하여 장애인 고용을 유지하지 못한다면 「중증장애인생산품 우선구매 특별법」 목적에 부합하지 않게 된다. 따라서 이 문제에 대해 대안을 마련할 필요가 있을 것이다.

장애인 직업재활시설 근로장애인 현황

에덴복지재단 장애인 직업재활시설에 근로하는 장애인의 현황은 전체 근로장애인 139명 중 에덴하우스 97명(중증장애인 72명, 경증장애인 25명), 형원 42명(중증장애인 39명, 경증장애인 3명)으로 나타났다. 에덴복지재단 장애인 직업재활시설 근로장애인의 장애유형은 지적장애인이 86명으로 가장 많았으며, 지체장애인 29명, 정신장애인 2명, 시각장애인 2명, 뇌병변장애인 2명, 자폐성장애인 1명, 기타 장애인 17명 등의 순으로 나타났다.

23) 정부조달과 관련하여 각 공공기관의 다양한 수요를 충족하기 위하여 품질, 성능, 효율 등에서 동등하거나 유사한 종류의 물품을 수요기관이 선택할 수 있도록 2인 사업자 이상을 계약 상대자로 하는 계약제도이다.

〈표 19〉 2017년 에덴복지재단의 장애인 직업재활시설 장애 유형별 고용현황

(단위: 명)

장애정도 (근로작업장)				장애유형								임금지급 현황
분류	계	중증	경증	계	지적 장애	지체 장애	시각 장애	정신 장애	뇌병변	자폐 장애	기타	개인별 평균 임금(월)
에덴하우스	97	72	25	97	49	28	2	2	0	0	16	1,425천원
형원	42	39	3	42	37	1	0	0	2	1	1	974천원
합계	139	111	28	139	86	29	2	2	2	1	17	1,199천원

에덴복지재단 장애인 직업재활시설 유형별로 〈표 19〉 에덴복지재단의 장애인 직업재활시설 장애 유형별 고용현황과 같이 살펴보면, 에덴하우스와 형원 모두 지적장애인의 비율이 가장 높으며, 장애인 직업재활시설에 근로하는 장애인 중에서 소수가 기초생활 수급대상자인 것으로 나타났다. 에덴복지재단 장애인 직업재활시설 근로장애인 중 중증장애인은 111명으로 전체 근로장애인의 79.9%를 차지하고 있다. 에덴하우스 근로작업장의 경우에는 장애인 수의 74.2%인 72명이, 형원 근로사업장의 경우에는 88.1%인 37명이 중증장애인으로 나타났다. 에덴복지재단 장애인 직업재활시설 유형별 중증장애인 비율의 차이는 법적 기준에 따른 것으로 볼 수 있으며, 이외에도 인지능력과 사회성 부족으로 사실상 일반고용이 어려운 발달장애인을 더 많이 고용하고자 하는 에덴복지재단 고용철학이 반영된 것으로 해석할 수 있다.

한편 에덴복지재단 장애인 직업재활시설 근로장애인의 수당과 임금을 조사한 결과, 근로장애인의 월평균 임금은 1,199천 원으로 나타났다. 시설 유형별로는 에덴하우스 근로사업장 근로장애인의 월평균 임금이 1,425천 원이었으며, 형원 근로사업장의 근로장애인 월평균 임금이 959천 원으로 나타났다. 시설 유형별 임금이 많은 차이를 보이는 이유는 형원 근로사업장의 근로장애인은 훈련계획에 따라 일정기간 동안 정기적으로 훈련 프로그램에 참가하고 있기 때문이다. 따라서 근로의 개념이 아닌 훈련생으로 간주하여 수당을 지급하고 있어 평균임금이 낮은 것으로 해석된다.

즉 근로장애인의 업무능력보다는 생산시스템과 판로유지의 차이 때문에 에덴하우스의 근로장애인이 상대적으로 임금을 많이 받는 것이다.

또한 에덴복지재단 장애인 직업재활시설에서 최저임금 이상을 받는 장애인은 총 109명이며, 에덴하우스에서는 90명(92.8%), 형원에서는 20명(51.3%)이 해당한다. 에덴복지재단 장애인 직업재활시설의 근로장애인 임금수준을 비교해 볼 때, 에덴하우스는 약 7.2% 미만, 형원은 48.7% 미만의 근로장애인만이 최저임금 이하의 급여를 받는 것으로 나타났다. 이는 중증장애인 다수고용사업장 형원의 수익구조가 취약한 것으로 볼 수 있다.

그리고 에덴복지재단 장애인 직업재활시설에서는 설립취지에 맞게 「장애인복지법」에 따라 최소 근로장애인 수, 중증장애인 비율, 최저임금 이상 지급을 위한 노력 등을 충실히 지키고 있었다.

3) 장애인 직업재활 운영정책의 만족도 조사

에덴복지재단 장애인 직업재활시설 운영에 대하여 의견을 조사한 결과, 〈표 20〉 에덴복지재단 장애인 직업재활시설 지원정책의 중요도 조사와 같이 '필요한 인력에 대한 지원 확대'에 대한 중요도가 가장 높았으며, '시설 운영비 지원을 현실적으로 인상', '정원 기준에 맞는 근로자 배치', '중증장애인생산품 우선구매제도 적용 문제' 등의 순으로 나타나 근로사업장의 생산 활동과 이에 따른 장애인의 인력지원에 영향을 미칠 수 있는 지원제도에 보다 큰 만족을 느끼고 있는 것으로 나타났다(에덴복지재단 자료제공, 2018).

에덴복지재단 장애인 직업재활시설 지원정책에 대한 중요도를 통해 알 수 있는 것은 직업재활시설에 대한 지원정책이 주로 생산 활동을 지원하기 위한 것들이 주를 이루고 있어 근로사업장에서 상대적으로 더 만족하고 있는 것으로 해석된다. 이와 같이 에덴복지재단 장애인 직업재활시설의 주요 기능과 운영 목적인 중증장애인의 훈련 및 고용기회 제공이라는 것을 충분히 달성하고 있는가에 대한 고민도 필요할 것으로 생각된다.

〈표 20〉 에덴복지재단 장애인 직업재활시설 지원정책의 중요도 조사

지원정책의 중요도 조사내용	중요도 순위
필요한 인력에 대한 지원 확대	1
시설운영비 지원을 현실적으로 인상	2
정원 기준에 맞는 근로자 배치	3
기능보강사업 확대	5
중앙정부로의 환원	7
지자체의 직업재활시설 관련조례 제정	6
중증장애인생산품 우선구매제도 적용 문제	4
최저임금 적용제외	8
기타	9

에덴복지재단 장애인 직업재활시설을 운영함에 있어 겪는 애로사항(어려운 점)에 대해 조사한 결과, 근로사업장의 경우 〈표 21〉과 같이 '전문인력 부족'이 가장 높았고, '생산품 경쟁력부족', '시설 운영 재정', '작업물량 확보 부족', '생산아이템 개발', '판로 부족', '공간 부족'과 '시설 상호 간 협력, 연계체계 미흡' 등이 뒤를 이었다. 장애인 근로사업장은 법적으로 보장되어 있는 직원조차 충분히 지원받고 있지 못하고 있기 때문에 전문인력 부족이 가장 큰 어려움이라고 응답하였으며, 이와 더불어 시설에 대한 '생산품 경쟁력 부족'과 '시설 운영 재정' 지원이 부족하다고 느끼고 있는 것으로 볼 수 있다. 특히 근로사업장의 경우에는 장애인생산품의 경쟁력과 아이템개발에 대한 어려움이 큰 것으로 나타나 비교적 인프라의 구조 · 체계는 안정적으로 느끼고 있으며, 생산품의 질적 향상을 통한 판로에 어려움을 겪고 있는 것으로 보인다.

〈표 21〉 에덴복지재단 장애인 직업재활시설 운영상 애로사항 우선순위

시설유형 (근로사업장)	시설 운영 재정	시설 상호 간 협력, 연계 체계 미흡	생산품 경쟁력 부족	전문 인력 부족	작업 물량 확보 부족	근로장애인 임금수준 열악	법적 제도 미비	생산 아이템 개발	장비 부족	공간 부족	판로 부족
전국	1	7	3	6	5	9	2	4	10	11	8
에덴복지재단	3	8	2	1	4	11	9	5	10	7	6

에덴복지재단 장애인 직업재활시설의 원활한 운영을 위해 현시점에서 시급히 개선 또는 해결되어야 할 사항에 대해서 개방형으로 조사한 결과, 근로사업장은 '업무량에 비해 인력부족(사무, 행정, 영업 등 피로도 누적)'이 가장 높았으며, '시설 운영에 따른 보조금 확대', '우선구매제도 강화 및 판매활동 지원' 등의 순으로 나타났다.

3. 에덴복지재단 장애인 직업재활의 문제점

본 연구에서 에덴복지재단 장애인 직업재활시설의 운영현황을 분석한 결과 드러난 문제점은 다음과 같다. 업무량에 비해 인력이 부족한 관계로 사무, 행정, 영업 등 영역에서 피로도가 누적되어 있다. 따라서 유통 및 영업 등의 영역에서 전문인력의 증원이 필요하다. 그리고 생산시설의 보강을 통해 효율성을 높여야 한다. 또한 사업과 환경개선을 위해 적극적으로 투자를 모색해야 한다. 나아가 근로장애인의 복리후생을 좀 더 확대해야 한다. 정부의 다수공급자 계약제도를 개선하여 경쟁력이 부족한 중증장애인 생산품이 공급될 수 있도록 판로개척지원이 필요하다. 그리고 직업재활시설 운영에 필요한 재정적 지원이 필요하다.

위의 문제점에 대한 개선방안으로는 에덴복지재단 장애인 직업재활인력지원, 생산시설 운영 보조금 확대, 중증장애인생산품 우선구매제도 강화 및 판매활동 지원, 근로장애인의 임금보조, 전문인력 확보 등을 제시하였다.

위의 분석결과를 바탕으로 에덴복지재단 장애인 직업재활시설 운영 개선을 위해 몇 가지 방안을 제시하고자 한다. 첫째, 직업재활시설의 장애인근로자 인력비용에 따른 자부담을 줄여야 한다. 에덴복지재단 장애인 직업재활시설 근로장애인은 중증장애인이 대부분을 차지하고 있으며, 훈련과 생산활동을 동시에 추구하고 있다. 에덴복지재단과 같이 실질고용이 많은 시설의 경우 더 많은 전문인력이 배치될 수 있도록 해야 할 것이다. 전문인력 확보 또는 양성에 대해서는 국가 및 지방자치단체에서 예산확보를 위해 적극적으로 노력할 필요가 있을 것이다. 적정 인력배치 기준을 마련하기 위해 에덴복지재단 장애인 직업재활시설 유형별 · 생산업종별 특성을 고려하여 근로자의 직무를 분석해 현장에서 공감할 수 있는 배치기준이 마련되어야 할 것이다.

둘째, 에덴복지재단 장애인의 직업재활시설별 특성을 고려하여 창의적 사업을 추진할 수 있도록 경영컨설팅, 프로그램 지원사업 등의 정책들이 확대되어야 한다. 에덴복지재단 장애인 직업재활시설에서는 창의적으로 사업을 추진할 수 있는 환경 마련이 되지 않아 어려움을 겪고 있다. 현재 정부 지원정책은 주로 생산활동 강화에 초점이 맞춰져 있는데, 이러한 활동이 더욱 안정적으로 이루어질 수 있는 지원사업이 확대되어야 할 것이다. 이러한 지원사업에 대한 효과, 만족도 등을 충분히 분석하여 효율적인 정책이 될 수 있어야 한다.

마지막으로 에덴복지재단 장애인 직업재활시설의 생산품에 대한 판로확보, 홍보와 이에 따른 행정적 지원이 필요하다. 에덴복지재단 장애인 직업재활시설은 장애인 생산품에 대한 인식과 홍보가 부족하고, 가격경쟁력이 낮아 조달납품에 어렵다는 문제점을 안고 있다. 그리고 중증장애인생산품 생산시설로 지정받았음에도 불구하고 다수공급자 계약제도로 인해 조달납품을 제대로 하지 못하고 있다. 따라서 다수공급자 계약제도를 개선할 필요가 있다. 아울러 보건복지부와 지방자치단체에서 장애인 생산품에 대한 대국민 홍보를 정기적으로 실시하여 민간영역으로의 판로를 확보할 수 있도록 노력해야 한다. 지역별 혹은 품목별 조합을 구성하여 직업재활시설의 생산 및 판매과정에 부담을 줄이는 방법도 고려할 필요가 있다.

Ⅳ. 에덴복지재단 장애인 직업재활의 역할 및 평가

1. 에덴복지재단 장애인 직업재활의 역할

에덴복지재단은 기존의 장애인 수혜적 복지에서 생산적 복지로 개념을 전환했다는 점에서 장애인 직업재활 분야에 사회적으로 크게 기여했다고 할 수 있다. 에덴복지재단은 중증장애인을 고용하여 그들이 자립생활을 영위하도록 하는 선도적인 역할을 수행했다. 장애인 개인적인 측면뿐 아니라 법, 제도의 제정과 개정에 참여하는 등 국가 및 지역사회에 커다란 영향을 미쳤다.

1) 장애인 개인적 측면의 선도적 효과

에덴복지재단은 직업재활이란 용어도 없던 시절부터 에덴하우스를 시작으로 중증장애인 다수고용사업장을 실현해 왔다. 사회복지시설의 탈시설화가 추세인데, 에덴복지재단 장애인 직업재활시설은 규모 면에서 중소기업형으로 전환해야 한다는 당위성을 제기하고, 그 현실성을 증명했다. 예컨대 에덴하우스의 쓰레기종량제봉투의 경우 규모의 경제개념을 도입한 생산장비, 장애 · 비장애 인력의 통합배치 등으로 현장에 맞게 발전시켜 왔다. 에덴복지재단은 에덴하우스의 경험을 바탕으로 중증장애인 다수고용사업장의 필요성을 지속적으로 제기(2008년도부터 정책반영)하여, 중증장애인 다수고용사업장 '형원'을 설립하여 경쟁력을 갖추고 일반 민간시장인 농협 하나로클럽(마트), 롯데마트 등에 입점하여 참숯주방세제(소나무숯 함유) · 프리

미엄 주방세제(피톤치드 함유) 등을 판매하고 있다. 그리고 '1030 착한소비운동'을 전개하여 중증장애인생산물품 구매를 통한 중증장애인의 일자리 창출에 기여하고 있다.

에덴복지재단은 에덴하우스와 형원을 통해 중증장애인으로 분류되는 발달장애인(지적장애, 자폐성장애) 등에게 근로의 기회를 제공하여 장애인의 잠재적 직업능력을 작업현장에서 발굴함으로써 경제적 독립을 할 수 있도록 돕고 있다. 또한 작업현장에 참여함으로써 지체장애인은 근육 운동량, 신체적 기능이 향상되고 발달장애인은 사회성이 향상되며 상동행동이 자연스럽게 줄어드는 효과를 보고 있다.

나아가 정신적 기능 또한 향상된다. 장애인의 근로는 사회적 관계를 형성하게 함으로써 신체적 제한이 있는 장애 · 비장애인들이 서로를 없어서는 안 되는 존재로서 인식하게 한다. 따라서 서로를 보충하는 관계로 이해하며 사회적으로 발전하게 된다. 더욱이 장애인 동료 간에 발생하는 문제를 동료 간에 자발적인 치료관계로 발전시킬 수 있다.

더불어 에덴복지재단 장애인 직업재활은 가정이나 사회에서 무시 · 방치되었던 장애인이 함께 모여 일할 수 있는 기회를 만들고, 일을 통해 장애인 스스로가 삶에 대한 의욕을 갖고, 서로 돕고 의지할 수 있는 장애인 공동체를 만드는 데 크게 기여하였다. 그리고 에덴하우스에서 자체적으로 운영하는 한글교실, 수학교실, 음악교실, 댄스교실 등의 다양한 여가활동은 장애인의 삶의 욕구를 충족시켜 주는 결과를 가져왔다. 이러한 사회성 향상과 동료애 등은 장애인 스스로가 사회적응 능력을 향상시키며, 개인의 능력을 개발하는 계기를 마련해 주었다.

2) 국가 및 지역사회 측면의 영향

에덴복지재단은 장애인복지의 개념을 수혜적인 개념에서 생산적인 개념으로 전환하였다. 먼저 정부지원 예산을 '소비중심'에서 '생산적 투자'로 변화시켰다. 예컨대 1983년에 장애인 직업재활시설을 설립하여 그 이후 각종 아이템 사업을 통해 매년 13,500여 명의 장애인들에게 취업 기회를 제공하고 있다.

둘째, 에덴복지재단은 중증장애들이 스스로 일군 사회적기업으로 발돋움하였으며, 기초생활보장 수급자인 중증장애인을 세금을 내는 국민으로 전환하였다. 에덴복지재단은 장애인복지시설이 산업(생산) 현장으로 전환하는 데 앞장섰다. 사회복지시설 '이용자'가 정당한 '근로자'로 되어 가정이나 생활시설의 단순보호에 의존할 수밖에 없었던 장애인들이 스스로 소득을 창출하고 납세 및 가족 부양을 가능케 하였다. 중증장애인을 위한 사회적 · 경제적 자립 지원 측면에서 본다면 근로기준법이 정한 최저임금 이상의 급여를 지급하여 안정된 소득을 보장하였으며 법이 정한 5대 보험의 가입을 지원하여 중증장애인들의 개별복지 향상에 기여하였다. 에덴복지재단 장애인 직업재활시설은 중증장애인 139명을 고용, 월평균 1,192천 원의 임금을 지급하고 있다.

셋째, 에덴복지재단은 장애인의 생산적 복지실현과 장애인 인식개선에 주력, 장애인복지증진 구현 및 '삶의 질' 향상에 기여하였다. 중증장애인에게 직업훈련의 기회를 제공하여 자기개발, 결혼 등 미래설계를 가능하게 하였으며, 지역사회의 일원으로 살아갈 수 있도록 하여 장애인의 사회통합에 기여하였다. 나아가 장애인에 대한 인식개선을 위해 '장애인도 일할 수 있다'는 이미지를 심어 주었고, 장애인에게는 근로의 보람을 제공하여 생산적 복지를 실현하여 사회와의 통합을 지향하였다.

이처럼 에덴복지재단은 생산적 복지이념을 실현하여 국내 장애인 직업재활시설 가운데 선구적인 역할을 수행하고 있다. 에덴복지재단은 많은 장애인복지시설이 장애인 직업재활시설에 대한 개념을 정립하고, 직업재활시설의 필요성을 인지하도록 하였다. 에덴복지원이 설립되던 1983년에는 척박하였던 장애인 직업재활시설은 이제 3개의 유형으로 나누어져 장애인들을 근로현장에 참여시키고 있다. 동시에 에덴복지재단을 통해 장애인생산품의 양적 · 질적 측면에서 냉담하였던 기업이 장애인

생산품에 대한 편견을 제거하고 재인식함으로써 장애인 직업재활의 가능성을 확인할 수 있었다.

에덴복지재단은 근로를 통해 장애인이 사회 · 경제적으로 독립할 수 있게 하였으며, 자조(自助)집단을 형성시켰고, 이 집단을 통해 장애인이 활발하게 사회에 참여할 수 있도록 하여 전체적인 삶의 질을 향상시켰다. 즉 장애인이 근로를 통해 환경과 자신을 변화시켜 나갈 수 있게 했으며, 제2의 산물을 산출하는 생산적 복지를 실현했을 뿐 아니라 장애인의 사회관계 형성을 통한 사회통합 가능성을 제시한 것이다.

3) 법 · 제도의 제정 · 개정의 참여 및 기여

에덴복지재단은 장애인 직업재활 활성화를 위해 정부 및 지방자치단체(장)와 사회일각의 관심을 모으는 데 일조하고, 직업재활시설 현장의 실상을 종합하여 정책반영에 주도적인 역할을 하였다. 에덴복지재단은 학계 · 정계 · 사회복지단체 · 사회복지관련 공무원들과 여러 차례의사소통을 하였다. 또한 정덕환은 한국장애인복지시설협회 직업재활분과위원장 및 한국장애인직업재활시설협회 회장, 장애인근로작업시설연합회 구성운영 위원, 장애인복지대책위원회 위원으로 활동하였다. 나아가 「장애인고용촉진 및 직업재활법」(구 「장애인고용촉진 등에 관한 법률」) 제정에 기여하고 장애인생산품 우선구매제도 마련에 기여하였다. 특히 「중증장애인생산품 우선구매 특별법」의 제정(2008년 9월)에는 커다란 역할을 수행하여 직접적으로 영향을 끼쳤다. 즉 장애인 직업재활시설에서 생산하는 제품을 정부 · 공공기관 및 지방자치단체가 우선 구매할 수 있도록 하는 「장애인복지법」을 비롯하여 시행령 및 시행규칙과 고시 2000-4호(장애인생산품 우선구매제도 실시기준) 등의 법적 · 제도적 근거 마련을 위해 적극적으로 관여하였다.

에덴복지재단은 중증장애인 직업재활 프로젝트를 통해 직업재활관련 법과 제도를 새롭게 제정 또는 개정하는 데 주도적으로 기여하였다. 그 결과로 첫째, 「장애인복지법」의 개정과정에 이바지하였다. 장애인들이 만든 생산품 판매가 지속적으로 이루어지는 제도를 만들기 위하여 국가나 지방자치단체에서는 우선구매제를 시행하도록 하였다. 예컨대 국가의 구매의무도 감당하도록 법적으로 명시하는가 하면 에덴복지재단(에덴하우스)에서 생산하는 쓰레기 분리수거용 합성수지 종량제봉투는 우리나라의 시 · 군 · 구 지방자치단체에서 구입하는 것 중에서 20/100 이상 구매하도록 고시한 것이다.

둘째, 국가를 당사자로 하는 계약법의 개정에 이바지하였다. 각 중앙관서의 장이나 계약 공무원이 단가계약을 할 수 있도록 하였으며, 에덴복지재단(에덴하우스)처럼 사회복지사업에 의해 설립된 법인에서 생산하는 물품을 계약할 때 경쟁이나 입찰에 의하지 않고 수의계약 할 수 있도록 하는 대표적인 사례가 되었다.

셋째, 조달사업에 관한 법률 개정에 이바지하였다. 정부 당국에서 사용하는 물품을 구매하는 조달청에서 계약을 할 때 특례 조항을 둘 수 있도록 하는 대통령령을 개정하도록 하였으며, 이에 따라 단가계약도 소위 생산 · 판매자 중심의 제3자를 위한 단가계약을 체결할 수 있도록 하였다.

넷째, 「장애인고용촉진 및 직업재활법」 개정에 이바지하였다. 제정에 가까울 만큼 전면 개정한 「장애인고용촉진 및 직업재활법」은 2000년 7월부터 새롭게 시행되었다. 1991년 장애인고용촉진 등에 관한 법률로 시행된 이 법은 명칭변경과 함께 전면 개정되었다. 그 내용으로는 중증장애인에 대한 정의가 삽입되었고, 지원고용과 보호고용이 새로이 명문화되었다. 그전까지만 해도 300인 이상 기업에 2%만큼 의무적으로 고용해도 의무고용제도만 규정되어 있었는데 에덴복지재단(에덴하우스)의 사례와 강력한 요구로 인하여 지원고용(Supported Employment)[24]과 보호고용(Sheltered Employment)[25]을 개념 정의한 것이다. 사실 이렇게 됨으로 인해 직업적 중증장애인에게도 직업재활과 고용의 길을 열어주는 법 · 제도를 전면 개정하는 데 기여하였다.

4) 중증장애인 복지를 위한 국제적 협력

에덴복지재단은 국내 장애인 직업재활시설 및 아시아 태평양 지역 저개발국들과 직업재활을 위한 정보공유와 사례 전파를 통해 국내외 장애인 직업재활시설의 선구자적 역할을 수행하고 있다. 예컨대 WI(Workability International),[26] UN ESCAP, ILO, 아태장애인 10년 캠페인 등 다수의 국제회의에 참석한 바가 있고 WI-Asia 연차총회 서울대회를 유치하는 등 많은 노력을 기울였다. 2007년 WI-Asia 연차총회 서울대회(2007. 5. 27.~5. 30.) 개최를 통해 국내외 중증장애인들에 대한 직업재활과 소득보장 활성화에 기여하고 행사를 통해 우리나라의 장애인 직업재활 및 고용분야에 대한 전반적인 위상을 세계에 널리 소개하는 계기를 마련하였다. 특히 에덴복지재단 방문행사를 통해 장애인 직업재활시설 현장을 직접 견학할 수 있게 하여 각국의 참여자들이 많은 관심과 감탄을 자아냈다. 본 방문이 우리나라의 직업재활시설을 해외에 널리 알리는 계기가 되었을 것으로 사료된다.

2. 에덴복지재단 장애인 직업재활의 평가

에덴복지재단 장애인 직업재활의 평가는 개인의 적성과 흥미, 신체적 능력에 관한 제반 자료를 수집하고 분석하여 그에 알맞은 직업에 관한 정보를 제공함으로써 적절한 직업을 가지고 유지하도록 돕는 과정이다. 에덴복지재단의 장애인 직업재활을

---

24) 중증장애인의 현장적응력을 높이기 위하여 취업기업체에 근로자를 먼저 배치하고 장애인 직업재활전문가(직업코치)가 현장에서 직접 훈련 · 지원하여 단계적으로 채용되게 하는 고용방법이다.

26) WI-Korea는 미국의 Good-Will, 영국의 Remploy, 스웨덴의 Samhall, 일본의 제3섹터 모형 등 장애인 고용창출을 통해 생산적 복지를 추구하는 세계 37개국이 가입된 국제기구이다. 그간 에덴이 추구해 온 중증장애인의 고용창출을 통한 사회적기업의 사례가 ILO, UN ESCAP, 오사카포럼 등을 통해 국제적으로 알려지는 계기가 됨으로써, 에덴모형을 아시아를 비롯한 저개발국가 등에 전파를 추구하고자 WI에서 에덴의 정덕환 이사장을 WI-Korea의 대표로 추대하였다.

평가하는 과정에서 정책과제 논의 및 제언을 찾아보고자 한다.

1) 법 · 제도 측면

우리나라 장애인 직업재활에 관한 사항을 규정하는 법률로는 장애인 고용과 직업훈련이 중심이 되는 「장애인고용촉진 및 직업재활법」과 직업적용과 재활이 기본이 되는 보건복지부의 「장애인복지법」, 그리고 직업교육을 규정하고 있는 교육부의 「특수교육진흥법」이 있다. 물론 가장 핵심이 되는 장애인 직업재활 관계법령은 직업재활법이지만 「장애인복지법」에도 직업재활시설의 규정이나 장애인생산품 우선구매제도, 지정발주제, 수의계약 등 장애인생산품 판매에 대한 정부 및 지방자치단체의 책무를 규정하고 있어 이 법이 지닌 직업재활의 의미도 크다.

아울러 특수교육현장에서도 직업교과목의 증대와 직업교육이 강화되고 있어 특수교육진흥법의 역할과 기능도 더욱 커지고 있다. 하지만 직업재활에 대한 개념으로서의 「장애인고용촉진 및 직업재활법」은 "장애인이 그 능력에 맞는 직업생활을 통하여 인간다운 생활을 할 수 있도록 장애인의 고용촉진 및 직업재활을 도모함을 목적"으로 한다고 되어 있다. 이 법에서는 장애인의 고용촉진 및 직업재활의 내용들을 자세히 규정하고 있다. 「장애인고용촉진 및 직업재활법」의 1차적인 목적은 장애인 직업재활권의 보장이지만 궁극적인 목적은 직업재활권의 실현을 통하여 장애인의 근로권과 인간다운 생활권의 보장이라 할 수 있다. 즉 장애인의 실질적인 근로권 보장과 인간다운 생활권 보장에 부합되는 내용으로 직업재활에 관한 특별법이면서 사회복지법 및 노동법의 성격을 지니는 법률이라 할 수 있다.

이러한 「장애인고용촉진 및 직업재활법」의 내용은 크게 보아 사회보장적 조치에 관한 권리와 직업생활을 통하여 자립하는 권리의 내용을 포함한다고 볼 수 있다. 전자에는 주로 직업재활사업의 보장과 장애인 의무고용제의 내용이 이에 해당한다고 할 것이고, 후자는 장애인이 직업을 통해 자립생활을 가능하게 하기 위한 근로조건의 보장, 특히 적정임금과 근로시간의 보장이 그 내용에 포함된다고 할 것이다. 그러나 이 법률에도 몇 가지 문제점이 보이는데 그 내용을 살펴보면 다음과 같다.

첫째, 법률적인 권리보장의 문제이다. 「장애인고용촉진 및 직업재활법」은 기본적으로 사회보장권의 일종으로 그 보장이 무제한적인 것은 아니다. 헌법상의 제한으로서 장애인의 직업재활권도 국가안전보장 또는 질서유지를 위해 필요한 경우에는 법률로써 제한될 수 있다(헌법 제37조 제2항). 다만 이 경우에도 직업재활권의 본질적인 내용을 침해해서는 안 된다. 또한 장애인의 직업재활에 관한 권리는 생존권에 속하는 것으로 헌법상에 보장된 기본권이라고 할지라도 국가의 적극적인 입법과 정책이 수반되지 않으면 사실상의 권리보장이 어렵게 되는 한계가 있다.

둘째, 재정확보의 문제이다. 장애인고용촉진 및 직업재활은 사회보장적 조치를 수반해야 하는 경우가 많으므로 사실상 재정적 뒷받침 없이는 실질적인 보장이 이루어질 수 없다. 구체적인 법률이 제정된다고 할지라도 이를 시행해야 하는 예산이 마련되지 않는다면 조치를 실시할 수 없게 된다.

셋째, 인적 구성의 문제이다. 장애인 직업재활사업은 전문성을 요구하는 사업이다. 장애의 유형과 특성이 다양하여 각각에 알맞은 직업재활의 방법으로 접근해야 하기 때문에 이를 담당할 다양한 전문가들이 필요하다. 이처럼 전문성 있는 인적자원의 확보는 시간과 재정을 필요로 하여 직업재활의 수요를 감당하기에는 어느 정도의 시일이 걸릴 수밖에 없어 이 역시 현실적인 한계라고 할 것이다.

2) 장애인 직업재활시설 및 프로그램

2015년 「장애인복지법」 시행규칙 개정작업을 통해 그동안 근로사업장과 보호작

27) 장애인 직업재활시설: 일반 작업환경에서는 일하기 어려운 장애인이 특별히 준비된 작업환경에서 직업훈련을 받거나 직업 생활을 할 수 있도록 하는 시설.

업장으로 운영되던 장애인 직업재활시설[27]을 장애인 보호작업장, 장애인 근로사업장, 장애인 직업적응훈련시설 등 3개 유형으로 구분하여 신고하도록 하고 있다.

〈표 22〉 장애인복지시설의 종류(시행규칙 제41조 관련, 개정 2015. 12. 31.)

구분	시설의 종류 및 기능
1. 장애인 거주시설	가. 장애유형별 거주시설: 장애유형이 같거나 유사한 장애를 가진 사람들을 이용하게 하여 그들의 장애유형에 적합한 주거지원 · 일상생활지원 · 지역사회생활지원 등의 서비스를 제공하는 시설 나. 중증장애인 거주시설: 장애의 정도가 심하여 항상 도움이 필요한 장애인에게 주거지원 · 일상생활지원 · 지역사회생활지원 · 요양서비스를 제공하는 시설 다. 장애영유아 거주시설: 6세 미만의 장애영유아를 보호하고 재활에 필요한 주거지원 · 일상생활지원 · 지역사회생활지원 · 요양서비스를 제공하는 시설 라. 장애인 단기거주시설: 보호자의 일시적 부재 등으로 도움이 필요한 장애인에게 단기간 주거서비스, 일상생활지원서비스, 지역사회생활서비스를 제공하는 시설 마. 장애인 공동생활가정: 장애인들이 스스로 사회에 적응하기 위하여 전문인력의 지도를 받으며 공동으로 생활하는 지역사회 내의 소규모 주거시설
2. 장애인 지역사회 재활시설	가. 장애인복지관: 장애인에 대한 각종 상담 및 사회심리 · 교육 · 직업 · 의료재활 등 장애인의 지역사회생활에 필요한 종합적인 재활서비스를 제공하고 장애에 대한 사회적 인식 개선사업을 수행하는 시설 나. 삭제 〈2012. 4. 10.〉 다. 장애인 주간보호시설: 장애인을 주간에 일시 보호하여 장애인에게 필요한 재활서비스를 제공하는 시설 라. 삭제 〈2012. 4. 10.〉 마. 삭제 〈2012. 4. 10.〉 바. 장애인 체육시설: 장애인의 체력증진 또는 신체기능 회복활동을 지원하고 이와 관련된 편의를 제공하는 시설 사. 장애인 수련시설: 장애인의 문화 · 취미 · 오락활동 등을 통한 심신수련을 조장 · 지원하고 이와 관련된 편의를 제공하는 시설 아. 장애인 생활이동지원센터: 이동에 상당한 제약이 있는 장애인에게 차량 운행을 통한 직장 출퇴근 및 외출 보조나 그 밖의 이동서비스를 제공하는 시설 자. 수화통역센터: 의사소통에 지장이 있는 청각 · 언어장애인에게 수화통역 및 상담서비스를 제공하는 시설 차. 점자도서관: 시각장애인에게 점자간행물 및 녹음서를 열람하게 하는 시설 카. 점자도서 및 녹음서 출판시설: 시각장애인을 위한 점자간행물 및 녹음서를 출판하는 시설 타. 장애인 재활치료시설: 장애아동을 포함한 장애인에게 언어 · 미술 · 음악 등 재활치료에 필요한 치료, 상담, 훈련 등의 서비스를 제공하고 서비스를 이용한 자로부터 비용을 수납하여 운영하는 시설

3. 장애인 직업재활시설	가. 장애인 보호작업장: 직업능력이 낮은 장애인에게 직업적응능력 및 직무기능 향상훈련 등 직업재활훈련 프로그램을 제공하고, 보호가 가능한 조건에서 근로의 기회를 제공하며, 이에 상응하는 노동의 대가로 임금을 지급하며, 장애인 근로사업장이나 그 밖의 경쟁적인 고용시장으로 옮겨 갈 수 있도록 돕는 역할을 하는 시설 나. 장애인 근로사업장: 직업능력은 있으나 이동 및 접근성이나 사회적 제약 등으로 취업이 어려운 장애인에게 근로의 기회를 제공하고, 최저임금 이상의 임금을 지급하며, 경쟁적인 고용시장으로 옮겨 갈 수 있도록 돕는 역할을 하는 시설 다. 장애인 직업적응훈련시설: 작업능력이 극히 낮은 장애인에게 작업활동, 일상생활훈련 등을 제공하여 기초작업능력을 습득시키고, 작업평가 및 사회적응훈련 등을 실시하여 장애인 보호작업장 또는 장애인 근로사업장이나 그 밖의 경쟁적인 고용시장으로 옮겨 갈 수 있도록 돕는 역할을 하는 시설
4. 장애인 의료재활시설	장애인을 입원 또는 통원하게 하여 상담, 진단 · 판정, 치료 등 의료재활서비스를 제공하는 시설
5. 장애인생산품 판매시설	장애인 생산품의 판매활동 및 유통을 대행하고, 장애인 생산품이나 서비스 · 용역에 관한 상담, 홍보, 판로 개척 및 정보제공 등 마케팅을 지원하는 시설

이러한 시설의 분류는 생산성, 제품판매에 따른 수익 등을 지나치게 강조할 수 없는 장애인 직업재활의 특성을 반영하였다. 시설의 분류는 장애인의 복지증진과 경영활동을 적절히 조화하여 장애인 직업재활에 대한 장애인의 욕구를 반영하고 다양한 직업재활서비스를 제공할 수 있도록 직업재활시설을 전문화하기 위해 실시되었다. 특히 이들 유형은 장애인생산품 판매시설을 제외하고는 모두 직접적인 직업재활서비스 시설로서 치료서비스, 직업상담 및 직업평가, 개인 · 사회적응훈련, 직업적응훈련 및 직업훈련, 보호고용, 지원고용, 취업 후 적응지도 등을 실시하는 기능과 역할을 하고 있다.

우리나라 장애인 직업재활시설은 중증장애인 치료 · 훈련이란 복지성과 생산을 통한 소득보장과 수익성이라는 딜레마에 처해 있다. 게다가 시설유형별 역할과 기능에 따른 분류도 제대로 되어 있지 않아 혼란이 가중되고 있다. 직업재활시설에서 운영하는 프로그램도 장애특성이나 지역적 여건을 고려하여 개발 · 시행하고 있다고는 하지만 시설평가에서 나타난 대부분 직업재활시설의 프로그램 개발이 미흡한 것으로 나타났다.

에덴복지재단 장애인 직업재활시설은 근로사업장으로 기숙사를 갖추고 있어 장애인 생활시설이나 이용시설 등의 부설기관으로 분리해 인적자원을 추가적으로 지원받을 수 있는 긍정적 측면이 없지 않다. 하지만 업무의 자율성, 프로그램의 전문적 개발, 보호고용의 산실로서의 역할에는 적합하지 않은 것으로 분석된다.

3) 장애인 직업재활의 전달체계

직업재활서비스는 장애인 고용과 직업적응을 돕기 위한 체계적인 서비스로서 개별화된 일련의 연속적인 과정이다. 이러한 과정은 여러 단계로 구성되어 있으며 전체가 하나의 시스템으로 이루어져 있고 장애의 정도나 유형에 따라 개별적으로 접근한다. 따라서 직업재활서비스 전달체계는 행정기준이나 서비스 공급자의 편의보다는 이용자의 편의성이나 서비스의 효과에 역점을 두어야 한다.

우리나라 장애인 직업재활서비스의 전달체계는 중앙정부의 경우, 다원화된 체계를 조정하는 국무총리실 산하 장애인복지정책조정위원회의 역할이 극히 형식적이다. 지방행정의 경우 직업재활서비스 행정을 이질적인 기관에서 담당하므로 서비스의 통합성을 유지하기가 매우 어렵다. 일선의 직업재활서비스 시행기관의 경우 종합성을 고려하지 않고 서비스가 제공되고 있다. 즉 장애인복지관을 제외한 서비스 실시기관들은 종합적인 서비스를 제공하는 데 한계를 가질 수밖에 없다. 이러한 우리나라 장애인 직업재활서비스의 전달체계는 통합성과 연속성이라는 측면에서의 문제를 보여 주고 있다.

에덴복지재단의 직업재활 실무자들이 서비스를 제공하는 데 있어서 혼란스러워하는 것은 직접적인 서비스보다 행정체계가 이원화됨으로써 보건복지부와 고용노동부의 행정지도 · 감독을 동시에 받게 되는 행정절차의 문제 때문이다. 따라서 이원화된 행정체계를 일원화하거나 기존의 방식대로 공단이나 지방노동사무소는 고용노동부의, 직업재활실시기관들은 보건복지부의 체계를 통해 사업이 이루어질 수 있도록 해야 할 것이다.

그러나 후자의 방법은 장애인 직업재활이 고용과 직업재활이 어떤 형식이든 분류될 수 없는 사업이기 때문에 이보다는 전자의 방법, 즉 양 부처를 통합하는 형식이 바람직할 것이다. 이원화된 행정체계를 통합한다면 보다 효율적인 직업재활사업이 수행될 뿐 아니라 기능상 업무가 중복되지 않기 때문에 낭비와 부처 간 충돌을 방지할 수 있을 것이다. 또한 목적별로 구분되어 있어 목적달성이 용이하며, 책임소재가 명확하여 책임전가의 우려를 덜 수 있을 것으로 예상된다.

결과적으로 한정된 예산으로 고효율 사업이 진행될 수 있기 때문에 서비스의 질을 높이는 계기가 될 것으로 보이는데, 여기에 선행되어야 할 문제는 고객을 중심으로 전달체계를 마련해야 한다는 점이다. 즉 직업재활 실시기관들은 장애인에게 서비스의 이용편의성과 접근성을 배려해야 하며, 이를 위해 기관들은 고객들의 욕구를 파악하고 우선순위를 결정하며 서비스에 대한 다양한 정보의 제공, 서비스의 시간, 직원의 태도 등을 위해 노력해야 한다. 따라서 일선 서비스 전달체계를 구축함에 있어서 고객중심의 이용편리성과 접근성, 전문성을 배려하는 체계도 함께 이루어지도록 노력해야 할 것이다.

현행 직업재활서비스 전달체계에서 일선 서비스기관은 공단, 지방노동사무소와 장애인복지관, 직업재활시설, 장애인복지단체이다. 그러나 이러한 전달기관의 분명한 역할 정립이 이루어지지 못하고 있다. 장애인복지관은 통합서비스를 제공하고, 직업재활시설은 직업적응훈련과 근로기회를 제공하며, 장애인복지단체는 정책적 개입 · 취업알선 · 상담기능을 담당하는 등 그 역할정립이 분명해야 한다. 현재 이러한 역할이 제대로 이루어지지 못하고 있는 것은 전달체계의 이원화와 사업방향 및 지침이 마련되어 있지 않기 때문이다. 이에 따라 어려움을 더욱 가중시키고 있다.

3. 에덴복지재단의 장애인 직업재활 제언

에덴복지재단은 정부가 장애인 근로사업장과 관련하여 보호고용 등의 육성정책을 실시했던 1980년대 후반 이후 정부의 지원 아래 설립되었다. 에덴복지재단과 같은 장애인 근로사업장은 현재 전국에 걸쳐 시설이 설치 · 운영되고 있지만 등록된 장애인 수에 비해 고용된 장애인은 소수에 불과하여 활성화되지 못하고 있다. 대부분의 장애인 수용시설에 근로사업장이 설치되는 등 양적인 면에서는 활성화되었다고 할 수 있다. 현재 에덴복지재단은 중증장애인 근로사업장으로 대부분의 발달장애인인 지적장애인과 자폐성장애인 대상으로 하고 있다.

아래에서는 에덴복지재단의 장애인 직업재활시설 근로사업장인 에덴하우스와 형원(다수고용사업장)의 운영현황 분석에 따른 문제점을 파악하고 이에 대한 개선방안을 제언하고자 한다. 직업재활시설의 문제점으로 종사자 전문인력의 부족, 판로확보의 어려움, 시설 및 설비 부족, 생산시설의 수적 부족, 작업직종 선정 시의 어려움, 역할의 단순화, 고용대상 장애인 선정상의 문제, 재정적 지원 부족, 경쟁고용시장으로의 전환 부진, 관리체계상의 문제, 저임금지급문제 등이 있다.

이러한 문제점에 대한 개선방안은 다음과 같다. 첫째, 장애인 근로사업장은 기업과의 제휴하에 재가장애인을 위한 통근시설로 육성하고 장애인 근로사업장은 작업공정상 장애인이 아닌 자를 고용해야 할 필요가 있는 경우, 그 인원은 전체 작업 인원의 30%를 초과하지 않아야 한다. 재가장애인이 50% 이상이 되도록 하고, 장애인 생활시설 내 입소장애인의 경우 공동생활가정 등을 통해 사회에 복귀하도록 해야 한다. 이로써 장애인 근로사업장이 사회통합적 차원으로 장애인을 고용하고 운영하도록 한다.

둘째, 장애인 근로사업장의 사업성 강화를 위한 내실 다지기 전략으로 수익을 창출해야 한다. 에덴복지재단은 매출이 매년 120~130여억 원으로 높은 편이지만, 업종 특성상 원재료가 수입의 80%를 차지하여 순이익을 얻기 어려운 구조이다. 수익 구조의 한계를 극복하기 위해 신규 거래처 창출 등 마케팅 비용이 많이 드는 확장 비용을 절감하고, 고객들의 구매 현황을 데이터화하는 등의 내실 다지기 전략으로 수익을 창출해야 한다. 그리고 정부는 장애인 직업재활시설에서 구매하는 원재료에 대해 세제는 물론 재정적 지원을 해 줄 필요성이 있다.

또한 근로장애인에게 최저임금을 지급하기 위하여 수익성이 높은 사업을 개발 · 추진해야 한다. 사업은 직종선정은 물론 지역특성 등 주변여건과의 적합성, 생산품 판로개척의 용이성, 직업재활의 효과성 및 일반고용과의 연계 가능성 등을 고려하여 선정해야 한다.

그리고 국가, 지방자치단체 및 그 밖의 공공단체는 장애인복지시설과 장애인복지단체에서 생산한 물품의 우선 구매에 필요한 조치를 마련해야 한다. 장애인 직업재활시설은 장애인 의무고용사업체와의 연계고용에 의한 생산을 하고 중증장애인생산품 우선구매제도를 통하여 판로를 확보하며 지방자치단체의 참여를 적극적으로 확대해야 한다.

셋째, 장기적으로는 장애인에게 다양한 취업기회를 제공하기 위해 종합적인 직업평가를 하는 평가판정기관을 설치 · 운영한다. 근로장애인의 독립적인 사회경제활동과 직업적인 잠재능력 파악을 위한 사회적응훈련, 직업평가를 실시한다.

장애인 직업재활시설의 종사자는 시설 내 장애인이 장애인 근로사업장에서 근로하는 동안 장애의 특성과 정도, 욕구, 적성, 직업능력, 직업경험 등을 종합적으로 고려하여 적합한 직무에 종사하게 해야 한다. 그리고 일반고용이 가능한 장애인은 일정기간 후 정부 및 유관단체의 협조하에 장애인이 일반사업장에 취업할 수 있도록 해야 한다. 기존의 취업알선기관과의 연계를 공고히 하여 경쟁고용시장으로 전환을 촉진하고 장기적으로 장애인 고용만을 담당하는 전국적 조직을 갖춘 장애인 직업센터를 설치 · 운영해야 한다.

넷째, 근로장애인은 업무의 다양화를 도모해야 한다. 모든 근로장애인은 한 업무에 매이지 않고 돌아가면서 업무를 숙지할 수 있도록 하는 순환근무를 실시하되 장애 유형이 다양화됨에 따라 장애특성에 맞는 다양한 업종을 개발하도록 노력해야 한다. 이를 통해 조직의 직무 전반을 이해하고 풍부한 지식, 기술 및 경험을 쌓아 개인의 역량을 강화할 수 있을 것이다.

에덴복지재단도 장애인이 종사할 수 있는 업종을 차츰 확대해 나가 생산 및 가공 등 2차 산업에 국한하지 않고 축산 · 원예 등 1차 산업, IT산업 · 서비스산업 등 3차 산업, 4차 산업까지도 포괄해야 한다. 또한 근로장애인의 장애유형, 지역별 특성 등에 맞는 적합직종과 적합품목에 부응하는 직종을 개발하여 생산직종을 다양화하며 효율적인 직종개발을 위하여 산업체와 연계, 협력체계를 구축한다.

다섯째, 장애인 근로사업장의 재활사업은 장애인의 유형, 장애 정도, 연령별 특성과 현재 수행 중인 업종의 특성에 따라 필요하다면 재활 프로그램을 계획해야 하며, 그 계획에는 일반고용으로의 전이를 위한 내용을 포함해야 한다. 필요에 따라 재활 프로그램을 실시한다면 다음의 내용 등으로 운영할 수 있다.

- 사회적응훈련: 대인적응기술, 사회성 훈련 등
- 직무기능 향상훈련: 직무분석에 따른 직무변경, 개조, 보조공학 개입에 따른 훈련
- 작업태도 및 기술훈련
- 직무개발 및 경쟁적인 고용시장으로의 전이를 위한 조치를 강구해야 한다. 지역사회 노동시장 분석 및 정보제공, 직무분석 및 개입, 전이계획과 실행, 사후 지도

재가장애인이 이용할 수 있는 장애인 근로사업장을 증설하되 장애인의 지역별 분

포를 고려하여 균형적으로 배치해야 한다. 장애유형별로는 일반고용이 특히 어려운 발달장애인을 배려하여 고용한다. 이를 위하여 근로장애인의 욕구와 능력을 이해하고 이들에게 필요한 서비스와 프로그램을 효과적으로 전달하기 위해 다음 사항을 고려한 개별고용계획(Individualized Plan for Employment)을 수립하여 실시해야 한다.

- 초기면접, 직업사정 및 평가결과를 반영한 개인별 고용계획서
- 장애특성에 맞는 적절한 배려나 보조공학기기 활용 · 지원
- 장애인의 건강이나 안전을 위협할 수 있는 요인
- 직무기능 향상이나 재활서비스를 위한 관리계획

한편 근로장애인 적격성 여부를 평가하기 위해서 의료, 직업, 심리, 교육평가 등의 결과와 초기면접의 정보들을 토대로 전문가들이 참여한 위원회에서 환경 접근성이나 적응문제로 경쟁고용이 어려운 장애인을 대상으로 해야 한다.

여섯째, 장애인 근로사업장에 필요한 기본 종사인력과 직업재활시설 전담인력을 확보함으로써 전문인력에 의한 경영의 전문화를 꾀해야 한다. 장애인 근로사업장 종사자 배치기준에 따라 인력을 배치하고 개별 시설의 특성을 고려하여 조직체계를 구성, 인력을 융통성 있게 운용해야 한다.

다만, 근로장애인의 적정 보호를 위해 다음의 사항은 반드시 준수해야 한다. 에덴복지재단의 애로사항인 생산 및 판매관리기사와 직업훈련교사는 장애인이 최적의 상태에서 직업재활서비스를 받을 수 있도록 배치되어야 하며, 특히 직업훈련교사는 반드시 배치되어야 한다. 중앙정부는 장애인 근로사업장의 특수성을 감안하여 운전기사, 상품 디자이너 등의 소요인력을 배치하도록 노력해야 한다. 미흡한 정부의 재정적 지원을 확대함으로써 부족한 종사인력의 확충, 저임금 개선, 설비보강, 장애인 근로시설의 설치 등이 이루어질 수 있도록 하며 그 재원은 장애인고용촉진기금에서

운용하도록 한다.

일곱째, 근로장애인 저임금의 개선을 위하여 차등적 최저임금보장제를 도입, 실시한다. 근로장애인의 정당한 임금을 지급하고 복지를 증진하기 위해 모든 직원에게 최저임금을 지급할 수 있도록 지원정책을 확대하여 근로 동기를 강화해야 한다. 최저임금 인상은 장애인 근로자의 인간다운 삶을 보장하기 위한 기본 전제라는 점에서도 의미가 크다.

사회통합을 저해하고 내수부진과 고용이 없는 성장 등 서민경제의 어려움을 가중시키는 주된 요인은 바로 소득 양극화이다. 경제의 지속 가능한 성장과 국민의 삶의 질 개선을 위해 반드시 해결할 문제라는 것이다. 이런 소득 양극화 해소를 위한 출발점이 최저임금 인상이다. 저소득 장애인의 소득이 개선되면 소비가 확대되어 투자, 성장, 고용, 분배로 이어지는 선순환 구조가 창출될 것이다.

V. 맺으면서

장애인 직업재활의 궁극적인 목표는 장애인이 자신의 능력과 적성에 맞는 직업을 찾아 취업하고, 그 직무에 만족을 느끼며, 조직체가 부가하는 일을 만족할 만하게 수행하여 직업에 적응함으로써 사회통합을 하는 것이다. 즉 장애인이 취업함으로써 가족의 일원이나 가장으로 인정받고, 기업에서는 신뢰받을 수 있는 인력이 되며, 사회에서는 떳떳한 생산적 국민 또는 사회적 지도자로 활동할 수 있게 된다는 점에서 직업재활의 의의는 매우 크다.

본고에서는 현재까지 지나치게 낙후되어 있는 우리나라의 장애인 직업재활의 변동과정과 고용 및 직업재활 운영현황, 에덴복지재단의 직업재활 운영현황을 중심으로 분석하였다. 여기서 드러난 문제점에 대한 조치로서 장애인 직업재활 분야의 전문화와 이에 상응하는 인력의 확보에 필요한 내용들을 살펴보았다. 직업재활이 제대로 이루어지지 못해 장애인의 일할 기회를 확대하지 못한다면 국가적인 손실이며 장애인의 삶의 질을 떨어뜨릴 것은 명확한 사실이다.

본 연구를 통해 우리나라 장애인 직업재활 분야의 발전과 활성화를 위해 장애인 직업재활의 발전과정과 현황 및 과제 그리고 에덴복지재단의 35년사 발전과정의 실태와 역할, 문제점 등을 살펴보았다. 과거와 현재의 모습을 조명한 것을 바탕으로 장애인 직업재활의 발전방안에 대해 다음과 같이 제언하고자 한다.

첫째, 다양한 형태의 직업재활 프로그램을 제공해야 한다. 사회복귀시설을 비롯하여 병원 및 요양원, 정신보건센터 등에서 직업재활 프로그램을 실시하고 있으나 장애인들에게 연속적으로 다양한 직업재활 프로그램을 제공하지 못하는 경우가 많다. 즉 보호작업장을 거친 장애인들에게는 점진적으로 기능에 맞게 보호고용, 지원고용, 경쟁고용 등 여러 다양한 형태의 직업재활 프로그램이 제공되어야 하고, 직업재활 전문가의 지원도 작업장 내(on-site support)와 작업장 외(off-site support)에서 다양하게 제공되어야 한다.

특히 정부와 지방자치단체는 장애 정도가 심하여 자립하기가 매우 곤란한 중증장애인이 일할 기회를 평생 제공받을 수 있도록 알맞은 직업재활 프로그램을 제공해야 한다. 중증장애인의 욕구와 문제를 그저 자유경쟁의 원칙 아래 방치하기보다는 정부가 근본적인 대안들을 마련하고 계획적이고 적극적인 태도로 나서야 한다. 나아가 재활서비스 소비자 중심의 서비스 전달체계를 확립해야 한다. 장애인 직업재활에 대한 정부의 확고한 철학이 반영된 정책적 고려가 필요하다. 직업재활서비스 제공자들 사이의 의뢰체계 확보와 철저한 근로장애인 중심의 직업재활 프로그램만이 재활성공률을 높이는 동시에 가장 바람직한 성과를 가져올 수 있다. 또한 기존의 전통적 직업재활모델 외에 최근 실천현장에서 활발히 일어나고 있는 소규모 형태의 창업 및 협동조합, 사회적기업, 직업재활, 강점관점, 사례관리, 동료지원활동 등의 성과들을 축적하여 다양한 업종으로 확대 · 보급할 수 있어야 할 것이다.

둘째, 장애인 직업재활전문가를 양성해야 한다. 현재 현장에서는 12명의 직업재활 담당자가 제도적 · 정책적 지원 없이 배치되어 있다. 따라서 업무과중으로 인해 쉽게 소진되는 현상을 보이며 담당업무도 지속적으로 유지되지 못하고 있다. 이러한 상황에서 장애인 직업재활서비스의 질적인 향상은 현실적으로 어려울 수밖에 없다. 그러므로 이러한 직업재활 담당자의 전문성을 확보하는 일과 추가적인 인력보강이 필요할 것이다.

직업재활을 제공하는 시설, 기관과 단체에서 직업재활을 전문화하도록 의무화하고 전문직을 우대하는 조직문화 조성에 힘써야 한다. 직업평가와 재활상담은 누구나 할 수 있는 것이 아니다. 상당한 정도의 전문적 훈련과 교육을 받고 일정한 경험을 지녀야만 서비스의 효과가 나타날 수 있다. 따라서 일차적으로 장애인고용촉진공단, 직업훈련원, 장애인 보호작업장과 장애인 근로사업장에 전문 재활상담사와 직업평가사, 직업훈련교사들을 양성 · 배치하고 재활의학과가 설치된 모든 병원에 점차 직업재활 전문요원들을 두도록 법적 · 제도적 방안을 강구해야 한다. 이를 통해 장애인 개개인에 대한 평가와 개별화된 재활계획을 수립하고 이를 적극 실천에 옮기도록 법 규정 역시 마련해야 한다.

셋째, 장애인 고용촉진을 위한 다양한 방안을 마련해야 한다. 장애인 의무고용제도는 경증장애인을 중심으로 이뤄지고 있으며 중증장애인, 특히 발달장애인의 경우 그 성과는 극히 미미하다고 할 수 있다. 시설지원, 세제감면, 사업자 우대 등의 기존 정책이 별 효과를 보지 못하고 '장애인고용부담금'을 납부하는 사업체가 압도적으로 많다는 것은 향후 장애인의 고용을 어둡게 하는 요소이다. 일반고용에 있어 장애인이 보다 많은 혜택을 받을 수 있도록 제도화를 도모해야 한다. 또한 장애인고용공단 등과 연계하여 구직과정에서 장애인의 특성을 사업자와 사업체 직원들에게 지속적으로 교육하여, 이들의 특성과 기능에 적합한 직무들을 사업체 내에서 적극적으로 개발할 수 있도록 해야 할 것이다.

넷째, 장애인 직업재활시설에 대한 계획을 작성하도록 조치해야 한다. 정부는 장애인의 권익과 복지증진을 위해 관련 중앙행정기관의 장과 협의하여 5년마다 수립되는 장애인정책종합계획에 장애인의 복지에 관한 사항, 장애인의 교육문화에 관한 사항, 장애인의 경제활동에 관한 사항, 장애인의 사회참여에 관한 사항, 장애인의 권익과 복지증진을 위하여 필요한 사항이 포함되도록 해야 한다. 그리고 정부는 종합계획의 추진성과를 매년 평가하고 그 결과, 종합계획에 반영할 필요가 있는 경우에는 종합계획을 변경하거나 다음 종합계획을 수립할 때 반영해야 한다. 또한 모든 장애인 직업재활시설에 대해 개별재활계획을 작성하도록 조치하여 체계적이고 과학적인 직업재활이 가능하도록 해야 한다. 이것은 국가 사회적으로 매우 중요한 의미를 지니는 전문 직업재활의 연속성을 보장하는 방법이기도 하다.

우리나라의 산업재해 근로자들에 대한 정책은 수십 년 전에 도입되었지만 아직도 이들에 대한 전문적 개입이 이루어지지 않고 금전적 보상만이 이루어지고 있는 형편이다. 전반적으로 정신적 장애를 지닌 사람들에 대한 사회적 서비스나 직업재활서비스는 전혀 불가능하거나 불필요한 것으로 인식되어 있다. 직업재활계획이 시너지 효과를 거두기 위해서는 장애인에 대한 국민의 잘못된 인식이 바뀌어야 한다. 아직도 국민의 대부분은 장애인에 대한 잘못된 인식을 가지고 있으며, 특히 직업재활을 다루는 정책입안자 중에는 중증장애인은 근로권에 대한 권리와 의무가 없으며 단순히 사회보장을 통해 인간다운 생활권이 보장되어야 한다는 인식을 가진 사람이 많다. 이들의 인식은 장애인에 대한 낮은 역할가치를 가진 것이기 때문에 장애인의 직업문제가 어려울 수밖에 없는 실정이다.

따라서 직업재활정책의 목표가 효과적이기 위해서는 국민의 의식개혁은 물론 정책입안자들의 인식전환을 위한 다양한 방법들이 병행되어야 한다. 장애인의 직업재활을 국가의 인력개발 측면에서 파악하기에 앞서 심신의 장애를 지닌 사람들도 다른 사람들에 상응하는 존경과 존엄을 받아야 하는 소중한 인권과 귀중한 인격을 지닌 국민이라는 인식전환이 먼저 있어야 한다.

다섯째, 장애인 직업재활을 위해 주택 및 의료서비스를 제공해야 한다. 지역사회에서 직업재활을 하기 위해서는 주거지가 반드시 필요하다. 현재 장애인들에게 제공되는 그룹홈과 사회복귀시설이 더욱 확대되도록 지원해야 직업재활인 것이다. 장애인이 직업을 유지하기 위해서는 직장과 주거지만으로 충분하지 않다.

특히 중증장애인의 직업재활에서 주택 및 의료서비스 비중은 상당히 크다. 직업재활의 탈시설화를 도모하기 위해서는 그 전제조건으로 우선 주택 및 의료서비스가 마련되어야 한다. 이러한 인프라들이 확보되지 않은 상태에서의 탈시설화 노력은 아무런 의미가 없다.

여섯째, 장애인 직업재활 관련법규의 체계적 정비가 필요하다. 기존의 신체장애인을 위한 장애인복지법, 장애인고용촉진 및 직업재활법 등과 같이 장애인을 위한 직업재활 관련 법규를 정비하여 장애인에게 제공되는 복지혜택이 실제로 운영되도록 해야 한다. 가장 문제가 되는 기초생활수급권으로 인해 취업활동이 위축되지 않도록 적극적으로 이에 대한 해결방안을 강구해 나가야 할 것이다. 또한 직업재활관련 법령을 정비하여 신체장애인에게 제공되는 보장구에 상응하는 여러 가지 재활치료가 제공될 수 있어야 하고, 장애인의 최저임금문제를 해결하기 위해 필요한 법안은 조속히 정비될 수 있도록 노력해야 할 것이다.

일곱째, 장애인 직업재활관련 정책을 적극적으로 홍보해야 한다. 정부와 지방자치단체는 장애 발생을 예방해야 한다. 또한 장애의 조기 발견에 대한 국민의 관심을 높이며, 장애인의 자립을 지원하고, 보호가 필요한 장애인을 보호하여 장애인의 복지를 향상할 책임이 있다. 정부와 지방자치단체는 장애인 직업재활정책을 장애인과 그 보호자에게 적극적으로 홍보해야 하며, 국민이 장애인을 올바르게 이해하도록 하는 데에 필요한 정책을 강구해야 한다.

나아가 장애인 직업재활 기관, 시설, 단체에서는 서비스담당자의 의사결정권과 재량권을 대폭 확대해 관련업무의 신속성과 융통성을 높이는 동시에 직업재활 내담자들에 관한 중앙집중식 전산망이 고용노동부 지방노동사무소를 포함하여 모든 직업재활 관련조직들 사이에 구축되도록 해야 한다.

지금은 어느 때보다도 장애인 스스로 능력증진을 위해 노력해야 하는 시기이다. 새로운 제4차 산업시대는 지식 · 정보 중심의 융합산업으로 더는 장애인의 장애가 문제로 여겨지지 않는 사회가 될 것이다. 따라서 어느 때보다도 장애인 스스로 장애를 극복하고자 하는 노력을 기울여야 하며 자신의 능력개발을 위한 준비와 각오가 필요한 시점이다.

최근 에덴복지재단의 소규모 직업재활시설의 비경제성, 생산능력 저하, 경쟁고용 전환 저조, 저임금 문제 등이 지적되었다. 이러한 문제점은 우리나라의 장애인 직업재활제도 운영에서 동일하게 나타나는 어려움이라 할 수 있다. 그러나 장애인 직업재활은 경제적 측면보다 중증장애인의 인간적 가치의 회복에 의미가 있으므로 앞으로 이러한 비판을 수용하면서 문제점을 과감히 개선해 나가야 할 것이다. 이를 위해 장애인 직업재활시설에 대한 재정적 지원의 확대도 필요하지만 더욱 중요한 것은 제도적 · 행정적 지원의 강화를 통하여 시설이 독자적으로 운영해 나갈 수 있도록 뒷받침해 주는 것이다.

끝으로 에덴복지재단의 사회적 의미를 되짚어 보며 연구를 마무리하고자 한다. 지난 35년간 에덴복지재단은 '외원기관의 도움, 중앙정부의 사회서비스 전달, 민간생활시설 위주의 직업재활'에서 점차 '지역특성을 살린 자율적 · 독자적 직업재활'로 나아가고 있다. 우리사회는 급속하게 발전하고 있으며 장애인들의 직업적 욕구는 점점 다양해지고 있다. 이러한 변화 속에서 에덴복지재단의 소중한 존재가치는 장애인들에게 다양한 직종을 제공하며 적합한 직종을 선택하도록 하기 위해 장애인들에게 개별적 · 체계적인 직업재활서비스를 제공하고 있다는 점이다.

따라서 세계화, 민영화, 복지다원주의 등이 주류를 이루는 21세기에 장애인 직업재활의 새로운 장을 여는 데 에덴복지재단이 중추적인 역할을 할 수 있길 다시 한번 기대한다. 아울러 에덴복지재단의 장애인 직업재활 실천사례가 우리나라의 장애인 직업재활에 밑거름은 물론, 중추적인 역할을 통해 장애인복지가 더욱 발전할 수 있길 기대한다.

참고문헌

제1부 에덴복지재단 시설의 역사

김종인,『행복공장모델화 연구』, 에덴복지재단, 2015
_____,『에덴복지재단 산하시설 15주년기념 연구』, 에덴복지재단, 2017
도종환 시 · 이민욱 곡,「흔들리며 피는 꽃」CD 및 소개자료.
정덕환,『절망이 나를 흔들어도』, 도서출판 아카데미, 1986.
_____,『절망을 넘어서』, 도서출판 아가페, 1989.

김학수, 정덕환, 이순덕, 홍성규, 황태성, 황정희, 박대성, 전은수와 인터뷰, 2017. 05.~2017. 12.
박대성 정리,『각종 메모수첩, 신문기사, 노트, 정덕환 사진 앨범』자료, 1985~2017.
법제처, 중증장애인생산품 우선구매 특별법(http://www.moleg.go.kr), 2017.

제2부 정덕환의 삶을 통해 본 중증장애인 고용

강영미,「필리핀 결혼이주여성의 '자기복원' 생애사: 로젠탈의 내러티브 분석 접근」,『한국사회복지질적연구』9(1), 2015.
김수희 · 문송애 · 정종화,「중증지체장애인 J씨의 고용경험에 관한 생애사 연구」,『한국장애인복지학회』38(4), 2017.
김영숙 · 이근무 · 윤재영,「화교노인의 생애사 재구성을 통해 본 화교의 정체성」,『사회복지연구』43(1), 2012.
김영천 · 한광웅,「질적 연구방법으로 생애사연구의 성격과 의의」,『교육문화연구』18(3): 5-43, 2012.

김종인 · 조주현, 「장애인 다수고용 사업장 표준모형 개발에 관한 기초 연구」, 『한국직업재활연구』 14(2), 2004, 12, 281-314.

김형주, 「장애인표준사업장과 장애인근로사업장 발달장애인의 괜찮은 일자리 비교연구」, 나사렛대학교 대학원 석사학위 논문, 2017.

나운환a, 「한국지원고용서비스의 중증장애인고용확대방안」, 『직업재활연구』 26(2): 1-14, 2016.

나운환b, 「중증장애인 직업재활사업의 성과와 개선방안」, 『직업재활연구』 26(3), 2016.

박성희, 『질적인 생애사 연구방법론』, 박영스토리, 2016.

법제처, 장애인고용촉진 및 직업재활법(http://www.moleg.go.kr), 2017.

신빛나 · 이준우, 「발달장애인의 직업생활에 관한 문화기술지」, 『장애와고용』 24(3), 2014.

신준영, 「손자녀를 돌보는 연소노인의 돌봄 경험에 대한 생애사 연구-맞벌이 자녀를 둔 여성 노인을 중심으로-」, 경남대학교 행정대학원 사회복지학과 석사학위 논문, 2017.

양영자, 「내러티브-생애사 인터뷰 분석의 실제-재독한인노동이주자 인터뷰를 중심으로」, 『한국사회복지학』 65(1), 2013.

양희택 · 박종엽, 「발달장애인의 바리스타 직업 경험에 대한 질적 연구-경기도 공공기관 소재 커피전문점을 중심으로-」, 『한국장애인복지학』 35(1), 2017.

유은주, 「중증장애인 고용정책설계에 관한 연구」, 『장애인고용촉진 및 직업재활법』을 중심으로, 중앙대학교대학원 박사학위 논문, 2014.

이은성, 「중도 지체장애인의 삶에 대한 생애사적 연구」, 전남대학교 일반대학원 석사학위 논문, 2013.

이효선, 「생애사 연구를 통한 중도장애인의 삶의 재구성」, 『사회복지연구』 32(4), 2007.

전명희, 「탈북 청년의 가족관계경험에 대한 연구: 내러티브 생애사 분석을 중심으로」, 『통일한국 대비 북한이탈주민에 대한 가족사회복지 실천전략』 연구자료집, 2016.

황연우, 「시각장애인의 생애사 연구: 배영숙의 사례를 중심으로」, 삼육대학교보건복지대학원 사회복지학과 석사학위 논문, 2012.

한국장애인개발원, 『2015 장애인백서』, 2015.

______________, 『2016 장애통계연보』, 2016.

한국장애인고용공단고용개발원, 『2016 기업체장애인고용실태조사』, 2016.

________________________, 『한눈에 보는 2017 장애인통계』, 2017.

Gabriele Rosenthal and Wolfram Fischer-Rosenthal, The Analysis of Narrative-biographical interviews, *A Companion to QUALITATIVERESEARCH*, 2004.

Rosenthal, G., *Erlebte und erzäahlte Lebensgeschichte: Gestalt und Struktur biographische Selbstbeschreibungen*, Frankfurt am Main; New York: Campus Verlag, 1995.

제3부 한국 장애인 직업재활의 변동과 에덴복지재단의 발전역사

강위영 · 나운환, 『직업재활 개론』, 나눔의 집, 2001.

강필수, 『장애인 직업평가체계 연구』, '91 연구보고서, 한국장애인고용촉진 공단, 1991.

_____, 『장애인 직역확대를 위한 직종개발 방안 연구』, '91 연구보고서, 한국장애인고용촉진 공단, 1991.

권도용, 장애인의 고용촉진체계, '92 장애인 고용촉진 세미나, 한국장애인고용촉진공단, 1992.

_____, 「중증장애인 중심의 일반고용시스템」, 『장애인고용』 2, 1991.

김종인 · 우주형 · 이준우, 『장애인복지론』, 서현사, 2004.

김혜연 · 이성휘, 『장애인 일자리 확대를 위한 직업재활시설 운영 활성화 방안 연구』, 서울시 재단 , 2009.

나운환, 「중증장애인을 위한 보호작업장의 모형개발에 관한 연구」, 단국대학교 석사학위 논문, 1990.

_____, 「장애인근로자의 고용문제와 과제」, 『직업재활연구』 제8집, 1998.

_____, 장애인 직업재활정책의 새로운 패러다임 2004.

_____, 『직업재활개론』, 나눔의 집, 2009.

_____, 「중증장애인 직업재활사업의 성과와 개선방안」, 『직업재활연구』 제26집 제3호, 2016.

나운환 · 박경순 · 김동주, 「직업재활시설의 판로확대 및 우선구매제도 개선 방안」, 『직업재활연구』 13(2), 한국직업재활학회, 2003 .

_____, 「중증장애인직업재활사업의 성과와 개선방안」, 『직업재활연구』 26(3), 77-89, 2016.

나운환 · 박경순 외 4인, 『중증장애인 직업재활지원사업성과와 발전방안』, 한국장애인개발원, 2013.

나운환 · 오소윤, 「장애인 근로자의 고용안정을 위한 직업재활 정책 방향성」, 『직업재활연구』 제25집 제1호, 2015.

나운환 · 이혜경, 「장애인 직업재활시설 유형에 관한 연구」, 『직업재활연구』 15(1), 한국직업재활학회, 2005.

남용현 · 정광진, 내부자료, 한국장애인고용공단 고용개발원, 2012.

박경수, 「통합적인 직업재활서비스 제공을 위한 관련 기관의 연계방안」, 『장애인고용』, 1997.

백은령, 「IMF시대의 장애인 고용」, 『장애인고용』, 1998.

변용찬 · 김성희 · 이정선 · 나운환 , 『2004년 장애인 직업재활시설 평가 및 시설유형 재편방안연구』, 보건복지부 · 한국보건사회연구원, 2005.

안병즙 · 강위영 · 우재현, 『장애자의 직업재활』, 형설출판사, 1987 .

에덴복지재단, 『우리나라 재활과 고용연구 - 21세기 글로벌 전략과제집』, 2006.

오길승, 「장애인 직업정책의 현황과 과제」, 『장애인고용』 28호, 1998.

오동록 · 나운환, 「장애인 직업재활시설 생산품의 만족과 재구매 의도에 관한 연구: 계획된 행동이론을 중심으로」, 『직업재활연구』 제26집 제1호, 한국직업재활학회, 2016.

우주형 · 최윤영 · 조선주, 『중증장애인 직업재활지원사업의 효율성 분석 및 발전 방안』, 한국장애인개발원, 2016.

윤상용 · 이민경, 「장애인의 통합사회 구현을 위한 복지정책 연구, 장애인정책발전 5개년계획 복지분야 중간점검」, 『연구보고서』 2010-22 , 한국보건사회연구원 , 2010.

이경민 · 최정실 · 황상희, 『작업치료사를 위한 직업재활』, 서울: 군자출판사 , 2008.

이상춘, 「중증장애인직업재활사업의 성과와 개선 방안에 대한 토론문」, 한국직업재활학회 연차 학술대회, 2016.

이선우, 「장애인직업재활시설의 평가: 문제와 개선 방안」, 『직업재활연구』 제14집 제2호, 한국직업재활학회, 2004.

이수영 · 강현, 『서울시 사회복지시설 패널데이터 구축방안 연구-직업재활시설 운영지원기관의 역할과 기능을 중심으로』, 서울시복지재단, 2012.

이영태, 「한국장애자 직업재활사업에 관한 연구」, 한양대학교 박사학위 논문, 1988.

이준우 · 김성태, 『장애인 직업재활개론』, 서현사, 2010.

이혜경 · 이상진 · 김경란 · 전주혜, 『중증장애인 직업재활지원사업 개선방안 연구』, 한국장애인개발원, 2011.

_____, 『직업재활개론』, 나눔의 집 , 2009.

_____, 「직업재활시설 유형개편에 따른 운영개선 방안 연구」, 『직업재활연구』 22(2), 한국직업재활학회, 2012.

정덕환, 『절망이 나를 흔들어도』, 도서출판 아가페, 1986 .

조경욱, 「장애인 직업재활시설 운영사업의 성별영향 분석 및 정책개선 방안」, 『전북발전연구』, 2009.

최윤영 · 이경준, 『장애인복지론』, 학지사, 2010.

최희철, 「임상사회사업연구」, 『한국 정신장애인 직업재활의 현황과 발전방안』 12(1), 2015.

한국장애인개발원, 『직업재활시설 실태조사』, 2011.

한국장애인개발원, 『직업재활시설 실태조사 및 운영개선 연구』, 2014.

한국장애인고용촉진공단, 『장애인 직업재활』, 1990.

__________________, 『중증장애인을 위한 보호고용사업 활성화 방안에 관한 연구』, 1992.

한국장애인고용공단 · 고용개발원, 「2016년 기업체 장애인 고용실태조사」, 『조사통계』, 2016.

한국직업재활학회 편, 「직업재활의 이론과 실제」, 『장애인재활 종합정보 곰두리(Vo 0239. HWP)』, 1998.

Chouinard, Edward L. and J. F. Garrett(eds.), *Workshops for the Disabled: a Vocational Rehabilitation Resource*, U.S. Dept. of HEW, 1972.

Cull, John and Richard Hardy, *Vocational, Rehabilitation: Profession and Profess*, Springfield, Charles C. Thomas Publisher, 1977.

Greenleigh Associates, *The Role of the Sheltered Workshop in the Rehabilitation of the Severely Handicapped*, 1976.

Nelson, Nathan, *Workshops for the Handicapped in the United States*, Springfield, Charles C. Thomas Publisher, 1971.

Pendleton-Schultz-Krohn, *Occupational therapy: Practice skills for physical dysfunction*, Elsevier: Philadelphia, 2012.

Roessler, R. & Rubin, S. E., *Case management and rehabilitation counseling(2nd ed.)*, Austin, TX: Pro-ed, 1998.

Rubin, S. E. & Roessler, R. T., *Foundations & the Vocational Rehabilitation Process*, Baltimore: Univ. Park Press, 1979.

United Nations, *Convention on the Rights of Persons with Disabilities*, New York, 2006.

Viscardi, H. and I. Friedman, *A Study of Workmen's Compansation in Relation tö Sheltered Workshops*, Albertson, N.Y., Inamend lnstitute at Human Resources Center, 1971.

Wolfwnsberger, W., A brief introduction to social role valorization as a high-order concept for, 1992.

Write, G. N., *Total Rehabilitation*, Boston: Little Brown & Company, Inc.

보건복지부, 장애인복지사업안내, 2017.

보건복지부, 통계로 보는 사회보장, 2016.

보건복지부, 내부자료, 2014년 직업재활시설 운영현황, 2014.

보건복지부, 한국장애인개발원, 장애인 직업재활 활성화 방안 연구, 2014.

보건복지부 · 한국장애인개발원, 내부자료, 2014.

보건복지부, 보건복지통계연보(http://www.index.go.kr), 2016.

한국장애인개발원, 내부자료, 2008~2012.

한국장애인고용공단(www.kead.or.kr)

http://www.bls.gov/news

미국통계국(https://www.census.gov)

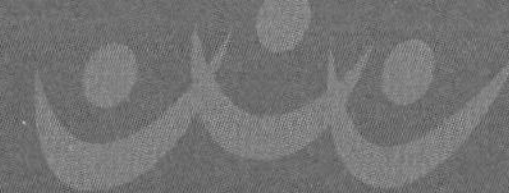

EDEN WELFARE FOUNDATION